우리는 왜

어리석은 투표를 하는가

우리는 왜
어리석은 투표를 하는가

리처드 솅크먼 지음 · 강순이 옮김

Just how stupid are we?
욕망과 무지로 일그러진
선거의 맨얼굴

인물과
사상사

존 스터키에게

매기　　　진실! 진실! 모두 잘도 떠들어대는군요. 진실은 허위만큼이나 추악한 거예요.

브릭　　　아버지는 진실을 직시할 수 있나요?

빅 대디　나를 시험해보거라!

브릭　　　자기 이야기가 아니니까 그런 거죠.

빅 대디　너는 또 도망치고 있구나.

브릭　　　네, 저는 도망치고 있어요. 허위로 가득 찬 생일 축하 파티에서 말이죠. 살날
　　　　　이 얼마 안 남았는데도 오래오래 행복하게 사시라고 말하는 그런 허위로부
　　　　　터요.

　　　　　　　　　　　　　　　　　　　『뜨거운 양철 지붕 위의 고양이Cat on a Hot Tin Roof』 중에서

이 책에 쏟아진 찬사

리처드 솅크먼은 멩켄H. L. Mencken처럼 어리석음 앞에서 깔깔대며 비웃지 않는다. 그는 어떻게 하면 미국 유권자의 지식수준을 부끄럽지 않을 만큼 끌어올릴 수 있는지에 대해 타당한 제안을 한다.

●뉴스위크닷컴Newsweek.com

리처드 솅크먼은 자신의 기자적·역사가적 재능을 결합해, 합리적일 수 있는 미국의 유권자들이 어째서 정치인들의 '교묘한 조종'에 휘둘리고 있는지 그 이유를 살펴본다.

●『라이브러리 저널Library Journal』

리처드 솅크먼은 명쾌하고 흥미롭게 독자와 대화한다. 그는 이 책에서 정치에 제대로 참여하기 위해 꼭 필요한 지식과 도구를 제공하고, 시민의 책임을 다하도록 고무하기 위해 기꺼운 제안을 한다.

●『퍼블리셔스 위클리Publishers Weekly』

리처드 솅크먼은 위트와 열정과 강력한 증거를 동원해서 찬사와 사랑을 받는 '미국 국민'인 우리로 하여금 거울을 들여다보게 하고, 어째서 우리의 선거가 정보에 근거한 지적 논의가 되지 못하는지 그 이유를 찾게 만든다. 이 책은 우리가 어떻게 투표를 하든 '바보들을 위한 민주주의' 같은 것은 존재하지 않음을 우리에게 상기시킨다.

●버나드 와이스버거Bernard A. Weisberger, 작가

나쁜 소식은 미국인들이 무지하고, 근시안적이며, 의미 없는 문구에 흔들린다는 것이다. 좋은 소식은 상황이 나아질 수 있다는 것이다. 만약 우리가 그 문

제에 대해 정직한 대화를 시작한다면 말이다. 리처드 솅크먼의 책은 그 과정에서 중대한 시작점이 되어준다.

●존 위너Jon Wiener, 캘리포니아대학교 역사학과 교수

대중심리를 조종하는 정치인들과 겁을 먹은 미디어가 우리가 부시 시절을 겪어야 했던 유일한 이유일까? 미국 국민은 책임이 없는가? 왜 그들은 멈춰서 주의를 기울이고 스스로 생각하지 않는가? 솅크먼은 숨김없고 직설적인 미국 정치문화사를 통해 미국 국민에 대해, 또 우리가 왜 그런 정부를 가질 수밖에 없었는지에 대해 설득력 있고 충격적인 분석을 제공한다.

●루스 로젠Ruth Rosen, 캘리포니아대학교 역사학과 명예교수

부시 행정부는 공포감 조장과 간접적인 암시를 통해 전쟁 옹호론을 과대하게 선전했고, 일부 언론은 우리를 실망시켰다. 그러나 리처드 솅크먼이 자신의 저서에서 강렬하고도 용감하게 설명하듯, 무의식적으로 미국 국민의 지혜와 판단을 신뢰한 이들에게도 잘못이 있다.

●『뉴욕옵서버New York Observer』

명료하고 정교한 글이다. 이 책에서 도움을 얻을 수 있는 독자들이 아주 많을 것이다.

●『시애틀타임스Seattle Times』

경쾌하고, 도발적이며, 힘찬 주장이 담긴 리처드 솅크먼의 책은, 우리의 시민적 역할에 대해 다시 생각하게 하고 우리의 정치 환경을 개선할 것을 탄원한다.

●마이클 베실로스Michael Beschloss, 역사가

민주주의가 직면할 수 있는 가장 어려운 문제와의 영리하고, 우아하며, 재치 있는 씨름 한판.

●릭 펄스타인Rick Perlstein, 역사가

차
례

책머리에

부시 정부가 시작된 이후로 미국에서는 변화를 향한 깊은 열망이 있어왔다. 우리는 이런 신문 헤드라인을 학수고대한다. '조지 W. 부시, 백악관 떠난다.' 틀림없이 수백만의 미국인과 더불어 전 세계의 많은 사람이 그의 퇴임 소식에 환호할 것이고, 나 역시 그럴 것이다.

독자들도 이 책을 읽으면서 알게 될 테지만, 나는 엉망이 되어버린 우리의 상황을 부시 대통령의 탓으로 돌리는 것은 너무나 안일한 태도라고 확신한다. 또한 나는 덜 당파적이고 더 유능하고 시민의 자유에 더 관심을 기울이는 지도자가 그의 자리를 대신한다고 해서, 우리를 괴롭히는 문제들이 바로잡히리라고 생각하지 않는다. 부시 집권 이전부터 잘못은 늘 있었다. 부시의 결점이, 이전까지 눈에 잘 띄지 않던 것들을 보게 만드는 유쾌하지 않은 기회를 우리에게 주었을 뿐이다.

부시 대통령에 관한 책은 넘치도록 많은데, 솔직히 말해 나는 그런 책들이 지겹다. 우리에게 필요한 것은 우리가 스스로를 이해하는 데 도움이 되는 책이다. 지금까지 벌어진 일들은 지도자 한 명의 잘못으로 일어난 것이 아니다. 우리도 그 일들에 관여했다. 진부한 말이지만, 국민은 자

13

신의 수준에 맞는 정부를 갖는다고 한다. 이 말이 사실이라면 우리가 어떠했기에 부시를 대통령으로 맞을 수밖에 없었던 것일까? 이제부터 이 질문에 대한 답을 찾아나설 것이다.

시애틀에서 리처드 솅크먼

프롤로그
선거 승리가 곧 대중의 승리일까?

지인들과 모르는 사람들에게서 오바마의 당선이 미국 국민들이 사실은 꽤 똑똑하다는 것을 의미하지 않느냐고 묻는 이메일을 받기 시작했다. 나는 정말 그것이 사실이었으면 한다. 나 역시도 자기만족을 주는 그런 결론에 이르렀다면 더없이 행복했을 것이다. 그러나 나의 견해는 그렇게 고무적이지는 않다. 실은 솔직하게 말해 나는 최근의 선거운동을 쭉 지켜본 사람이 어떻게 미국 유권자들의 피상적인 정치 접근에 변화가 생겼다는 많은 증거를 찾을 수 있다는 것인지 이해가 되지 않는다. 유권자들이 대통령직을 맡을 적임자에 관해 내가 내린 결론과 동일한 결론에 도달했다고 해도(분명 축하할 만한 일이긴 하지만) 나는 그들이 냉철한 이성이나 사실적 지식에 근거해 그런 결론에 이르렀다고 추론하지는 않는다. 유권자들의 집합적 결정에서 나온 결과를 잣대로 유권자들의 사고의 질을 판단하는 것은 분석적 엄밀성이 부족한 사례다. 만약 우리가 그런 속임수에 빠진다면, 우리는 얼마 안 가 지성의 위기에 봉착하게 될 것이다. 우리의 목적을 위해 중요한 것은 유권자들이 어떻게 그런 결정에 도달했나 하는 것이지, 그들이 우리가 동의하는 결정에 도달했다는 사실 자체가 아니다.

나 자신을 실례로 들어보겠다. 1970년대에 투표할 수 있는 나이가 된 이후로 나는 아홉 번의 대통령 선거에서 투표를 했다. 내가 찍은 후보가 당선된 것은 다섯 번이었다. 그러나 나는 대중이 다섯 번의 선거에서는 현명했고 나머지 선거에서는 멍청했다는 착각을 하지는 않는다. 그 선거들에서 수많은 사람이 어리석은 이유로 나와 같은 선택을 했을 수도 있고, 또한 현명한 이유로 나와는 다른 선택을 했을 가능성도 충분히 있다. 예를 들어보겠다. 나는 1992년에 빌 클린턴을 찍었는데, 그가 조지 H. W. 부시보다 미국이 직면한 경제적 난관을 더 잘 파악하고 있다고 생각했고, 기본적으로 진보적이라고 여겨진 클린턴의 핵심 의제에 공감했기 때문이다. 나는 내가 그런 현명한 이유 때문에 그에게 투표했다고 자부한다. 그러나 다른 많은 유권자는 그저, 쌀쌀맞아 보이는 부시보다(공정한 평가든 그렇지 않든, 그들은 불경기를 부시 탓으로 보았다) 색소폰을 연주하는 보통 사람이 마음에 들었기 때문에 클린턴을 찍었을 가능성도 있다.

우리가 스스로 탈출해야 하는 덫은 우리가 선택한 후보의 선거 승리가 곧 대중의 지성을 보여준다는 유혹적인 믿음이다. 불행히도 이것은 뿌리치기가 거의 불가능한 충동이다. 경쟁에서 자기편은 모두 지적인 사람이고 상대편은 모두 무지한 사람이라고 가정하는 것은 자연스러운 일이다. 또한 이런 말을 하는 것은 미국 정치에서 하나의 관례로 굳어져서 우리는 이런 식으로 사고하도록 길들여져 있다. 우리 정치에서 빼놓을 수 없는 행사 중에는 당선 축하 파티가 있다. 그 자리에서는 자신을 흠모하는 지지자들 앞에 선 후보가 미소 지으며 유권자들이 얼마나 현명한지 증명했다고 말하며 환호에 답한다. 만약 그가 다음 선거에서 진다면 유권자들이 갑자기 멍청해졌다고 느낄 것이다. 놀라울 정도로 빠르고 규칙적으로 일어나는 변신이다. 그러나 승리한 날 밤의 흥겨운 분위기 속에서 어느 누구도 후보자의 과장된 주장에 이의를 제기할 생각을 하지 않는다. 영광의 순간에 있는 후보자가 자신의 당선이 유권자들의 지성의 표시라고 생각하는 것은 너그러이 봐줄 수도 있다. 그러나 그렇다고 우리도 그와 똑같이 분별없는 사고방식을 택해도 괜찮은 것은 아니다.

　　무엇이 현명한 선택이었고 멍청한 선택이었는지 말할 수 없다는 말이 아니다. 나는 2008년 두 유력 대통령 후보 중 현명한 선택은 버락 오바마였다고 생각한다. 그러나 그가 왜 더 나은지를 증명하는 것은 이 책의 관심 사항이 아니다. 여기서 주목하는 것은 오로지 대중이 오바마를 대통령으로 뽑겠다는 결정을 하게 되기까지의 과정이다.

　　그가 당선되었다는 사실보다 그가 어떻게 해서 당선되었는지에 중점을 두는 일은 일정 정도의 지적 훈련이 필요하다. 우선 가장 뚜렷이 감지되고 쉽게 파악할 수 있는 이 선거의 결과적 측면(즉 미국 최초로 흑인 대통령을 선출했다는 사실)을 한쪽으로 제쳐두어야 한다. 이렇게 해야 하는 이유는 인종이 중요하지 않기 때문이 아니라, 이번 선거에서 중요한 것이 오로지 오바마의 인종밖에 없는 것처럼 보는 습관에서 벗어나기 위해서다.

　　오바마는 사람들이 자신을 흑인 대통령 후보로 여기지 않게 하려고 신경을 썼지만, 그럼에도 최초의 흑인 대통령 당선이라는 것은 이 선거에서 가장 두드러진 부분이다. 1963년 버밍햄에서 불 코너Bull Connor(*앨라배마주 버밍햄의 공안위원으로 흑인 민권운동을 탄압한 인종주의자로 악명 높음)의 무리들이 흑인 시위대를 향해 독일산 셰퍼드를 푸는 장면을 기억하는 이들에게 2008년의 선거 결과는 기적이나 다름없었다. 웬만큼 우둔한 사람이 아니고서야, 흑인 대통령의 당선을 미국 역사에서 주목할 만한 전환점으로 볼 것이다. 이것은 너무나 큰 사건이라 오바마의 상대 후보였던 존 매케인John McCain마저도 자신이 패한 지 몇 시간도 안 지나, 우리 모두가 자부심을 가질 수 있는 역사적인 첫 순간이라는 말로 오바마의 당선이 지닌 의미를 논평했을 정도였다.

흑인은 창조주에게서 열등한 재능을 부여받았고, 그 열등함 때문에 태생적으로 노예로 사는 데 적합한 사람들이라는 인종주의적 믿음의 기반 위에 세워진 나라에서, 인종주의 극복을 위한 진전이 일어난 것은 결코 작은 일이 아니다. 많은 사람이 말하는 대로 인종주의는 미국의 원죄다. 그러나 내 생각에는 미국의 민주주의를 갉아먹는 요소로 인종주의가 너무 크게 부각되는 탓에, 정치에 영향을 미치는 우리 사회의 다른 결함들은 소홀히 다루어지는 경향이 있는 것 같다. 내가 이 책을 쓴 이유 중 하나는 우리가 미국을 볼 수 있는 렌즈로서 인종에 지나치게 집착하고 있고, 그 결과 우리 자신을 들여다볼 수 있는 유일한 렌즈가 인종이라는 무언의 결론에 동의한 것 같아서였다. 지금도 여전히 그런 것 같다. 우리가 인종에 집착해왔다는 말이 너무 가혹할지도 모른다. 나는 가혹하게 굴고 싶은 마음은 없다. 나는 미국 사회에서 누군가가 인종주의를 숙고한다고 해서 그 사람을 비난하지 않는다. 인종주의는 우리 정치에 결정적인 영향을 미쳤고, 오랜 세월 동안 공화당이 대통령직을 장악할 수 있었던 이유였다고 말해도 과언이 아니다. 그러나 인종주의에 대한 집착은 불균형을 초래했다. 나는 그 불균형이 염려되었기 때문에 일반적으로 숨겨져 있던 정치적 요소들을 전면으로 가져오기 위해 의도적으로 인종주의를 크게 다루지 않았다. 그런 이유로 이 책에서 다룬 미국 정치에 대한 다면적인 비판에 인종주의는 거의 언급되지 않았다. 책의 뒷부분에서 언급한 어리석음에 대한 나의 정의(68쪽 참조)로 보자면, 인종주의는 그중 단 한 가지 특징인 멍청함, 즉 "의미 없는 문구, 고정관념, 비합리적 편향, 우리의 희망과 두려움을 이용하는 지나치게 단순화된 진단과 해법 등에 쉽게 흔들리는 성향"과 관련이 있다.

인종주의 문제(지난 몇십 년 사이에 점차 심각성이 완화되고 있는 문제)에 주의를 집중하고 있는 동안 우리는 공민학(*우리나라의 국민윤리 같은 과목)에 대한 대중의 계속되는 무관심(점점 더 심각해지고 있는 문제)은 대체로 무시해왔다. 이 두 문제는 모두 대중이 얼마나 무지한지를 보여주는 척도다. 그러나 그중 하나는 미디어의 지속적인 관심을 받은 반면 다른 한 문제는 거의 어떤 관심도 받지 못했다. 그 양상은 학교교육에서 되풀이되고 있다. 인종주의를 없애는 것은 어느 지역에서나 교육자들이 열정적으로 몰두하는 문제가 되었고, 다문화주의는 학교 교육과정의 한 부분으로 확고하게 자리 잡았다. 그와 동시에, 전국의 학교들은 공민학 수업을 줄이기 시작했다. 여러 단체가 구성되어 아프리카계 미국인에 대한 연구를 교육과정에 넣으라는 압력을 행사하고 있다. 내가 알기로는 공민학 교육이 개선되어야 한다고 요구하는 단체는 없다. 화난 부모들이 당장 공민학을 살려내라고 교장실의 문을 두드리는 장면을 상상하는 것은 코미디에 가깝다. 흑인 연구의 증가와 공민학 연구의 감소는 어느 정도는 상관관계가 있다고 볼 수 있다. 학교의 일과 시간은 한정되어 있기 때문에, 다른 수업을 줄이지 않고서 흑인 연구에 관한 수업을 추가하는 건 아마 불가능했을 것이다. 선택을 해야 했다. 틀림없이 많은 학교에서 공민학을 줄이는 선택을 했을 것이다.

오바마의 당선에 딸려온 승리주의의 오류

나는 오바마의 당선을 미국의 인종 관계에 대한 논평을 위해 이용한 것을 비판하는 것이 아니다. 그것은 예상된 일이었고 또 전적으로 적합한 일이다. 나를 불편하게 하는 것은 그의 당선에 즉각적으로 딸려온 승리주의의 분위기다. 하룻밤 사이에 우리는 부도덕한 상태에서 품위 있는 상태로 격상된 듯하다. 버락 오바마를 대통령으로 뽑을 수 있는 나라는 바로 그 사실 때문에 덕 있는 나라라고 우리 스스로 말한다. 또한 그러므로 이제 미국은 우리가 항상 염원해온 깨어 있는 나라가 되었다고 생각할지도 모른다. 그러나 요즘 거울을 들여다보면 무엇이 보이는가? 만약 내가 이 문제를 직설적으로 말해도 된다면, 우쭐대는 한 나라의 국민, 의기양양하고, 자기만족적이며, 자기 일에만 골몰한 국민이 보일 것이다.

이 책에는 이러한 상황 변화에 대한 나의 개인적인 감정도 들어 있다. 나는 그러한 변화를 몸소 체험했다. 2008년 가을, 선거운동이 한창일 때 나는 대중이 과거 선거운동에서 했던 방식을 답습하는 것을 보면서 괴로웠고, 그래서 이 책의 후속편을 내도 괜찮겠다는 결론을 내렸다. 존 매케인이 대선에서 승리할 가능성이 높았던 9월 초에는 새로운 책의 제안서를 제출하고픈 의욕이 생겼다. 함께 일한 출판계의 자유주의자liberal(*현대 미국 민주당의 이념인 진보적 자유주의 또는 사회자유주의를 지지하는 진보 세력을 가리킨다)들은 오바마가 아니라 매케인을 뽑는 나라는 비판이 필요한 나라라고 보았다. 그러나 월가의 가을 금융 위기 이후 오바마에 대한 전망이 바뀌자 내 제안서에 대한 그들의 관심은 즉시 사라졌다. 나는 이 문제를 내 개인적인 입장에서 다룰 생각은 없다. 그러나 자기비판의 분위기가 얼마나 재빨리 축하 분위기로 바뀌는지를 지켜보는 것은 참으로 놀라웠고, 그 깨달음이 여러 질문을 불렀다. 단 한 사람의 당선만으로 우리의 모든 우려가 덜어질 정도로(아니면 그 우려를 회피하고 싶은 마음이 들 정도) 미국 정치에 대한 진보적 비평이 편협하다는 말인가? 출판업자들이 믿는 것처럼 그러한 비평을 읽어야 할 독자들이 실제로 사라진 것일까? 자유주의자들은 (보수주의자들이 자주 주장하는 대로) 선거가 보수당 후보의 승리로 끝날 때만 국민에 대한 비판에 열린 마음을 가지는 것일까?

나 역시도 자유주의자들과 마찬가지로 오바마의 당선에 큰 기쁨을 느낀다. 그러나 열광하지 않고 희망을 느끼는 것도 가능하지 않을까? 불행히도 오늘날에는 열광하는 것이 내가 속한 모임을 포함해 많은 집단에서 유행이 된 것 같다. 선거가 끝나고 추수감사절 동안 나는 친구들 십여 명과 같이하는 근사한 저녁 식사 자리에 나갔다. 친구들은 모두 대선 결과에 완전한 안도감과 흥분을 느끼고 있다고 털어놓았다. 심지어 매일같이 쏟아지는 우울한 경제 뉴스조차도, 우리 머리 위 창공에 갑자기 나타난 그 후광을 어둡게 하지는 못하는 것 같았다. 미셸 오바마처럼 내 친구들도 마침내 다시 조국에 자부심을 느끼고 있었다. 미국은 훌륭한 연설을 하는, 누가 봐도 지적이고 진보적인 대통령을 뽑았다. 게다가 흑인 대통령이다! 어느 누가 상상이나 했겠는가?

나는 우리가 지나치게 흥분했다고 생각한다. 버락 오바마를 뽑기 불과 4년 전, 잘못된 정보와 두려움 때문에 조지 W. 부시를 뽑았던, 현혹되기 쉽고 때로 지독하게 무지한 나라가 갑자기 한순간에 사라진 것이 아니다. 모든 유권자가 돌연 일제히 세계지리를 공부하기 시작해서 미국이 폭격하고 있는 나라들의 위치를 알게 된 것도 아니다. 그들이 신문을 읽기 시작한 것도 아니다. 자기 주의 상원과 하원 의원의 이름을 알게 되거나 정부의 삼부에 대해 배운 것도 아니다. 헌법을 찾아보고 누가 전쟁을 선포하는지 알게 된 것도 아니다. 역사 교과서를 공부하고 지난 한두 세기의 주요 전환점에 대해 잘 알게 된 것도 아니다. 나는 여전히 미국 국민의 다수가 전쟁에서 핵무기를 사용한 유일한 나라가 바로 자신의 조국임을 모르고 있을 것이라고 추측한다.

자유주의자들은 미국의 유권자들이 정말 중요한 것을 올바르게 판단했기 때문에, 그런 것들은 사소한 트집거리에 불과하다고 생각할지도 모른다. 그러나 유권자들이 무엇을 근거로 존 매케인보다 버락 오바마가 미국을 위해 더 나은 인물이라는 결론을 내렸을까? 정치학자들의 말에 따르면, 이는 주로 엉망인 경제 상태 때문이었다. 이것이 사실이라면, 이는 결코 유권자들의 시민적 역량이 향상되었음을 말해주는 지표가 아니다. 뒤에서 언급하겠지만, 유권자들이 실패를 범하려 했다고 볼 수도 있다. 미국 정치에서 오래된 양상 중 하나는 경제가 악화되면 유권자들이 '쓸모없는 인간들을 갈아치우는 것'이다.

이번 선거에서 중요했던 요인이 경제뿐만은 아니었다는 사실은 아무도 의심하지 않을 것이다. 오바마에게 유리한 결과를 만들어낸 적어도 아홉 가지의 다른 요인들이 있었다. 사기를 북돋우는 연설, 효과적인 선거운동 조직, 흑인과 라틴아메리카계와 젊은이들을 고무하는 힘, 유권자들을 투표장으로 끌어내는 능력, 대단한 평정심, 인종을 초월하는 능력, 대통령 후보 토론에서 보여준 설득력 있는 언변, 성공적인 선거 자금 모금, 도전과 희망이라는 테마가 그것이다. 이 장점들을 모두 합한 것에 존 매케인이 가진 다음의 명백한 결점까지 보태졌다. 매케인의 활기 없는 연설, 일관성 없는 선거운동, 부통령 러닝메이트로 세라 페일린Sarah Palin을 선택한 것, 선거운동을 중단하기로 한 기이한 결정, 끝없는 부산함, 썩 좋지 않은 토론 실력, 선거 자금력의 열세, 나이 등이 있었다. 물론 마지막으로 조지 W. 부시와 그를 대통령 자리에 앉힌 공화당에 대한 오랫동안 지속된 깊은 반감도 중요한 요인이었다.

그러나 만일 월가가 거의 몰락 직전까지 오지 않았다고 잠시 가정해보자. 오바마에게 수많은 장점이 있고 매케인에게 많은 단점이 있는 것은 맞지만, 오바마가 과연 승리할 수 있었을까? 오바마의 패배를 상상하는 게 어려운 일이 아니라는 것을 자유주의자들은 진지하게 생각해보아야 한다. 왜냐하면 그가 졌을 경우를 상상해보는 것은 가능할 뿐 아니라(어떤 후보든 지는 경우를 생각해보는 것은 언제나 가능하다) 쉬운 일이기도 하다. 그가 승리했다고 해서 그가 패배했을 경우에 했을 비평이 쓸모없어지는 것은 아니다.

신화 해체를 위한 정치 비평

그 비평은 어떤 요소로 이루어지게 될까? 여기에는 여러 요소가 있는데 지금부터 이야기해보겠다. 그 요소들을 살펴보면, 흥미롭게도 2008년 대선과 그전에 치러진 선거들 사이에는 명백한 차이점이 있긴 하지만 그에 못지않게 유사성도 두드러진다. 첫째, 2008년 대선에서도 중요한 것은 감정이었다. 힐러리 클린턴은 자신이 울 줄 안다는 것을 보여줌으로써 뉴햄프셔 예비선거에서 승리했다. 그녀가 그 이후 예비선거에서도 승리할 수 있었던 것은 부분적으로, 민주당의 후보 지명을 받는 것이 수학적으로 불가능해진 이후에도 결코 포기하지 않는 투사 같은 모습을 보여주었기 때문이다. 유권자들은 그녀의 투지를 높이 샀다.

버락 오바마는 꼼꼼한 연설을 하는 이지적인 이미지로 4년 전에 중앙 정계에 진출했다. 그의 전기 작가 데이비드 멘델에 따르면 오바마는 심지어 그의 대표적 슬로건(우리는 할 수 있다Yes, We Can)을 사용하는 것에 반대했는데, 지나치게 감상적으로 들린다는 이유에서였다.[*] 그러나 대통령 후보로 출마한 뒤 그는 거의 전적으로 감정에 호소하는 접근법을 채택했고, 가끔은 그가 흑인 교회에서 들은 설교와 흡사하게 상황을 연출하는 일도 있었다. 그는 흑인 교회 설교자의 억양과 리듬을 대단히 많이 차용해서, 때로는 그가 설교자가 아니라 법학자로서 교육을 받았다는 사실조차 기억하기 힘들 정도였다. 그는 연설에서 감정을 고조시키는 수사법과 "희망과 변화" 같은 미사여구를 사용했다. 예비선거 시기에 그는 좌익 성향 민주당 지지층의 마음을 사기 위해서 그들이 듣고 싶어 하는 이야기를

---

[*] —————— David Mendell, 『Obama: From Promise to Power』 (HarperCollins, 2007), p.229; 데이비드 멘델, 원태일 옮김, 『오바마 약속에서 권력으로』(한국과미국, 2008)

했고, 특히 부시 행정부에 대한 그들의 불만을 반복적으로 언급했다. 자신은 조지 W. 부시가 이라크에서 벌인 '멍청한 전쟁'과 그의 부자 감세에 반대한다는 이야기를 수도 없이 반복했다. 그는 가는 곳마다 엄청난 수의 군중을 끌어모았는데, 군중들은 다른 것보다 인상적인 광경 자체에 끌린 것 같았다. 그의 행사에 참여한 사람들이 갈망했던 것은 정서적 경험이었던 것 같다. 교리보다 체험을 중요시하는 복음주의 교회의 신도들처럼 그들에게 중요한 것은 느낌이었다.

오바마의 지지자들이 일반적인 유권자들보다 쟁점에 관해 더 많이 알았다거나 선거운동에 더 면밀한 주의를 기울였다는 증거는 없다. 선거 이후 조그비 인터내셔널Zogby International이 실시한 여론조사에 따르면, 오바마 지지자들의 대다수는 어느 정당이 의회를 장악하고 있는지조차 말하지 못했다. 이전 선거에 참여한 대부분의 유권자들처럼, 그들 또한 자신들이 지지하는 후보가 연루된 논란보다는 다른 후보들의 이미지에 좋지 않은 영향을 끼친 논란을 기억하는 경우가 더 많았다. 오바마 지지자들의 압도적인 다수가 세라 페일린의 딸이 혼외 임신했다는 사실을 알고 있었지만, 그들의 4분의 3은 부통령 조 바이든Joe Biden이 연설문 표절로 비난을 받아서 1988년 대통령 후보 경선을 포기해야 했던 사실은 모르고 있었다. 바이든이 고위 관직에 오를 만한 인물인지를 평가하는 사람들에게는 그 사실이 결정적으로 중요한 정보였음에도 말이다(반면 페일린의 딸의 품행이 어떤지는 페일린의 자격과는 무관하다). 조그비의 방법론에 불평을

하는 일부 비평가들이 있긴 했지만, 조그비가 알아낸 사실은 그 이전 선
거들에 대한 조사 결과와 완전히 일치했다.

　　오바마 선거운동의 많은 부분은 내용 없이 신화를 중심으로 돌아갔
다. 거의 모든 성공한 대통령 후보처럼 오바마 또한 통나무집 신화('누구
나 대통령이 될 수 있다')를 이용해서 대중에게 다가갔다. 때로 그는 노골적
으로 청중들에게 자신은 가난한 집 아이였고 한때 자신의 어머니가 푸드
스탬프food stamp(*정부가 저소득층 가정에 지급하는 식료품 구매권)를 이용했
다고 말했다. 그러나 보통은 더 교묘한 접근법을 취해서, 청중들에게 자
신의 이국적인 출신이나 성장 배경을 고려하면 자신이 대통령 후보로 나
올 가능성은 거의 없었다고 말했다. 선거운동 막바지에는 거의 모든 미국
인들이, 어머니가 캔자스주 출신이고 아버지는 케냐 출신이며 하와이와
인도네시아에서 자랐다는 그의 이야기를 외울 정도였다. 자신의 인생 이
야기를 누구나 대통령이 될 수 있다는 신화에 적합한 형태로 제시함으로
써, 오바마는 불리하게 작용할 수도 있는 자신의 다문화 배경을 대중과의
강력한 연결고리로 바꾸었다. 그가 예비선거에서 힐러리 클린턴을 누를
수 있었던 이유 중 하나는, 그는 통나무집 신화를 이용할 수 있었던 반면
힐러리는 그럴 수 없었기 때문이었다. 前 미국 대통령의 아내인 그녀가
전형적인 미국 여성 행세를 하기에는 설득력이 부족했던 것이다. 그녀가
어떤 이야기를 할 수 있었겠는가? 자신이 자력으로 일어선 전 영부인이
라는 것이겠는가?

펜실베이니아주 예비선거 중에 그녀는 한 술집에서(텔레비전 카메라 바로 앞에서) 술을 단숨에 들이켬으로써 유권자들에게 자신도 그들과 다름없는 보통 사람이라는 인상을 주려고 시도했다. 그 일은 폭넓은 관심을 끌었지만 그녀는 조지 W. 부시처럼 그것을 제대로 이용할 정치적 수완이 부족했다. 힐러리는 자신이 진정으로 평범한 미국인이라는 인상을 주기 위해서 돼지껍질 스낵을 좋아한다는 설득력 없는 이야기를 한 아버지 부시와 더 닮았다. 그 신화를 이용할 수 있는 유일한 길은 여성인 그녀가 대선 후보가 되기 위해 극복해야 했던 불리한 조건을 강조하는 것이었다. 그것은 모든 미국인, 남녀 모두가 공감할 수 있는 이야기였다. 통나무집에서 태어난 것에 거의 필적할 만한 것이었다. 그러나 불행히도 그녀가 자신의 성별을 강조하면 수많은 미국인이 그녀에 대해 가진 가장 큰 의심(즉 그녀가 야심에 찬 암여우라는 것)은 더욱 커질 수밖에 없었다. 게다가 그런 접근법은 그녀 자신의 깊은 신념에 위배될 수도 있는 것이었다. 페미니스트로서 그녀는 늘 자신이 성별 때문에 특별대우를 받기보다는, 스스로 남성 못지않다는 것을 보여주기 위해 애를 써왔기 때문이다.

미디어의 부정확한 정보와 신화 만들기

매케인이 언급한 자기 신화는 할리우드 대본에서 바로 나온 것으로, 자신을 희생하는 전쟁 영웅 이야기였다. 오바마와 마찬가지로 그도 기회

가 있을 때마다 이야기의 핵심 요소를 들려주었다. 그것은 전투기 조종사
였던 자신이 베트남에서 어떻게 격추되었고, 그런 다음 악명 높은 하노이
힐튼Hanoi Hilton 수용소에서 5년이라는 긴 시간 동안 전쟁 포로가 되어 이
루 말할 수 없는 고문을 어떻게 견뎠는가 하는 것이었다. 그가 진정한 영
웅이었다는 사실을 부정할 수는 없지만, 그의 해군 경력과 관련된 사실은
그가 털어놓은 것보다 복잡했다. 매케인의 전시 기록을 면밀히 조사한 몇
안 되는 학자 중 한 명인 역사학자 메리 허쉬버거Mary Hershberger는 매케
인이 자신에게 유리한 이야기만 선별적으로 했다는 혐의를 입증할 강력
한 증거를 찾아냈다. 그녀는 세 가지 예를 든다. ■

　①화재: 1967년 전쟁 포로가 되기 석 달 전에 그가 배치된 미 해군
항공모함 포레스탈USS Forrestal에 불이 나서 134명의 인명 피해가 났다.
이는 미국 해군 역사상 최악의 참사 중 하나였다. 그 불은 누군가의 실수
로 항공모함 갑판에 있던 전투기에서 로켓이 발사되면서 시작되었다. 매
케인은 회고록에서 그 로켓이 본인의 기체에 명중했고, 그로 인해(그의 주
장에 따르면) 두 개의 폭탄이 떨어져 나오는 바람에 치명적인 대화재가 발
생하게 되었다고 말했다. 실은 그 로켓에 맞은 기체는 매케인의 기체가
아니라 다른 기체였다. 그는 왜 그런 거짓말을 했을까? 아마도 매케인은

■─────────────── Mary Hershberger, 「"What Is the True Story of
McCain's Wartime Experience?"」, History News Network (October 28, 2008); http://hnn.us/
roundup/entries/56255.html─

로켓이 발사된 후의 그 혼란스러운 순간에 자신이 실수로 자신의 기체에 장착된 폭탄을 떨어뜨렸고, 이것이 대형 사고의 원인이 되었다는 사실을 인정하기 싫었던 것으로 보인다(폭탄은 하나밖에 없었다. 매케인은 잘못 알고 두 개였다고 말했다).

②사고 이후: 갑판에 불이 나자 매케인은 화재를 진압하는 일을 다른 이들에게 맡겨둔 채 현장을 빠져나왔다. 며칠 후 그는 무단으로 사이공에서 '반가운 휴양'을 취하기 위해 기자와 함께 항공모함을 떠났다. 매케인은 회고록에서 자신이 항공모함을 떠났다는 것은 인정했지만 그렇게 할 수밖에 없는 상황이었다는 그릇된 인상을 남겼다.

③전쟁 포로 시절: 포로로 잡힌 나흘 뒤에 매케인은 프랑스인 기자 프랑수와 살레Francois Chalais와 카메라 인터뷰를 했다. 회고록에서 매케인은 그 당시 자신을 두고 간수들과 싸울 듯한 태세였다고 묘사했고, 여러 군데 부상을 입었지만 어떤 치료를 받고 있는지에 대해 말하는 것도 거절했다고 썼다. 선거운동 동안 그 인터뷰 영상 중 일부가 유튜브에 올라왔다. 매케인은 분명 아파 보이긴 했지만 사실 자신이 치료를 잘 받고 있고 식사도 괜찮다고 이야기했다.

여기까지 읽은 독자들은 왜 한 번도 메리 허쉬버거가 밝힌 내용을 들어본 적이 없는지 의아해할지도 모른다. 그 이유는 주요 텔레비전 방송국이나 인쇄 매체 어디서도 그녀에게 전국적인 의견 발표의 기회를 주지 않았기 때문이다. 이것은 주류 매체가 잘못한 부분이다. 그러나 이는 또한 미국 대중들의 잘못이기도 하다. 국민이 자신들의 수준에 맞는 정부를 가지는 것처럼, 미디어 또한 수준에 맞는 미디어만 가질 수 있다. 만약 대중이 정치인들이 유포하는 신화를 기꺼이 수용하는 미디어를 원한다면, 우리는 바로 그런 미디어를 가지게 된다.

2008년 선거운동의 가장 큰 신화는 역대 최고의 신화 중 하나로, 버락 오바마가 이슬람교도거나 그의 종교적 정체성이 불확실하다는 널리 퍼진 믿음이었다. 그의 목사(물론 기독교 목사)가 한 논란성 발언이 예비선거 중에 연일 보도되었다는 점을 고려하면(*오바마의 정신적 스승으로 알려진 제러미아 라이트Jeremiah Wright 목사가 미국을 강하게 비판한 설교 영상이 공개되면서 큰 파문이 일었다), 오바마의 종교에 대한 혼란이 여러 지역에 만연해 있었다는 사실은 이해가 잘 되지 않는 부분이다. 그럼에도 선거 전날까지도 혼란이 가득했다. 여론조사 결과, 주요 격전지인 플로리다주와 오하이오주 유권자들의 7퍼센트와 텍사스주 유권자의 23퍼센트가 오바마가 이슬람교도라도 믿고 있었다. 게다가 더 심각한 문제는 플로리다주와 오하이오주 유권자의 40퍼센트 이상이 그의 종교가 무엇인지 모른다고 응답했다는 것이다. 계산해보면 무시무시한 수치가 나온다. 플로리다주와 오하이오주 유권자들의 절반(47퍼센트) 가까이가 전적인 무지 상태에 있었다는 뜻이다.

미국인들이 혼란을 느낀 것은 우연한 일이 아니었다. 공화당은 오바마의 종교가 의심스럽다는 메시지를 사람들에게 심기 위해 계획적인 선거운동에 착수했다. 그토록 쉽게 현혹될 수 있는 유권자들을 우리는 어떻게 이해해야 할까? 오바마가 어떤 종교를 믿고 있는가 하는 것은 사실 복잡한 문제가 아니었다. 오바마는 기독교도이고 그는 기회가 있을 때마다 수차례 그 사실을 밝혔다. 그의 목사와 관련된 논란이 한창일 때 오바마는 연설에서 기독교에 대한 자신의 깊은 신앙을 고백했다. 그가 한 연설은 널리 알려졌다.

정확한 정보를 모르는 유권자들을 이해하기 위해서는 그들의 범주를 구분하는 것이 좋을 것이다. 우선 한 집단은 다행히도 작은 집단인데, 살기에 너무 바빠서 정치와 담쌓고 지내는 사람들이다. 이들이 오바마의 종교가 무엇인지 모른다고 대답한 것은 2008년 선거운동에 거의 관심을 기울이지 않아서 정말로 모르기 때문이다. 두 번째 집단은 그보다는 약간 더 큰 집단이다. 이 집단의 구성원들은 인종주의자거나 이방인에 대한 의심이 너무 많아서 오바마에 관한 거의 모든 소문을 믿을 준비가 되어 있는 유권자들이다. 그들은 오바마(전국적인 인물로 부상한 것이 최근의 일임을 생각한다면 알려진 것이 거의 없는 정치인)가 9·11 사태 당시 우리를 공격한 테러리스트들과 같은 종교를 가지고 있다는 말을 들었을 때, 그 말이 부정적으로 들렸기 때문에 바로 믿었고, 그것에 반대되는 증거는 모조리 외면했다. 세 번째 집단은 단연 가장 큰 집단으로 오바마의 종교에 대한 상반되는 정보를 듣고서 어떻게 판단해야 할지 모르는 사람들로 이루어져 있다. 혼란을 느낀 한 시민은 『워싱턴포스트The Washington Post』 기자에게 이렇게 말했다고 한다. "전혀 공통점이 없는 완전히 다른 두 사람에 대한 이야기를 듣는 것 같아요. 그러니 무엇이 사실인지, 무엇을 믿어야 하는지 도통 알 수가 없어요."

　세 번째 집단이 가장 크다는 사실은 감사한 일이다. 여전히 대다수 미국인에게 정보가 의견 형성에 가장 중요한 고려 사항이라는 희망을 주기 때문이다. 하지만 사람들은 잘못된 정보를 사실에 입각한 정보로 쉽게 받아들인다는 그 골치 아픈 문제로 우리는 또다시 돌아온다. 더 큰 문제는 유권자들이 믿을 만한 정보를 얻기 위해 어디에 의지해야 할지를 모르고 있는 것 같다는 것이다. 오바마의 종교적 소속에 혼란을 느낀 사람들이 어째서 『워싱턴포스트』나 『뉴욕타임스』 같은 신뢰할 만한 좋은 신문을 읽고, 저널리스트들이 이에 관해 어떻게 보도했는지 알아볼 생각조차 하지 못했는지 우리 모두는 물어보아야 한다. 미디어에 대한 의심이 너무 커져서, 주류 저널리스트들이 대통령 후보의 종교에 대한 기본적 사실을 제대로 알려줄 거라고 믿을 수 없는 지경에 이른 것일까? 만약 그렇다면 우리는 상상했던 것보다 훨씬 더 큰 문제에 빠져 있는 것이다. 이 나라는 나치 독일이나 소비에트 연방이 아니다. 미디어가 기본 사실들을 정확하게 전달할 것이라고 신뢰할 수 있는 나라다. 만약 저널리스트들이 그 일도 하지 않을 것이라고 의심한다면, 우리는 현실과의 연결고리를 잃을 것이다.

텔레비전과 이미지 정치

2008년 선거운동에서 줄곧 사람들의 주목을 받은 것은 수없이 많은 사소한 문제였다. 이는 공적 논의의 수준이 얼마나 낮은지를 보여주는 지표로, 이 책의 핵심 주장에 신선한 증거를 제공했다. 공적 논의에서 가장 활발히 다뤄지는 쟁점은 지식이 거의 필요 없는 문제였다. 오바마의 세금 제안이나 매케인의 의료보험(그렇다, 하나가 있었다)에 관해 상세히 논의하기보다 우리는 힐러리가 뉴햄프셔주에서 눈물을 흘린 것이 진심에서 나온 것인지 꾸며낸 행동이었는지, 오바마가 볼링을 못 친다는데 진정한 미국인이라고 할 수 있는지, 오바마의 주먹 인사에 담긴 의미가 무엇인지 등에 중대 관심이 몰려 있었다. 텔레비전에 출연하는 전문가들은 매일같이 이런 주제들을 자세히 다루면서 세월을 보냈다. 그러던 중 세라 페일린이 매케인의 부통령 러닝메이트로 선택되었다. 그 즉시 페일린에 대한 천박한 이야기들이 넘쳐났는데, 현대 미국사에서 전례가 없을 만큼 정도가 심했다. 사람들은 그녀의 머리카락, 아이들, 남편, 말투에 대해 평했다. 선거운동 막바지에는 자칭 하키 맘(*하키를 배우는 자녀를 경기장에 차로 데려다 주고 경기나 연습 과정을 지켜보는 데 많은 시간을 들이는 엄마)인 그녀가 입었던 옷들이 고급 상점에서 산 값비싼 옷이었다는 사실이 드러나자(한 보도에 따르면 니만마커스 백화점에서만 7만 5,062달러를 썼다고 한다) 전문가들은 진흙 목욕을 즐기는 행복한 돼지처럼 으르렁대고 씩씩거렸다.

유권자들은 자석에 이끌리듯 텔레비전 앞으로 모여들었다.

페일린은 굉장한 사람이었다! 무엇이 그녀를 그렇게 만든 것일까? 물론 그녀의 개성과 이야기다. 9월에 『뉴욕타임스』는 기자들을 전국 곳곳으로 보내 유권자들이 페일린에 대해 어떻게 생각하는지 조사했다. 예비선거에서 힐러리 클린턴을 응원했던 위스콘신주에 사는 여섯 아이의 엄마 타나 크루거는 페일린을 찍을 생각이라고 말했다. 이유는 이랬다. "그녀가 곧 나예요. 저는 그녀의 삶에서 일어난 모든 일에 공감할 수 있어요. 장애가 있는 아이들, 십대의 임신……." 대통령을 선택할 때는 좀 더 실질적인 요인들, 몇 가지만 꼽자면 경험, 의제, 능력 같은 것들을 고려해야 한다는 생각을 그녀는 하지 못했던 것 같다.

페일린을 무척 좋아하거나, 아니면 미워하거나 둘 중 하나였다. 페일린에게 중립적인 유권자는 없었다. 금융 위기가 절정에 달했던 2008년 10월, 모든 이가 고대하고 있던 것은 그녀와 바이든의 부통령 후보 토론이었다. 토론에서 무슨 일이 있었는지 잠시 살펴보도록 하자.

그 토론은 흥미진진한 볼거리가 될 거라는 기대감이 높았다. 바이든이나 페일린이 어떤 말을 하고 어떤 행동을 할 것인가? 바이든은 머릿속에 떠오른 것은 무엇이든 말하는 것으로 유명했다. 또한 페일린에 대해 말하자면, 그녀가 어떤 모습으로 나타날지 누구도 예측할 수 없었다. 공화당 전당대회에서 공화당원들에게 강한 인상을 남겨서 일약 유명 정치인, 공화당의 벼락 오바마가 된 페일린이 나타날 것인가? 아니면 CBS 케이티 쿠릭 앵커와의 인터뷰에서처럼 거의 멍한 모습의 페일린이 나타날 것인가? 대략 7,000만 명 정도의 미국인들이 그 답을 알아내기 위해 토론을 시청했다. 미국 부통령 후보 토론 사상 최고의 시청률을 기록했고, 모든 종류의 정치 토론을 통틀어 두 번째로 높은 시청률을 기록했다(가장 많은 시청자를 끌어모은 토론은 로널드 레이건과 지미 카터의 1980년 대결이었다). 누가 더 큰 관심을 끄는 후보인지는 모두가 알고 있었다. 바로 페일린이었다. 사람들은 그녀에게 강한 흥미를 느꼈다. 그녀는 어떤 사람인가? 자신이 하고 있는 이야기에 대해 제대로 알고 있을까? 그녀가 클리그등(*영화 촬영 및 조명용 등) 아래에서 주도권을 잡을 것인가 아니면 자신감 없이 흔들릴 것인가? 그중 가장 중요한 물음은 이것이었다. '그녀는 완전히 실패할 것인가?'

답을 알게 되기까지 정확히 10초가 걸렸다. "저기요, 조Joe라고 불러도 될까요?" 그녀는 자리에 앉으면서 바이든에게 물었다. 그 말의 음조는 완벽했다. 자신감 넘치고 소탈한 페일린이 나타난 것이다. 그래, 우리는 굉장한 토론을 보게 될 것이었다. 아니면 적어도 좋은 볼거리는 될 것이다.

내용적인 면에서는 물론 바이든이 한 수 위였다. 그는 29세부터 쭉 의회에 몸담고 있었다. 그런 그가 공공정책의 세부 내용을 어떻게 모를 수 있겠는가? 바보가 아닌 다음에야 진행자 그웬 아이필Gwen Ifill의 질문에 대답할 수 있는 게 당연했다. 그러나 언제부터 토론에서 내용이 중요했던가? 토론에서 중요한 것은 스타일이었고, 그날 밤 바이든의 스타일은 대체로 지루했다(처음부터 끝까지 그런 것은 아니었다. 그는 하고 싶은 말을 완전히 참지는 못했다). 지루한 스타일은 그날 그의 목표였다. 바이든이 어떻게든 피하고 싶었던 것은 뉴스거리가 되는 것이었다. 뉴스거리가 되었다는 것은 그가 또다시 장광설을 늘어놓았다는 것을 뜻했다. 그는 다행히도 대답을 짧게 했고 나중에 자신이나 오바마에게 불리하게 이용될 수도 있는 이야기는 피하려고 조심했다. 그의 모두 발언은 특히 더 지루했다. 그는 자신의 러닝메이트가 구제금융을 위해 정한 네 가지……기본적인……기준을……늘어놓았다. 시청자들은 그가 마지막 말을 끝내는 순간까지 중간에 한 말을 잊어버리지 않을까 불안해했지만, 다행스럽게도 그는 갈 길을 잃지 않고 자신이 말하고자 했던 각각의 요점을 기억했다(방청석에 앉아 있던 민주당원들은 안도의 한숨을 내쉬었다). 그 후 그는 이라크전과 매케인의 의료보험안을 비판할 때 약간의 열정을 보여주었다.

그렇다면 세라 페일린은 어땠을까? 그녀는 소탈했다. 맙소사, 소탈했다니! 그것은 정말이지 어디에나 있는 '마 앤드 파 케틀Ma and Pa Kettle'(*1940~1950년대 영화 캐릭터로, 보통 나이가 많은 순박한 시골 사람들을 지칭함) 정치였다. 그녀가 "betcha"(*bet you를 소리 나는 대로 표현한 구어)라는 단어를 썼다고 생각하는 사람들이 있지만 사실은 그 단어는 쓰지 않았다. 그러나 그녀는 "틀림없이I'll bet you.", "당연하죠darn right", '나 같은 보통 사람들Main Streeters like me", "아, 이거 참Bless their hearts", "빌어먹을

doggone it"같은 말을 했다. 히호Hee Haw 쇼(*시골을 배경으로 컨트리 음악과 코미디가 어우러진 프로그램)가 종영된 이후 그런 말을 하는 사람이 전국 네트워크 방송에 출연한 적은 없었다. 바이든과 페일린의 차이는 결국 이것이었다. 바이든은 스크랜턴Scranton 등 자신이 방문한 지역의 중산층 미국인들에 대해 이야기했다. 페일린은 그녀 자신이 중산층 미국인인 것처럼 보였다. 그녀는 정말 '조 식스 팩Joe Six-pack'(*여섯 개들이 맥주를 사들고 귀가해서 텔레비전을 보는 일반적 미국인 노동자)처럼 말을 했기 때문에, 조 식스 팩이라는 단어를 언급할 때 대부분의 정치인들이 잘난 체하는 것처럼 보이는 것과는 달리, 그녀는 그렇게 느껴지지 않았다. 사실상 그녀는 토론 시간 거의 내내 여느 정치인들과 전혀 다르게 보였다. 그러나 흥미로운 사실은 그녀가 실은 정치인들이 사용하는 표준적인 수사법에서 많은 부분을 차용했다는 것이다. 겉으로 보이는 인상 이상을 보려고 했던 사람들에게는 그 사실이 분명히 보였을 것이다. 그러나 그런 사람들이 있을 가능성은 희박했다! 질문에 답하고 싶지 않을 때 그녀는 화제를 바꿨다.

> 아이필(사회자): 주지사님, 매케인 상원의원이 의료보험에 대해 발언한 내용과 관련해 바이든 후보가 하신 말씀에 대해 답변해주시겠습니까?
>
> 페일린: 저는 세금 인상에 대해 답하고 싶습니다.

바이든은 세금 인상을 언급한 적이 없다.

사람들이 회피적인 태도를 지적할 수도 있다고 예상한 그녀는 자신의 회피적 태도를 혁명적인 것으로, 거의 역사적인 것으로 느끼도록 만들었다. "저는 사회자나 바이든 후보가 궁금해하는 질문에 답을 하지 않을 수도 있습니다. 그러나 미국 국민들에게는 솔직하게 이야기할 것이고 국민들께서 저의 실적을 파악하실 수 있게 할 것입니다." 만세!

바이든이 매케인을 따라서 이라크전을 지지했던 때를 거론하며 그녀는 바이든이 입장을 뒤집은 것을 비난했다. "그때는 전쟁에 찬성표를 던져놓고 이제 와서는 전쟁에 반대하시는 거군요. 의원님은 너무도 많은 정치인이 그러듯 찬성했다가도 반대하고, 또 거꾸로 반대했다가 찬성하는 분이시네요. 미국 국민들은 솔직한 이야기를 간절히 원하고 또 알고 싶어 합니다. 찬성표를 던졌다면, 왜 찬성했는지 이유를 말씀해주세요. 그것은 전쟁 결의안이었습니다."

매케인이 부시 행정부의 세금 정책과 전쟁을 계속 이어나갈 것이라고 바이든이 주장하자, 페일린은 바이든을 수세로 몰기 위해 사전에 준비했을 것이 분명한, 사운드 바이트sound bite(*뉴스 내용과 관련된 인터뷰나 발언, 연설 중에서 핵심이 되거나 인상적인 부분만 자른 것)를 꺼내놓았다. "그렇지 않다니까요. 조, 또 그 이야기군요. 또다시 지난 이야기를 꺼내시네요. 의원님의 지적은 전부 부시 행정부에 관한 것이네요. 이제 제발 앞을 바라보고 우리가 미래에 미국 국민을 위해 어떤 계획을 세워야 할지 국민들에게 이야기해보도록 합시다." 레이건도 이보다 더 잘 말하진 못했을 것이다.

그녀는 아웃사이더 카드를 반복적으로 사용했다. "저는 의원님께서 오랜 시간 미국 상원에 몸담고 있다는 점을 높이 삽니다. 그렇지만 미국인들은 뭔가 새롭고 다른 것을 갈망하고 있다고 생각합니다." 그러고 얼마 뒤에 "아, 그래요. 이건 너무도 명백한 사실이죠. 저는 워싱턴의 아웃사이더예요."

스피로 애그뉴Spiro Agnew(*닉슨 행정부 시절 부통령을 지내다 부패·탈세 혐의로 사임한 인물로 언론을 자주 비판함)를 비롯해 오랜 세월 동안 수많은 공화주의 모방자가 그랬던 것처럼 그녀는 미디어에 대한 전쟁을 선포했다. "저는 이 까다로운 문제들에 대해 여과 없이, 심지어 시청자들에게 방금 들은 것을 전달해주는 주류 미디어를 거치지 않고, 직접 답할 수 있기를 바랍니다. 저는 방금 우리가 했던 것처럼 미국 국민들에게 직접 이야기할 수 있었으면 합니다."

그웬 아이필이 두 후보에게 특정 이유로 사안에 대한 생각을 바꾼 적이 있었냐는 질문을 하자 바이든은 사려 깊고 정직한 대답을 했다. 그는 법관 후보자들이 특정한 쟁점에 관해 어떤 입장인지를 따져보아야 한다는 것을 깨닫게 되었다고 말했다. 단순히 명망 있는 지명자라고 해서 인준안에 찬성해서는 안 된다는 뜻이었다. 페일린은 어땠을까? 그녀는 솔직하게 말을 할 것처럼 이야기를 시작했지만 그것은 그저 시청자들의 경계를 풀게 하려는 속임수에 불과했다. 그녀는 보기 흉한 케이크를 덮은 휘핑크림처럼 높이 쌓아올린 의미 없는 말 뒤에 숨었다. "시장이나 주지사로서 거부권을 행사하지 않고 예산안을 통과시켰는데, 말하자면 제가 어쩔 수 없이 응한 것처럼 보일 수도 있겠다고 생각한 적이 있었어요. 그렇지만 그해의 의제를 진척시키고 사실상 돈줄을 잡고 있는 기관인 입법부와 협력하기 위해서는 해야 마땅한 일이라는 것을 알았던 거죠. 또한 제로베이스 예산zero base budget(*기존 사업을 포함해 모든 사업을 처음부터 다시 평가해 자원 배분을 결정하는 예산 제도)을 세우고 세금을 더 삭감하기를 원했지만, 그것을 실행하기에 충분한 지원을 얻지 못한 적도 있었습니다." 이게 도대체 무슨 말일까?

　토론 후에 텔레비전에 출연한 비평가들은 바이든이 페일린보다 내용 면에서 우세했다고 말했고, 즉석 여론조사에서도 응답자들은 바이든이 그날 밤의 승자라고 분명히 선언했다. CBS는 부동층 유권자의 46퍼센트가 바이든이 이겼다고 생각하고, 21퍼센트만이 페일린이 이겼다고 생각한다고 보도했다. 유권자들을 대상으로 실시한 CNN 여론조사에서도 51퍼센트 대 36퍼센트라는 놀라운 차이로 바이든이 승리했다고 판정했다.

　그러나 유권자들은 페일린의 성격을 더 좋아했다. 대다수가 바이든의 승리를 말했던 CNN 여론조사에서도 54퍼센트는 페일린이 더 호감이 간다고 응답했다. 바이든이 더 호감이 간다고 느낀 응답자는 36퍼센트에 불과했다. 예전의 부시 대 케리의 양상이 또다시 반복된 것이다. 2004년에 존 케리John Kerry는 토론에서 조지 W. 부시를 확실하게 눌렀다. 모든 사람이 케리가 이겼다고 생각했다. 그러나 사람들은 부시를 더 좋아했다. 이번에도 그들은 페일린을 더 좋아했다. 누가 이겼는지가 정말로 중요한 것이었을까?

누가 이겼는지가 중요했던 것 같기는 하다. 선거운동 막바지에 이르자 언론은 페일린이 공화당 대선 가도에 장애물이라는 데 의견 일치를 보았다. 유권자들은 페일린이 아무리 마음에 들어도 그녀가 아직은 부통령직을 수행할 준비가 되어 있지 않다는 결론을 내렸다. 그러나 유권자들이 내린 최종 판단은 일반 유권자들의 강점뿐 아니라 약점 또한 보여주었다. 유권자들은 페일린이 부통령감이 아니라는 결론을 내려서 지혜를 보여주었다(공화당 지지자들의 65퍼센트는 그녀가 부통령이 될 준비가 되어 있다는 믿음을 여전히 고집했지만). 그러나 유권자들이 그녀에게 등을 돌린 이유는, 오로지 케이티 쿠릭이나 찰스 깁슨 같이 딱딱한 뉴스를 진행하는 앵커와의 인터뷰에서 보인 그녀의 모습이 마음에 들지 않았기 때문이다. 그 인터뷰에서 그녀는 시험 준비를 하지 않은 채 시험을 치르는 학생처럼 계속해서 머뭇거리거나 엉뚱한 답변을 했다. 요컨대 유권자들이 텔레비전을 통해 얻은 피상적인 인상에 의존해 결정을 내렸다는 이야기다. 만약 페일린이 질문에 설득력 있는 답변을 했더라면 유권자들은 국정이나 외교 경험이 전적으로 부족함에도, 그녀가 부통령이 될 준비가 되어 있다고 판단했을지 모른다. 우리는 페일린의 부족한 점이 텔레비전 시청자들에게 분명하게 보인 것을 이 나라를 위해 다행으로 여겨야 할 것이다. 만일 그녀의 결점이 보이지 않았다면 어땠을까? 조지 W. 부시처럼 그녀가 좀 더 허풍에 재능이 있었다고 가정해보자. 그녀는 쉽게 합격했을지도 모른다. 이 생각을 하니 몹시 겁이 난다. 고령인 매케인이 당선되었다면 페일린은 대통령직에서 아주 가까운 곳에 있었을 것이다.

현명한 유권자는 존재하는가

내가 과장된 주장을 하고 있다고 생각하는 사람들은 각자 원하는 대로 믿어도 좋다. 그러나 2008년 유권자들에 대한 나의 시각이 오바마와 매케인의 선거운동을 진행한 이들의 시각과 흡사하다는 증거는 많다. 더구나 그들은 유권자를 분석하는 일에 전문가일 것이다. 내가 이 책에서 말하고 있는 내용을 그들이 공공연히 말했다는 이야기는 아니다. 매케인의 선거본부장 릭 데이비스Rick Davis가 "선거에서 근본적으로 중요한 것은 쟁점이 아니라 유권자들이 후보에게 받는 인상"이라는 말을 했다고 알려져 있긴 하지만, 보통 선거운동의 책임자들은 그런 말을 하지 않으려고 조심한다. 그러나 그들이 여론을 형성하기 위해 사용한 수단을 분석하면 그들이 유권자들에 대해 어떤 생각을 가지고 있는지 쉽게 알아낼 수 있다.

매케인 선거 진영이 유권자들에게 회의적인 시각을 가지고 있었다는 것을 자유주의자들에게 이해시키기 위해 많은 노력을 할 필요는 없을 것이다. 아마 보수주의자들에게는 이 사실을 이해시킬 필요조차 없을지 모른다. 자신이 대통령이 되어야 하는 이유로 매케인이 내세운 것은 결국 무엇이었을까? 오바마는 테러리스트들과 친하게 지내는 정체가 모호한 인물이라는 것이었다. 오바마는 극단적인 급진주의자라는 것이었다. 오바마는 풋내기지만 페일린은 그렇지 않다는 것이었다. 종합하면 매케인의 선거운동에서 이러한 주장들은 분명 정보 수준이 낮은 유권자들을 공략할 목적으로 마련된 것이었다. 노골적으로 공포심을 조장하는 전략, 머릿속 충동을 촉발해 논리적 사고기능을 무력화시키는 그 전략은 특히 더 의미심장했다. 그 전략에는 선거 판세가 점차 민주당에 유리한 쪽으로 흘러가는 상황에서 공화당 선거본부가 느낀 절박함이 반영되어 있었다(캘리포니아의 공화당 광고는 이랬다. "오바마Obama와 오사마Osama의 사이에는 B와 S의 차이밖에 없다").

2008년 봄, 에모리대학교의 드루 웨스턴Drew Western은 공화당은 끌어다 쓸 다른 것이 없기 때문에 총선거에서 공포에 의지할 것이라고 예측했다. 공화당이 경제나 이라크 또는 아프가니스탄에 대해 자랑할 수는 없다. 그는 따라서 이번 선거가 미국 역사상 가장 추잡한 선거가 될 것이라고 노골적으로 전망했다. 실제로 그랬다. 10월에 매케인 진영은 오바마에 대한 적대감을 지나치게 자극한 나머지 그들의 집회는 험악해졌고 일부 지지자들은 오바마의 생명을 위협하기까지 했다. 한 시청 집회에서는 매케인이 오바마를 헐뜯는 여성의 마이크를 뺏는 일까지 있었다. 매케인은 오바마가 미국인들의 존경을 받을 만한 점잖고 가정적인 남자라고 그녀를 달랬다. 군중들은 야유를 보냈다.

　그렇다면 오바마는 어땠을까? 매케인과 달리 그는 국민의 두려움을 이용하지는 않았다. 그는 수준 높은 연설을 여러 차례 했고, 그중 그의 인종 연설은 미국의 역대 대통령 후보들이 했던 어느 연설에도 뒤지지 않았으며, 그동안 미국 대통령들이 인종 문제에 관해서 한 연설 중 가장 명료하고 정직한 연설이었다. 그러나 그의 연설은 정책의 세부적 내용이 충분하시 않았고 "우리는 할 수 있다Yes, we can", "우리가 믿을 수 있는 변화Change we can believe in", "우리에게 필요한 변화Change we need" 같은 기분 좋은 슬로건 이상의 내용은 거의 들어 있지 않을 때가 많았다.

　나는 오바마가 연설에서 되도록 일반적인 이야기를 하려고 한 게 큰 잘못이라고 생각하지는 않는다. 모든 정치인은 나중에 다시 거론되어 자신을 괴롭힐 수도 있는 구체적인 정책 약속은 피하려고 한다. 그러나 오바마는 반反정치가적 정치가를 자처하면서 자신이 다른 정치인들과 다르다고 주장했다. 그러나 그는 다른 정치인들이 하는 방식과 정확히 똑같은 방식으로 행동할 때가 많았다. 왜 그는 자신이 다른 정치인들과 다를 바 없다는 사실 때문에 비난받을 수도 있다는 것을 걱정하지 않았을까? 자신이 다르다는 것을 유권자들에게 이해시킬 수 있는 자신의 능력에 대한 대단한 확신이 있었기 때문이다. 희망이라는 보편적인 메시지에 유권자들이 흥분해 있는 동안에는 그의 계획이 실은 막연하다는 것을 그들이알아차리지 못할 것이었다.

희망과 변화(연설과 광고에서 계속해서 반복된)는 사실상 오바마의 전체 선거운동의 레퍼토리를 구성했다. 문제가 무엇이든, 이라크나 아프가니스탄에서 벌어지고 있는 끔찍한 전쟁이든, 관타나모Guantánamo 수용소든, 아부 그라이브Abu Ghraib 교도소든, 경기 침체든, 그 밖의 무엇이든 희망과 변화가(희망과 변화라는 단수형 명사)가 언제나 해답이었다. 이것은 유행가 가사로 써도 손색이 없을 만큼 단순한 메시지였다. 그 문제들에 대해 오바마는 무엇을 할 작정이었던 것일까? 그것은 언제나 막연했기 때문에 사람들은 자신만의 결론을 내릴 수밖에 없었다. 오바마 또한 유권자들이 그 막연한 상태에 만족할 것이라는 사실을 알고 있었다. 워터게이트 사건 이후 사람들이 지미 카터의 매력적인 미소에 위로받은 것처럼, 격동의 시기를 겪은 우리의 유권자들은 위로받는 것 이상의 것을 요구하지 않는다. 오바마 역시 카터처럼 눈부신 미소를 가지고 있다. 그 사실을 아는 오바마는 자신의 미소를 이용해 대단한 효과를 보았다.

그는 이라크전을 끝낼 생각이었을까? 그는 그럴 생각이었다. 집권 후 16개월 이내에 이라크 주둔 미군을 철수시키겠다고 공약했다. 그것은 명확한 계획으로 들렸고 전쟁에 반대하는 유권자들의 환호를 받았다. 하지만 그의 정책이 힐러리 클린턴의 정책과 달랐을까? 그의 정책이 조지

W. 부시의 정책과 정말로 다른 점이 있었을까? 사람들은 적어도 조지 W. 부시의 정책과는 달랐을 것이라고 생각했겠지만, 오바마가 취임 후 내린 첫 번째 결정 중 하나는 부시 행정부의 육군 장관을 그대로 유지하는 것이었다. 그렇다면 과연 오바마의 전쟁 정책이 2008년 부시의 전쟁 정책과 얼마나 달랐겠는가?

버락 오바마의 정치 행적을 지나치게 일반화시켜서 그를 다른 정치인들과 차별성이 없는 정치인으로 보지는 말았으면 한다. 그는 분명 달랐고, 그 차이가 단지 거울을 들여다보는 자신의 얼굴이 검다는 것뿐은 아니었다. 그러나 그가 보통의 정치인들과 다름없이 행동하는 경우가 너무 많았기 때문에, 사람들은 그의 주요 계산 방식이 다른 정치인들의 방식과 비슷한 것이 아닐까 의심하기 시작했다. 예를 들어 매케인 선거 진영이 오바마에 관해 불쾌한 사실들을 말하기 시작했을 때, 그는 미국 국민들이 거짓말에 속아 넘어갈 정도로 어리석지는 않다는 진부한 논평으로 반응했다. 그는 정말로 미국인들이 똑똑하다고 믿었던 것일까? 물론 아니었다. 매케인과 마찬가지로 오바마 역시 국민들이 똑똑하지 않다고 여겼다.

봄과 여름 동안 오바마는 자신이 공화당이 퍼뜨리는 거짓말의 희생자임을 부각시켰다. 그러나 가을 선거운동이 진행되면서 민주당원들이 그의 당선 가능성을 염려하기 시작하자(많은 이가 오바마가 약한 후보라는 힐러리의 경고를 떠올리고 있었다), 오바마 선거 진영은 점점 더 많이 진실을 왜곡하기 시작했고 이전에는 매케인을 끈질기게 쫓아다닌 바로 그 미디어 감시 단체에 걸리기 시작했다. 『뉴욕타임스』가 매케인 진영을 지목해서 칼 로브Karl Rove식 술책을 쓰고 있다고 보도한 그다음 주에 오바마는 그와 똑같은 술책을 채택한 것 때문에 혹평을 받았다. 러시 림보Rush Limbaugh(*미국의 대표적인 보수 논객이자 방송인)의 극단적인 반이민 발언을 인용하는 오바마 진영의 광고가 텔레비전의 스페인어 채널에서 방영되었다. 화면에는 다음과 같은 자막이 나왔다.

“멍청하고 자격이 없는 멕시코 사람들…….” ●러시 림보

“입 닥쳐, 아님 꺼지든가!” ●러시 림보

펜실베이니아대학교의 애넌버그 공공정책센터Annenberg Public Policy Center에서 운영 중인 웹사이트 팩트체크FactCheck.org에서는 그 두 인용문이 맥락을 무시하고 따온 것이라고 설명했다. 그 발언은 림보가 진지하게 한 말이 아니었고, 다른 이들의 주장을 비꼬는 과정에서 나온 말이었다. 오바마 진영이 자신들이 악랄한 정치의 희생자임을 증명하기 위해 인용해왔던 감시 단체 중 한 곳에 걸린 것도 난처한 일이었지만, 그보다 더 심각한 상황은 림보가 『월스트리트 저널』 기사에서 자신의 발언이 잘못 인용되었다고 의기양양하게 주장할 수 있게 된 것이었다. 그것은 마치 자신의 최대 적에게 혼이 나는 상황과 같았다. 자유주의자들도 림보가 부당한 일을 당했다는 것을 (분하지만) 인정할 수밖에 없었다. 그러나 그들은 오

바마가 1950년대 인종차별주의자들과 맞먹을 정도로 혐오를 조장하고 있었다고 한 림보의 주장은 지나친 비약이라는, 타당한 이유가 있는 주장을 했다. 림보의 주장은 터무니없는 것이었다. 그렇지만 언제부터 희망과 변화의 후보인 버락 오바마가 러시 림보가 했던 종류의 정치를 하다가 걸리는 것이 받아들일 만한 일이었는가?

　　만약 그것이 오바마가 사실을 훼손한 유일한 사례였다면 어느 누구도 그를 시궁창 정치라고 비난할 수 없었을 것이다. 그러나 그는 플로리다주 노인들 앞에서 한 연설에서 사회보장제도에 대한 매케인의 입장을 잘못 진술해서 혹독한 비난을 받았다. 매케인은 젊은 사람들이 사회보장세의 일부를 주식시상에 투자할 수 있게 하자는 안에 찬성하는 입상이었다. 당시 금융시장이 겪던 위기를 고려할 때 그 생각은 말도 안 되는 이야기로 들렸다. 그러나 오바마는 "만약 내 상대 후보의 뜻대로 했더라면" 현재 사회보장연금에 기대어 살아가는 노인들이 취약한 상태에 처하게 되었을 것이고, 가족들에게 도움을 구걸하게 되었을 것이라고 말했다. 애넌버그 웹사이트는 다음과 같이 언급했다. "그것은 사실이 아니다. 2005년에 부시 대통령이 제안하고 매케인이 지지한 계획에 따르면 1950년 이전 출생자는 자신의 사회보장세 일부를 개인 계좌에 적립해 투자할 수 없게 되어 있었다. 현재의 모든 퇴직자는 지금과 동일한 혜택을 받고 있었을 것이다."

　　아마도 오바마는 자신의 선거 진영이 림보에 관해 잘못된 진술을 하고 있다는 사실을 알고 있었을 것이다. 그는 분명 자신이 매케인의 기록을 잘못 해석하고 있다는 것도 알았을 것이다. 그러나 그는 하나의 오류 패턴이 새로운 미디어 담론을 만들어낼 만큼 충분히 발전하지 않는다면, 그 오류를 알아차릴 유권자들이 거의 없을 것이기 때문에 아마도 이런저런 잘못된 진술을 하고도 무사히 넘어갈 수 있을 것이라는 사실 또한 알고 있었다. 대통령 후보가 오점 없이 깨끗해야 할 필요는 없다. 대체로 정치에 무관심한 대중의 기준을 통과할 만큼만 깨끗하면 된다.

내가 이 책을 쓴 것은, 여론의 한계에 대한 국가적 대화를 유도하는 데 일조하고자 하는 다소 주제넘은 목표를 위해서였다. 나는 다소 성공을 거뒀다. 칼럼을 통해 판단하자면 미국의 대표적 칼럼니스트 중 여러 명이 이 책을 읽었다. 또한 확인할 수는 없었지만 인기 드라마인 〈보스턴 리걸 Boston Legal〉의 작가들도 내 책을 읽었을 가능성이 있다. 그 시리즈의 마지막 에피소드 중 한 장면에서 앨런 쇼어(제임스 스페이더James Spader 분)라는 변호사가 배심원단 앞에서 열변을 토하는데, 그의 이야기 속에는 내가 제시한 것과 동일한 논거가 상당 부분 들어 있고 동일한 통계자료가 여럿 인용된다. 이 책을 수업 시간에 이용하는 교사도 많다고 들었다.

내 작업은 조지 W. 부시가 백악관에 있을 때는 한결 수월했다. 많은 이가 그가 이 땅의 최고 공직에 당선되는 그런 일이 어떻게 일어난 것인지 알고 싶어 했다. 백악관의 주인이 오바마로 바뀌자 자연스럽게 그 주제에 대한 관심은 줄어들었다. 이것은 안타까운 일이다. 내가 볼 때 오늘날 대중이 저지르기 쉬운 실수들(이 실수의 근본 원인은 합리적인 정치 논의에 대한 심각한 무관심에 있다)은 1년 전이나 5년 전이나 조금도 달라지지 않고 여전히 걱정스러운 상태로 남아 있다. 우리의 문제는 더 단순해지지 않았다. 오히려 점점 더 복잡해지고 있다. 복잡한 이야기를 이해할 수 있는 대중만이 그 해법에 관한 격렬한 논의에 의미 있게 참여할 수 있을 것이다.

1장

국민 신화
와
마주하기

진실의 가장 큰 적은 의도적이고 계획적이며

부정직한 거짓이 아니라 지속적이고 설득력 있고 비현실적인 신화일 때가 많다.

신화에 대한 믿음은 힘들여 생각할 필요 없이

마음 편하게 의견을 가질 수 있게 해준다.

● 존 F. 케네디

미국의 유권자들은 지구상에서 가장 강력한 국가의 운영을 책임질 준비가 되어 있는가? 다수의 국민이 충분한 지식을 갖추고 있는가? 충분히 관심을 기울이는가? 충분히 골똘하고 명료하게 사고하는가?

우리는 종종 정치인들의 멍청한 말과 행동을 화제에 올리면서 국민으로서 우리의 우월감을 드러내 보인다. 그러나 유권자들의 어리석음을 비판하는 사람은 어디에 있는가? 아무리 멍청해도 정치인을 조롱할 수는 있다. 하지만 진짜 문제가 그들이 아니라 우리에게(더 정확히 말하면 우리 중 자주 어리석음을 드러내는 이들에게) 있다면 어떻게 해야 할까?

직설적으로 말해서, 유권자들이 저지르는 실수를 깊이 조사해보지 않았다는 점에서 나는 우리가 비겁했다고 생각한다. 9·11 사태 이후, 새로운 생각이 절실히 필요했던 그 시기에도 우리 사회는 대중의 지혜가 가진 한계와 그 엄연한 진실을 대면하지 않았다. 전 세계 곳곳에 민주주의를 퍼뜨리느라 분주했던 우리는, 우리 자신의 결점을 용기 있게 숙고하는 일은 하지 않으려고 했다. 우리는 우리의 결함을 인정하기는커녕 우리가 숭고한 목표를 가진 선하고 위대한 국민이라는 신화에 수동적으로 안주했다.

우리의 신화를 들여다보기 위해서는 다소 용기가 필요하다. 우리에게 필요한 그런 종류의 용기가 근래에는 부족하다는 게 이 책의 논지다. 국민 신화는 정치를 왜곡시키고, 지도자들의 선택을 제한하고, 이슬람 테러리스트들과의 전쟁에서 우리를 방해해서 민주주의와 우리의 삶을 위험에 처하게 했지만 우리는 이를 그냥 방치했다. 좌파와 우파 양 진영의 전문가들은 끝없이 많아 보이는 뜨거운 쟁점에 대해서는 열띤 주장을 내놓으면서도, 유권자들의 한계가 어떤 식으로 우리를 계속해서 방해하는지에 대해서는 간과했다. 이 책의 목적 중 하나는, 가장 민감한 주제인 이 문제에 대해 건설적 대화를 할 수 있도록 다양한 거리를 제공하는 것이다.

아마 미국인들은 대개 정직과 냉철함이 바람직한 가치라는 것에 동의할 것이다. 그런데도 우리가 이 두 가지 목표를 달성하는 것은 왜 그리도 힘들까? 내가 도달한 결론은, 우리가 진실을 갈구한다고 진심으로 믿는다 하더라도, 실은 우리는 진정으로 진실을 갈구하고 있지 않은지도 모른다는 것이다. 역사의 기록을 보면, 가혹한 진실과 위안이 되는 신화 둘 중 하나를 선택해야 하는 상황에서 우리는 대체로 신화를 택했다.

우리는 9·11 사태 이후 진지한 국민(혹은 적어도 예전보다는 더 진지한 국민)이 되었다고 믿고 있다. 진지함이란 사실을 직시하려는 자세(설령 우리를 지독한 소화불량에 걸리게 만드는 사실이라고 해도 기꺼이 그것을 직시하려는 태도)를 뜻한다. 이제 알게 되겠지만, 우리는 지금까지 그런 태도를 보이지 않았다.

우리의 문제는 크게 두 가지다. 첫 번째는 국민 신화 때문에 유권자들의 잘못을 제대로 보지 못하는 것이고, 두 번째는 유권자들이 신화에 근거를 두고 견해를 말하는 일이 많다는 것이다. 이는 매우 풀기 힘든 문제다. 민주주의는 우리가 이성적 동물이라는 가정에 뿌리를 둔다. 그런데 사실은 사건과 역사를 신화화하는 존재가 인간이라면(이쪽이 더 가능성이 높아 보인다), 우리는 민주주의에 대한 우리의 확신이 신화에 기초하고 있다는 역설에 봉착하게 된다.

우리의 모든 신화 중에서 나는 국민 신화가 현재 우리가 당면한 가장 위험한 신화라고 본다. 수많은 미국인이 우리가 직면한 중요한 문제의 기본적 사실에조차 심각하게 무지하다는 것을 보여주는 지난 몇 년간의 증거를 살펴본 결과, 나는 이런 슬픈 결론에 도달했다. 9 · 11 사태 이후 국제정책태도프로그램PIPA이 실시한 과학적 여론조사를 통해서도 수많은 미국인들이 복잡한 논의의 우여곡절을 파악하지 못하고 있다는 사실이 명백히 드러났다.

미국의 이라크 침공 석 달 전인 2003년 1월에 실시한 조사에서는, 다수의 미국인이 "이라크가 9 · 11 사태에 중요한 역할을 했다"는 잘못된 믿음을 가지고 있는 것으로 나타났다. PIPA의 여론조사에 따르면 그다음 1년 반 동안 응답자의 57퍼센트는 알카에다Al-Qaeda가 미국을 공격했을 당시 사담 후세인이 그들을 도와주었다고 여전히 믿고 있었다(다른 여론조사에서는 수치가 더 높았다. 예를 들어 2003년 9월에 실시된 『워싱턴포스트』
의 조사에서는, 미국인들의 70퍼센트가 사담 후세인이 9·11 사태에 직접적으로
관여했다고 믿고 있었다). 2004년 봄 9·11 위원회는 사담 후세인이 알카에
다를 지원하지 않았다고 분명히 밝혔다. 위원회의 발표는 언론의 집중 조
명을 받았다. 그럼에도 그해 8월에 실시된 PIPA 여론조사에서 응답자의
50퍼센트는 여전히 사담 후세인이 알카에다에 '상당한' 지원을 제공했을
것이라고 주장했다(만 2년이 지난 2006년에 조그비가 실시한 여론조사에서는
미국인들의 46퍼센트가 "사담 후세인이 9·11 사태와 관련이 있다"라고 계속해서
믿고 있는 것으로 나타났다).

9·11 사태의 배후에 사담 후세인이 있다는 환상은 현실 세계에 중
대한 결과를 초래했다. PIPA 조사원들이 인용한 『인베스터스 비즈니스
데일리Investor's Business Daily』와 『크리스천 사이언스 모니터The Christian
Science Monitor』의 여론조사에 따르면, 2003년에 이라크전을 지지한 미국
인들의 80퍼센트는 전쟁을 지지한 가장 큰 이유가 사담 후세인이 알카에
다와 연계되어 있다는 믿음 때문이라고 밝혔다.

대중의 무지는 사담 후세인이 '대량 살상 무기Weapons of Mass
Destruction'를 보유하고 있다는 주장과 관련해서도 명백히 드러났다. 대량
살상 무기는 국가적 대화에서 빠지지 않고 등장하는 문구가 되었고, 얼마
지나지 않아 알파벳 머리글자를 따서 WMD로 알려졌다. 여론조사 결과
를 살펴보면, 유권자들은 정부 방침을 받아들이는 것은 빠르지만 자신들

이 속임수에 넘어갔다는 사실을 깨닫는 것은 느리다는 것을 알 수 있다.

한스 블릭스Hans Blix(유엔 무기사찰단장), 데이비드 케이David Kay(전 이라크조사단ISG 단장), 리처드 클라크Richard Clarke(백악관 테러 담당 보좌관) 같은 전문가들이 미국이 침공했을 당시 이라크에 대량 살상 무기가 없었다는 확고한 결론을 내렸고, 이 사실은 대대적으로 보도되었다. 그러나 2004년 봄이 되어도 여전히 대다수의 사람들은 그 사실을 모르고 있었다.

■───────────────── 일부에서는 '속임수'라는 표현을 쓴 것에 의문을 제기할지도 모르겠다. 부시 행정부의 지지자들은 대량 살상 무기에 대한 우려가 결국에는 잘못된 것으로 밝혀졌지만 그 우려 자체는 진실된 것이었다고 주장한다. 그들은 클린턴 대통령도 사담 후세인이 대량 살상 무기를 보유하고 있다고 확신했다는 점을 강조한다. 전기 작가 로버트 드레이퍼Robert Draper의 「조지 W. 부시의 확신Dead Certain: The Presidency of George W. Bush」(Free Press, 2007)에 따르면 부시 대통령은 2006년까지도 여전히 그 주장을 믿고 있었다. 그러나 부시 행정부의 옹호자들도 사담 후세인의 핵 프로그램 의혹과 관련해 제시된 그 수많은 허위 진술은 정당화할 수가 없다. 미국 대중을 가장 많이 공포에 떨게 한 것이 바로 그런 주장들이었다. 일례로 2002년 10월 7일에 부시 대통령은 한 연설에서 사담 후세인이 우라늄 농축에 쓰이는 알루미늄 튜브를 구입하려고 한다고 주장했다. 이 주장은 그 튜브가 우라늄 농축에 적합하지 않다는 결론을 내린 미국 에너지국 전문가들의 조사 결과와 완전히 모순되는 주장이었다. 그 조사 결과는 그달 의회에 제출된 국가정보판단보고National Intelligence Estimate에 들어 있는 내용이다(다음을 참고하라. Media Matters for America, April 23, 2007, http://www.mediamatters.org/research/2007/04/23/pbs-gave-perle-hour-to-repeat-debunked-claims-a/138676). 2003년 이라크 침공 3일 전, NBC 시사 프로그램 〈미트 더 프레스Meet the Press〉에 출연한 딕 체니 부통령은 사담 후세인이 "사실은 개조된 핵무기를 보유하고 있다"고 주장했다. 체니의 주장은 유엔 산하 국제원자력기구IAEA 사무총장 무함마드 엘바라데이Mohamed ElBaradei의 조사 결과와 상반되는 내용이었지만, 체니는 "나는 엘바라데이 사무총장이 분명 틀렸다고 생각한다"고 주장했다. 물론 엘바라데이 사무총장이 옳았다. 체니의 자리를 좀 더 신중한 인물이 차지하고 있었더라면 자신의 의혹을 뒷받침할 증거는 없다고 인정했을 것이다. 그러나 체니는 전쟁의 정당성을 주장하는 것에만 관심이 있었다. 따라서 그는 자신의 주장이 사실이 아니라 의혹이라는 것을 밝히지 않았다.───────

마지막으로, 세계 여론과 관련된 문제도 있었다. 어떤 척도로든 이라크 전쟁은 국제적으로 좋은 소리를 들을 수 없었다. 전쟁 전날, 전 세계의 수많은 사람이 조지 W. 부시 대통령과 미국을 맹렬히 비난하면서 시위를 벌였다. 그 시위는 각국에서 그때까지 진행된 반미 시위 중 규모가 가장 컸다. 미국의 전통적 우방인 스페인에서조차 반대 운동이 거셌다. 그러나 대부분의 미국인들은 고립된 미국의 상황을 이해하지 못했다. PIPA에 따르면 미국인들은 세계 여론이 반반으로 나뉘어 있거나, 아니면 사실상 전쟁에 찬성하는 분위기라고 믿었다(31퍼센트가 그렇게 믿었다). 미국인의 35퍼센트만이 계획된 침공에 지지보다는 비판이 더 많이 쏟아지고 있다는 것을 인지하고 있었다.

이런 모든 상황을 고려할 때, 여론에 대한 활발한 논의가 당연히 있어야 했다고 생각할 수 있을 것이다. 9 · 11 사태와 이라크전 같이 중요한 사건에 대해 논리적으로 생각하지 못한다면, 미국인들이 과연 어떤 사건에 대해 논리적으로 생각할 수 있단 말인가? 하지만 그런 논의는 이뤄지지 않았다. 여론에 대한 논의 대신 우리는 부시 행정부의 극악함과 미디어에 대해 끝없는 논쟁을 했다. 나는 이런 논쟁에도 의미가 있다고 본다. 그러나 우리는 진짜 문제에 도달할 수 있을 만큼 그 논쟁들을 충분히 심도 있게 이끌지 못했다.

선동 정치와 유권자 집단

미디어에 관한 논의를 생각해보자. 그런 논의는 거의 다 폭스뉴스 Fox News의 시청자들이 다른 정보원에 의존하는 사람들보다 9 · 11 사태와 이라크에 관해 잘못된 견해를 가지고 있을 가능성이 훨씬 더 높다는 것을 보여주는 통계자료에 초점이 맞춰졌다. 그 통계자료는 놀라웠다. PIPA 조사에 따르면 폭스뉴스 고정 시청자들의 80퍼센트가 사담 후세인이 알 카에다와 연계되어 있고 대량 살상 무기를 보유하고 있다는 잘못된 생각을 가지고 있었다. 이와 대조적으로 미국 공영 방송 PBS나 공영 라디오 방송 NPR의 뉴스를 듣는 미국인들 중에서 그런 잘못된 정보를 알고 있는 비율은 23퍼센트에 불과했다. 또한 세계 여론이 이라크전을 지지한다고 믿는 비율도 PBS의 시청자와 NPR의 청취자들보다 폭스뉴스 시청자들이 더 높았다. 이런 결과들은 흥미롭기는 하지만 미디어가 여론 형성에 결정적인 역할을 한다는 사실을 증명할 뿐이다. 이 결과들은 왜 대중이 잘못된 정보를 수동적으로 받아들이는지에 대해서는 말해주지 않는다. 더 큰 문제는 많은 비평가가 결과에 집중함으로써(대중의 잘못보다는 미디어의 잘못을 강조함으로써) 대중이 무고한 구경꾼이라는 인상을 남긴다는 점이다. 미디어에 관한 논의가 이런 방식을 벗어나지 못했기 때문에 유권자들은 자신들이 마땅히 받아야 할 비판을 받지 않았다.

비평가들이 제기한 또 다른 주장은 부시 행정부가 미국인들의 두려움을 이용했고 잘못된 정보로 국민을 오도했다는 것이다. 미디어에 관한 주장과 마찬가지로 이 주장 역시 사실이었다. 조지 W. 부시 대통령과 딕 체니 부통령, 백악관 정치 고문 칼 로브가 9·11 사태의 공포를 반복적으로 이용했다는 증거는 많다. 2004년 선거운동 기간 중에 딕 체니는 뻔뻔스럽게도, 민주당 후보인 존 케리가 당선되면 미국이 또다시 테러 공격을 당하게 될 것이라는 식의 발언을 했다. 2005년에 국토안보부 초대 장관 톰 리지Tom Ridge는 부시 행정부가 자신의 반대를 누르고 빈약한 증거에 근거해 테러경보수준을 주기적으로 올렸음을 시인했다. 사담 후세인이 알카에다와 한통속이라는 잘못된 인상을 대중이 받은 이유도 정부 관료 늘이 그렇다고 분명히 밝혔기 때문이다. 2001년 12월 딕 체니는 〈미트 더 프레스〉에 출연해서 9·11 테러범 무함마드 아타Mohamed Atta가 "테러 몇 달 전인 지난 4월 체코슬로바키아(*체코와 슬로바키아는 1993년에 분리되었으므로, 정확히는 체코가 맞다. 아마도 딕 체니의 발언상 실수로 보인다)에서 이라크 정보원의 한 고위 간부"를 만났다는 사실이 "확인되었다"고 말했다. 그러나 부시 행정부의 조작과 속임수를 집중 조명하는 것뿐 아니라 대중이 그 조작에 얼마나 쉽게 휘둘리는지에 대해서도 살펴봐야 하지 않을까? 대중을 속인 자들에 대해서는 많은 이야기가 있었지만 속은 이들에 대해서는 별다른 설명이 없었다. 왜 그토록 많은 사람이 쉽게 속아 넘어간 것일까?

　여론에 대해 의문을 품지 않으려는 우리의 태도는 이상하고도 유별

나다. 미국의 지난 역사에서는 주요 공식 토론에서 국민에 대한 의심을 표현하는 일이 흔히 있었다. 제1차 세계대전에서 연합국과 동맹국 양 진영이 프로파간다를 광범위하게 활용하는 것을 목격한 월터 리프먼Walter Lippmann 등 소위 '초조한 자유주의자'들은, 민중들을 저대로 내버려두면 선동 정치가들에게 쉽게 미혹될 것이라고 우려했다. 그는 대중민주주의의 '만행'을 타개하기 위해 전문가들(리프먼은 스스로를 적임자라 생각했다)이 여론을 주도할 것을 제안했다. 표면적으로는 낙관론자였던 존 듀이John Dewey는(그 당시 아직 완전히 실현되지 않았던) 집중을 방해하는 오락거리들에 둘러싸인 소비사회를 사는 유권자들이 시민의 책임을 완수하는 것은 몹시 어려울 것이라는, 선견지명이 돋보이는 경고를 했다. 영화관에 가거나 라디오를 듣거나 드라이브를 하면서 저녁 시간을 보내는 국민들은 정치에 점점 흥미를 잃을 것이고, 그 결과 국민들은 점점 더 조종하기 쉬운 대상이 될 것이라고 그는 예측했다. 1930년대 자유주의자들 사이에서는 대규모 실업자 집단이 파시즘에 이끌릴지도 모른다는 우려가 돌출했다.

다행스럽게도 미국인들은 파시즘에 빠지지 않았다. 그러나 우리 시대의 여러 사건을 거치면서 리프먼과 듀이가 지적한 문제의 큰 윤곽이 더욱 뚜렷해졌다. 그러나 충격적이게도 이 나라의 엘리트들은 이라크전의 실패를 계기로, 중대 현안의 기본적 사실조차 파악하지 못하는 대중을 개도하려고 하지 않았다. 시작 시점부터 침공을 반대했던 일부 비평가들은

'그러게 내가 뭐랬어'라는 식의 도움이 되지 않는 태도를 취했고, 또 다른 이들은 행정부가 저지른 단계별 실수를 시간순으로 정리했지만, 대중들이 잘못된 정보를 근거로 전쟁에 찬성했다는 사실이 우리 민주주의의 성숙과 어떤 관련이 있는지에 대해서는 어느 누구도 연구하지 않았다. 학계가 아닌 미디어에서 국민의 판단에 관한 사려 깊은 문제 제기가 있었지만, 이는 거의 무시에 가까운 반응을 얻었을 뿐이다(2002년과 2004년, 부시 대통령과 공화당의 승리에 열이 받은 좌익 성향 블로거들이 표출한 일반 유권자들에 대한 경멸은 고려할 필요가 없다. 그들이 한 것은 조롱이지 비평이 아니었다).

미국의 대규모 유권자 집단이 선동 정치에 휘둘릴 가능성을 걱정해야 할 이유는 '초조한 자유주의자들'보다 우리에게 더 많다. 20세기에는 파시즘이 미국을 삼키지 못했지만, 21세기에는 잘못된 정보로 공포심을 자극하는 전략이 압도적 다수의 미국인들에게 먹혔다. 1930년대의 비평가들은 앞으로 일어나리라 우려가 되는 일을 분석했다. 우리의 상황은 더 심각하다. 우리는 대중들이 두려움과 잘못된 정보에 조종될 가능성이 있다는 것을 실제로 알고 있다. 과거에 그런 일이 있었기 때문이다. 1930년대의 비평가들은(미국인들이 파시스트가 될 가능성은 희박했음에도) 앞으로 생길지도 모를 위험을 과대평가했다. 그러나 오늘날 우리는 실제로 일어난 일조차 인정하지 않으려 한다.

그동안의 경험을 통해 보건대, 미국 대중의 역량이 심히 부족하다고 해도 우리는 그럭저럭 헤쳐나갈 수 있을 것이라고 생각할 수도 있다. 그

러나 현 상태에 안주하는 것은 옳은 선택이 아닐지 모른다. 지난 40여 년
동안 미국의 정치가 점점 더 민주화되면서, 일반 유권자들이 점점 더 많
은 권한을 가지게 되었다. 이런 상황에서 과연 역사가 국민들에게 위임한
현재의 임무를 그들이 감당할 수 있을까? 과거의 경험 중 그 어떤 것을 봐
도 국민이 이를 감당할 수 있다고 장담하긴 어렵다.

우리의 생각을 왜곡하는 국민 신화

나는 비관주의자는 아니다. 우리 자신과 우리 시스템을 개혁하는 일
은 바람직할 뿐 아니라 가능한 일이기도 하다. 교묘한 조종에 휘둘리지
않는 현명한 유권자들의 나라를 원한다면 우리는 분명 그런 나라를 만들
수 있다. 그런 나라가 바로 내가 살고 싶은 나라다.

다음 장으로 넘어가기 전에 '신화'와 '거짓'이 동의어가 아니라는
점을 짚고 넘어가야 할 것 같다. 우리는 누구이며, 우리가 소중히 여기는
가치가 무엇인지를 정의하는 데 도움이 되는 대서사를 제공하는 신화도
있다. 나에게는 산타클로스를 총으로 쏘고 싶은 마음이 없는 것처럼 조지
워싱턴의 신화를 없애고 싶은 마음도 없다. 신화 없는 세상은 상상할 수
도 없기 때문이다.

이 책의 목표는 신화를 없애는 것이 아니라 신화에 주목하게 하는
것이다. 우리가 신화를 제대로 보기만 한다면, 신화는 더 이상 우리의 생

각을 왜곡하고 제한할 수 없다. 국민 신화와 관련해서 설명이 필요한 점은, 어째서 우리는 9·11 사태와 이라크에 대해 그토록 많은 것을 잘못 아는 지경에 이르렀으며, 또 어째서 그런 상황을 초래한 유권자의 책임에 대해서 공적 논의가 지속되지 않았는가 하는 점이다. 이 책의 나머지 부분에서 나는 어떻게 그런 일들이 일어나게 되었는지 설명할 것이다.

신화와 대면하는 일은 우리 세대에만 주어진 과제는 아니다. 미국의 모든 세대가 다양한 도전 앞에서 신화와 마주해야 했다. 우리 세대만 우리 시대의 신화를 제대로 다루지 못하는 것도 아니다. 미국 역사에서 이런 시도들은 종종 실패했다. 그러나 실패가 당연한 일이 아니라는 사실을 기억해야 한다. 때로 불가피한 상황에서 미국인들은 잘못된 신화를 던져버리기도 했다. 남북전쟁 동안 에이브러햄 링컨하에서 미국인들이 했던 일이 바로 그것이다. 링컨은 1862년 의회에서 미국의 노예 해방을 생각할 시기라는 인상적인 말을 남겼다. "과거의 정적인 믿음은 폭풍처럼 몰아치는 현재에는 맞지 않습니다. 어려움이 산적해 있고, 우리는 그 상황에 맞서 일어서야 합니다. 우리가 처한 상황이 새롭기 때문에 우리의 생각과 행동도 새로워져야 합니다. 우리는 우리 스스로를 해방시킨 다음에야 우리 조국을 구하게 될 것입니다."

2장

대중의
지독한 무지

문명국에서 무지하면서도 자유롭기를 기대하는 것은,

과거에도 없었고 미래에도 없을 것을 기대하는 것이다.

●토머스 제퍼슨

우리는 얼마나 어리석을까? 다음과 같은 기사 제목을 보면 우리가 꽤 많이 어리석다는 생각이 들 것이다. "조사 결과, 호머 심슨은 '알고', 수정헌법 제1조는 '글쎄……'."

미국인들 네 명 중 한 명 정도만 수정헌법 제1조에서 보장하는 다섯 가지 자유(언론, 종교, 출판, 집회, 불만 시정을 위한 청원의 자유) 중 둘 이상을 댈 수 있었다. 반면 한 조사에 의하면 미국인들의 절반 이상이 특정 만화에 등장하는 가족 구성원 중 적어도 두 명의 이름을 댈 수 있다고 한다.

매코믹 트리뷴 자유 박물관McCormick Tribune Freedom Museum이 실시한 연구에 따르면 미국인들의 22퍼센트가 심슨 가족 다섯 명의 이름을 모두 말할 수 있는 데 비해, 수정헌법 제1조의 다섯 가지 자유를 모두 말할 수 있는 미국인은 1,000명 중 한 명에 불과했다.

●AP 통신, 2006년 3월 1일

'국민이 어리석다'는 말은 정확히 무슨 뜻일까? 불행히도 이 문제에 관해서는 합의된 내용이 없다. '외설물'을 어떻게 정의해야 할지 모르겠다고 고백한 연방대법관 포터 스튜어트Potter Stewart처럼, 절망적으로 두 손을 다 들고 그저 '보면 알 수 있다'고 말하는 게 편할 것이다. 그러나 어떤 식으로든 정의를 내리지 않으면 말의 앞뒤가 안 맞게 되어, 어리석음에 대한 우리의 연구는 시작 단계에서 실패할 수도 있다. 험프티 덤프티 Humpty Dumpty(루이스 캐럴의 『거울 나라의 앨리스Through the Looking Glass』에 나오는 거대한 달걀로 단어의 의미를 제멋대로 바꿔서 사용하는 캐릭터)가 하듯, 어리석다는 말의 의미를 내키는 대로 바꿔 쓸 수는 없는 것이다.

어리석음을 정의하는 분명한 특징으로 다음 다섯 가지를 들 수 있을 것 같다. 첫 번째는 완전한 무지다. 뉴스에 나오는 주요 사건들을 모르고, 우리 정부가 어떻게 기능하고 누가 책임을 지고 있는지를 모르는 것이다. 두 번째는 태만함이다. 중요한 사건에 관한 정보를 제공하는 믿을 만한 매체를 찾는 일에 소홀한 태도를 말한다. 세 번째는 우둔함이다. 역사가 바버라 터크먼Barbara Tuchman의 정의대로 사실이 무엇이든 상관없이 자신이 믿고 싶은 것을 믿으려는 성향이다. 네 번째는 근시안적 사고다. 상호 배타적이거나 국가의 장기적 이익에 반하는 공공 정책을 지지하는 것을 말한다. 다섯 번째이자 마지막 특징은 넓은 범주로, 마땅한 단어가 없어서 멍청함이라고 부르겠다. 의미 없는 문구, 고정관념, 비합리적 편향, 우리의 희망과 두려움을 이용하는 지나치게 단순화된 진단과 해법 등에 쉽게 흔들리는 성향을 말한다.

이런 목록의 문제는, 답을 주는 동시에 또 다른 의문을 제기한다는 것이다. 뭐가 사실이고 사실이 아닌지 불명확한 경우가 많다. 판단력 부족과 어리석음을 명확하게 구분하기는 어렵다. 어떤 매체가 믿을 만한지는 주관적인 판단의 문제고, 자유주의자와 보수주의자는 서로 다른 결론에 이를 것이다. 누군가에게 '공허한 슬로건'으로 느껴지는 것이 다른 이에게는 영감을 불러일으키는 기지 넘치는 문구가 될 수도 있다. 그뿐 아니라 고정관념은 시간과 장소에 따라서도 변한다. 오늘날은 어느 지역에서나 흑인에 대한 고정관념을 가진 백인 유권자들을 어리석다고 여기겠지만, 인종적 편견이 보편적이었던 2세기 전에는 그렇지 않았을 것이다. 규범은 변한다. 규범은 변하지 않으며 어리석음의 기준은 어느 세대에나 절대적으로 통용될 수 있다고 말하는 것이야말로 어리석은 주장일 것이다.

우리가 때때로 어리석은 짓을 한다는 것은 사실이다. 이 사실은 중요하다. 이것은 대중에 지나치게 가혹한 잣대를 들이밀지 않는 데 도움이 될 것이다. 우리 중 누구도 도달할 수 없는 기준에 대중이 부합해야 한다고 요구할 수는 없다.

어리석음을 대략적이나마 정의한 뒤에도 우리는 또 다른 문제에 부딪힌다. 어리석음을 측정하고 평가하는 문제다. 우리는 보통 여론조사를 통해 여론을 파악한다. 여론조사가 정확하다고 가정한다면(이 가정 자체에도 논란의 여지가 있다. 질문의 표현 방식이나 표본의 대표성에 문제가 있어서 여론조사가 왜곡되는 일이 종종 있기 때문이다), 그 결과를 어떻게 평가할 것인가? 가령 응답자의 절반이 미국 헌법 초안이 필라델피아에서 완성되었다는 것을 모른다고 한다면(이것은 사실이다), 미국 국민이 어리석다는 결론을 내려도 될까? 아니면 더 높은 비율(가령 51퍼센트)이 필요할까? 우리가 이런 방식으로 대중의 점수를 매긴다면 합격점과 낙제점의 기준으로 몇 점을 정해야 할까? 열 문제 중 열 개를 틀리면 낙제점을 줘야 할까? 아니면 열 문제 중 여덟 문제? 열 문제 중 여섯 문제? 이런 질문들에 분명하고 깔끔한 대답이 있으리라 보지는 않는다. 질문을 던지는 것만으로 아마 충분할 것이다. 질문을 함으로써 우리는 대중의 어리석음이란 주제가 얼마나 복잡한지 쉽게 이해할 수 있다. 또한 이 질문은 이야기를 시작하기 위한 좋은 출발점이기도 하다. '우리는 얼마나 어리석은가'라는 물음에 대한 최종적인 답을 제공하는 것이 이 책의 목표는 아니다. 그저 그 물음이 일상적 공론의 일부가 되는 데 보탬이 된다면 나는 무척 기쁠 것이다.

미국인은 얼마만큼 어리석은가?

어리석음에 대한 우리의 첫 번째 정의부터 살펴보자. 우리는 얼마나 무지한 것일까? 만일 정치학자들에게 이같이 물으면, 당신은 '미국인들은 당혹스러울 정도로 무지하며 자신들이 무지하다는 것에 신경도 쓰지 않는다, 그리고 여기에는 반박의 여지가 없는 강력하고 구체적인 증거가 있다'는 대답을 듣게 될 것이다. 이 말이 과장일 수도 있겠지만, 우리가 무지의 시대를 살고 있다고 결론을 내려도 무방할 만큼 충분한 증거가 있다.

놀랐는가? 아마도 많은 사람이 놀라지 않았을까 싶다. 2004년 한 대학에서, 다가올 대선에 대한 강의를 할 때 내가 만난 학생들처럼, 사람들은 일반적으로 우리 시대의 사람들이 특별히 더 박식하다고 생각한다. 많은 학생이 내게, 자신들은 역사상 가장 아는 것이 많은 세대라고 말했다.

왜 우리는 이처럼 큰 착각에 빠져 있을까? 이 오류는 전례 없는 정보 접근성을 실제적인 정보 소비로 오인한 데서 유래한다고 볼 수 있다. 우리의 정보 접근성은 실로 경이적이다. 조지 워싱턴은 자신이 미국 대통령에 당선되었다는 사실을 듣기 위해 2주나 기다려야 했다. 선거인단의 투표를 집계했던 뉴욕에서 버지니아주 마운트버넌에 있는 그의 집까지 당선 소식이 전해지기 위해서는 그만큼의 시간이 걸렸던 것이다. 내륙지역에 사는 미국인들은 그보다 오래 기다려야 했다. 두 달이 걸리는 지역도 있었다. 오늘날 우리는 전 세계 곳곳에서 일어나고 있는 사건의 전개 과정을 실시간으로 지켜볼 수 있다. 그러니 학생들이 자신들의 지식을 자랑한 것도 놀랄 일은 아니다. 세상에 어떤 일이 벌어지고 있는지 알기 위해 주로 신문이나 전국 네트워크 뉴스 프로그램에 의존할 수밖에 없었던 부모 세대와는 달리, 그들은 언제라도 CNN이나 폭스뉴스로 텔레비전 채널을 돌리거나 인터넷 검색을 할 수 있다.

그러나 이처럼 손쉽게 얻을 수 있는 이 새롭고 엄청난 자원을 제대로 이용하는 사람들의 비율은 극히 일부다. 2005년에 퓨리서치센터Pew Research Center는 18세 이상의 미국인 3,000명의 정보 습득 습관을 조사했다. 조사 결과 지역 텔레비전 뉴스를 통해 얼마간의 뉴스를 정기적으로 접한다고 답한 응답자는 59퍼센트였고, 전국 네트워크 뉴스 프로그램을 이용하는 경우는 47퍼센트, 인터넷은 23퍼센트에 불과했다.

수년간의 일화적 증거를 살펴보면 미국인들이 특별히 아는 게 많은 것은 아니라는 점을 알 수 있다. 물 건너온 이방인들이 오래전에 관찰한 것처럼, 미국인들은 유럽인들에 비해 세계 지리에 대한 지식이 현저히 부족했다("전쟁은 신이 미국인들에게 지리를 가르치기 위한 방법"이라는 오래된 농담도 있다). 또한 유럽인들은 바다 건너 이쪽에서 정치적으로 무슨 일이 일어나고 있는지 오래전부터 알고 있었지만, 미국인들 중에는 유럽에서 정치적으로 무슨 일이 일어나고 있는지 신경을 쓰는 이들이 거의 없었다. 여권을 소지한 미국인들도 소수(약 20퍼센트)였다. 미국인들의 무지가 극명하게 드러난 것은 전후 시대였다. 그제야 사회과학자들이 체계적인 방법으로 미국인들이 실제로 무엇을 알고 있는지를 측정하기 시작했기 때문이다. 결과는 매우 충격적이었다.

가장 종합적인 조사인 미국의 전국선거연구National Election Studies: NES가 미시간대학교에서 1940년대 말부터 실시되었다. 이 연구는 정치 지식 면에서 미국인들을 세 개의 범주로 나누었다. 극히 낮은 소수만이 정치에 대해 많이 알고 있었고, 50~60퍼센트는 아주 간단한 질문에 답할 수 있을 만큼의 정치 지식이 있었고, 그 나머지는 거의 아는 것이 없었다. 여론조사 기관인 로퍼Roper Organization를 비롯한 다른 기관들의 조사에서 도 이와 유사한 결과가 나왔다.

예상과는 달리 여러 기준으로 봤을 때 조사에서 드러난 무지의 정도 는 시간이 지나도 변함이 없었다. 1990년대에 정치학자 마이클 델리 카 피니Michael X. Delli Carpini와 스콧 키터Scott Keeter는 40년 사이에 실시된 세 그룹에 대한 조사에서 1,000개의 문항을 뽑아 검토한 끝에, 1950년대 침 묵세대 부모들과 1960년대 베이비부머 부모들, 오늘날의 미국 부모들의 지식수준에는 통계적으로 차이가 거의 없다는 결론을 내렸다(앞으로 살펴 보겠지만, 오늘날의 미국인들이 전 세대인 자신들의 부모들보다 더 멍청한 것으로 나타난 조사도 있었다).

그 수치 중에는 적어도 한 세기 동안, 모든 아동들이 초등학교를 다 니거나 홈스쿨링을 받아야 한다고 법으로 의무화한 나라에서 나온 결과 라고는 믿기 어려운 것도 있다. 뉴스를 꼼꼼히 챙겨보는 사람이 아닐지라 도 대부분의 사람들이 기본적인 공민학Civics 문제 정도는 답을 할 수 있을 것이라고 예상하겠지만, 답을 아는 이들은 소수에 불과했다. 1950년, 민 주당과 공화당이 외교 문제에 대해 초당적 접근을 모색하고 있던 시기에 미국인들에게 초당적 외교정책이라는 것이 무엇이냐고 물었다. 여기에 는 26퍼센트만이 답을 말할 수 있었다. 1952년, 성인의 27퍼센트만이 정 부 삼부 중 두 곳의 이름을 댈 수 있었다. 1955년에는 상원의원 조지프 매카시Joseph McCarthy가 외교국Foreign Service(*국무부의 재외 공관을 통괄하는 기관)에 공산주의자들이 득실거린다는 주장을 한 이후 외교국이 연일 뉴스에 오르내리고 있었던 당시 19퍼센트만이 외교국이 무엇을 하는 기관인지 설명할 수 있었다. 같은 해에 35퍼센트만이 선거인단Electoral College(*미국의 대통령 및 부통령을 선출하기 위해 선출된 투표인단)이라는 용어를 설명할 수 있었다.

그보다 한 세대를 건너뛴 1978년에는 미국인들에게 하원의원의 임기가 몇 년인지를 물었다. 30퍼센트만이 2년이라고 정답을 말했다. 비슷한 시기에 유엔 기구들 중 하나를 말해보라고 했을 때는 35퍼센트만이 대답했다. 1986년에는 30퍼센트만이 로 대對 웨이드Roe vs. Wade 사건이 10년도 더 지난 과거에 대법원이 낙태를 인정하는 판결을 내린 사건이라는 것을 알고 있었다. 1991년에는 미국인들에게 미국 상원의원의 임기가 몇 년이냐고 물었다. 6년이라고 정확하게 답을 한 미국인은 25퍼센트에 불과했다. 상원의원이 총 몇 명이냐는 문제는 어땠을까? 몇 해 전 실시된 여론조사에 따르면 20퍼센트만이 상원의원이 100명이라는 것을 알고 있었다. 상원의원의 숫자는 지난 반세기 동안 변함이 없었는데도(또한 기억하기도 쉽다) 말이다. 그나마 다행인 것은 오늘날 미국인들 중 정부의 삼부를 알고 이름을 댈 수 있는 사람들이 최대 40퍼센트에 이른다는 것인데, 이 역시 절반을 넘지 못하는 수치다.

미국인들의 역사 지식을 평가하기 위해 지난 30년 사이에 실시된 여론조사 결과도 마찬가지로 참담하다. 1066년에 무슨 일이 있었을까? 10퍼센트만이 노르만 정복이 있었던 해라는 것을 알고 있었다. "민주주의를 위해 세계를 안전하게 만들어야 한다"라고 말한 사람은 누구일까? 14퍼센트만이 우드로 윌슨Woodrow Wilson 대통령이라는 것을 알고 있었다. 플라톤은 누구인가? 34퍼센트만이 알고 있었다. 어떤 나라가 핵폭탄을 투하했는가? 다수의 미국인이 핵무기를 사용한 유일한 나라가 자국이라는 사실을 모르고 있었다. 존 F. 케네디 대통령을 암살한 사람은 누구인가? 올리버 스톤Oliver Stone 감독의 〈JFK〉 같은 대중영화의 영향을 받은 70퍼센트 정도는 터무니없는 음모론을 믿고 있었다. 가장 위대한 미국 대통령은 누구인가? 2005년 갤럽 조사에 따르면 다수가 최근 50년 사이에 재임한 대통령을 꼽았다. 20퍼센트가 로널드 레이건을, 15퍼센트가 빌 클린턴을, 12퍼센트가 존 F. 케네디를, 5퍼센트가 조지 W. 부시를 꼽았다. 14퍼센트만이 에이브러햄 링컨을 꼽았고, 조지 워싱턴이라고 답한 응답자는 5퍼센트에 불과했다. 최악의 대통령은 어땠을까? 오랜 세월 동안 그 목록에는 제31대 대통령인 허버트 후버Herbert Hoover가 들어가 있었다. 그러나 이제는 아니다. 펜실베이니아대학교가 실시한 2004년 내셔널 애넌버그 선거여론조사National Annenberg Election Survey에 따르면 오늘날 많은 미국인은 허버트 후버가 누구인지조차 모르는 것으로 나타났다. 43퍼센트만이 그가 누구인지 정확하게 답할 수 있었다.

다수의 미국인이 정답을 맞히는 역사 문제는 가장 기본적인 것들뿐이었다. 진주만에서 무슨 일이 있었는가? 84퍼센트가 답을 알고 있었다.

존 F. 케네디의 대통령직을 승계한 대통령은 누구인가? 83퍼센트가 린든

존슨Lyndon B. Johnson이라고 답했다. 홀로코스트는 무엇인가? 거의 70퍼센

트가 알고 있었다(30퍼센트는 모른단 말인가?). 그러나 1983년에 81퍼센트

만이 리 하비 오스왈드Lee Harvey Oswald(*1963년 존 F. 케네디의 암살범으로

지목된 인물)가 누구인지 알고 있었다는 것과 1985년에 81퍼센트만이 마

틴 루서 킹Martin Luther King Jr.이 누구인지 알고 있었다는 사실은 다소 충

격적이다.

     마틴 루서 킹의 이름을 몰랐던 그 가련한 영혼들이 누구였는지는 확

실히 알 수 없다. 조사에서는 아마도 빈곤층(가난한 사람들은 일반인들에 비

해 정치나 역사에 대한 지식이 전반적으로 부족한 경향이 있다)이거나 학교 교

육을 받지 못한 이들일 것으로 예측했다(이 둘은 보통 겹친다). 그러나 대학

에 다니는 미국의 중산층조차도 심각한 무지를 드러냈다. 미국 대학 간

연구회Intercollegiate Studies Institute가 2007년에 발표한 보고서에 따르면,

전국 50개 대학교에서 무작위로 선정된 1만 4,000명의 학생들이 미국 공

민학의 기본 지식을 측정하는 시험에서 받은 평균 점수는 55점(100점 만

점) 미만이었다. 요크타운 전투가 미국 독립 혁명의 마지막 전투였다는

것을 아는 학생들은 절반도 되지 않았다. 놀랍게도 졸업반 학생들이 신입

생보다 대체로 더 낮은 점수를 받았다(많은 학생이 졸업반이 되면 고등학교에

서 배운 내용을 잊어버리기 때문일 것이다). 10년쯤 전에 파리에서 암스테르

담으로 가는 기차에서 내가 겪은 경험은 이 문제의 심각성을 잘 보여준다. 나는 대학을 졸업하고 의대 진학을 고려하고 있던 한 미국 청년과 이야기를 나눴다. 대학에서 좋은 학점을 받았고, 자기 생각을 잘 표현하는 청년이었다. 또한 유럽 여행을 하면서 여름을 보내는 것으로 보아 분명 집이 가난한 것도 아니었다. 그러나 역사와 관련된 주제가 나오자 그는 당황했다. 이오시프 스탈린 이야기가 나왔을 때 그는 내게 스탈린이 누구냐고 물었다. 나는 그가 또 무엇을 모르고 있을지 궁금해졌다.

낙관론자들은, 미국 국민의 절반 정도가 공화당과 민주당의 몇 가지 차이를 설명할 수 있다는 것을 보여주는 조사 결과를 언급한다. 그렇지만 여러 조사 결과에서 알 수 있듯, 그들이 자유주의자와 보수주의자의 차이를 모르는데 그 두 정당이 어떻게 다른지 의미 있는 답을 말하는 것이 가능할까? 그리고 약 절반의 미국인들이 두 정당의 차이를 말하지 못할 정도로 정치에 대해 아는 것이 없다는 것을 보여주는 통계자료가 뭐가 고무적이라는 말인가? 공화당과 민주당 또한 이 안타까운 통계자료에 얼마간의 책임이 있다. 만약 그 정당들이 4년마다 이미지를 쇄신하지 않았다면 유권자들도 각 정당의 입장을 잘 이해했을 것이다. 다시 유권자들의 무지라는 문제로 돌아와서 한번 물어보자. 이런 것도 모르고 있다면, 그들은 과연 무엇을 안다는 말인가?

미국인들은 뉴스의 홍수 속에 살고 있지만 자신들이 읽고 듣고 보는 것이 무엇인지 제대로 이해하고 있지 못하는 것 같다. 1986년의 가장 큰

화제 중 하나는 제네바에서 열린 로널드 레이건 대통령과 미하일 고르바
초프의 정상회담이었다. 이 회담은 레이건 대통령이 소련의 지도자와 가
진 첫 회담으로 엄청난 관심을 모았다. 전 세계의 시선이 제네바에 집중
되었고 미국의 텔레비전 카메라 역시 제네바를 향했다. 그보다 7개월 전
에 당 서기장으로 선출된 고르바초프에 대한 관심은 뜨거웠다. 그는 젊고
자신의 생각을 분명히 말했고 카리스마가 있었다. 졸린 듯한 이전 세대
소련의 지도자들과는 전혀 다른 인물이었다. 그럼에도 정상회담 이후
〈ABC 뉴스〉와 『워싱턴포스트』의 여론조사에 따르면, 다수의 미국인들
이 고르바초프의 이름을 듣고 그가 누구인지 몰랐다고 한다. 최근에는 더
많은 수의 미국인들이 러시아의 대통령 블라디미르 푸틴의 이름을 모르
는 것으로 나타났다.

심지어 미국인들은 자신들의 정부를 이끌고 있는 이들의 이름조차
알지 못한다. 샌드라 데이 오코너Sandra Day O' Connor는 미국 최초의 여성
대법관이다. 그녀의 재임 기간 동안 그녀의 이름을 말할 수 있는 미국인
은 전체 인구의 절반도 되지 않았다. 윌리엄 렌퀴스트William Rehnquist는
연방대법원장이었는데, 미국인들의 40퍼센트만이 그의 이름을 알고 있
었다(또한 30퍼센트만이 그가 보수파라는 것을 알고 있었다). 미국이 걸프전을
하고 있던 시기에는 15퍼센트만이 당시 합동참모본부의장이던 콜린 파
월Colin Powell이나 국방부 장관이던 딕 체니가 누구인지 알고 있었다. 이
라크전이 시작된 지 5년째 되던 2007년에는 21퍼센트만이 국방부 장관

인 로버트 게이츠Robert Gates의 이름을 댈 수 있었다. 대부분의 미국인들은 자기 주를 대표하는 상원의원이나 하원의원의 이름도 모른다.

만약 문제가 단순히 미국인들이 이름을 잘 못 외운다는 것이라면 그다지 걱정할 필요는 없을 것이다. 그러나 그들은 정부의 운영 원리도 잘 알지 못한다. 34퍼센트만이 선전포고권이 의회에게 있다는 것을 알고 있다(입법부의 분명한 전쟁 선포 없이 대통령이 우리를 전쟁으로 끌어들였을 때 미국인들이 놀라지 않은 것은 어쩌면 그 때문이었는지도 모른다). 35퍼센트만이 의회가 대통령의 거부권을 무효화할 수 있다는 사실을 알고 있다. 49퍼센트는 대통령이 헌법 효력을 정지시킬 수 있다고 생각한다. 약 60퍼센트는 대통령이 상원의 승인 없이도 연방법원 판사를 임명할 수 있다고 믿는다. 약 45퍼센트는 혁명과 관련된 연설은 헌법으로 처벌할 수 있다고 믿는다.

델리 카피니와 키터는 그들의 종합적인 연구에 근거해, 경제 관련 문제를 4분의 3 이상 맞출 수 있는 미국인은 전체의 5퍼센트뿐이라는 결론을 내렸다. 국내정세와 관련된 문제는 11퍼센트, 외교 관련 문제는 14퍼센트, 지리 문제는 10퍼센트였다. 가장 높은 점수를 받은 분야는 무엇이었을까? 그것은 바로 역사 분야였다(많은 역사 교사들에게는 놀라운 결과일 것이다). 그럼에도 가장 기초적인 역사 문제의 4분의 3의 이상을 맞힌 미국인도 25퍼센트뿐이었다.

2003년 해외유학 대책 위원회는 세계정세에 관한 미국인들의 지식

수준을 연구했다. 대책 위원회는 '외부 세계에 대한 미국인들의 무지'는 국가 안보에 위협이 될 정도로 심각하다는 결론을 내렸다.

적어도 우리가 더 멍청해지진 않았다고 생각할 수도 있을 것이다. 그러나 특정 기준에 따르면 우리는 실제로 더 멍청해지고 있다. 최근에 실시된 대규모 조사인 '사라지는 투표자 프로젝트Vanishing Voter Project'의 책임자 토머스 패터슨은, 오늘날의 유권자들은 과거 유권자들에 비해 각 정당들이 무엇을 옹호하는지 잘 설명하지 못한다고 지적한다.

1952년 미시간대학교의 앵거스 캠벨과 그의 동료들이 NES를 위해 유권자들과 인터뷰했을 때, 응답자들은 아무런 어려움 없이 자신들이 공화당과 민주당의 어떤 점을 좋아하고 싫어하는지 답할 수 있었다. 두 정당에 대해 아무 말도 하지 못한 응답자는 10퍼센트뿐이었다. 민주당은 '노동자'와 '서민', '큰 정부'와 '규제', '사회보장'과 '일자리'의 정당이었다. 반대로 공화당은 '대기업'과 '부유층', '작은 정부'와 '자유 시장', '낮은 세금'과 '자립'의 정당이었다.

20년 후, 똑같은 조사를 실시했을 때 많은 응답자들은 입도 떼지 못했다. 정당에 대해서 어떤 언급도 하지 못한 응답자가 27퍼센트로 1952년에 비해 거의 3배 늘었다. 1972년 NES 조사에서는 54퍼센트만이 양당에 대한 의견을 말했다. 그 이후로도 정당 정책에 대해 언급할 수 있는 미국인들의 능력은 눈에 띄게 향상되지 않았다. 심지어 1980년대에는 절반이 넘는 응답자가 한 정당 또는 두 정당 모두에 대해 어떤 말도 못했다.

무지한 젊은이들

사실 이런 통계자료 이상으로 현실은 훨씬 더 심각하다. 여러 기준에서 봤을 때 오늘날의 젊은이들은 40년 전의 젊은이들에 비해 아는 것이 적다. 또한 그들의 정보 습득 습관 역시 좋지 않다. 신문 읽기는 1960년대에 훌라후프와 더불어 유행이 지났다. 18~34세 미국 젊은이들의 20퍼센트만이 일간신문을 읽는다. 특별히 놀랄 만한 이야기도 아니다. 그들이 신문의 어느 면을 읽는지는 알 수 없다. 아마 소말리아나 예산에 관한 복잡한 이야기보다는 1면을 흘긋 쳐다보고 만화를 훑어볼 가능성이 높을 것이다. 젊은이들은 케이블 뉴스도 시청하지 않는다. CNN 시청자의 평균 연령은 60세다. 젊은이들은 전국 네트워크 뉴스 프로그램도 시청하지 않는다. 전국 네트워크 뉴스의 주 시청층은 50대 이상이다. 심지어 젊은이들은 인터넷 뉴스 기사도 그다지 읽지 않는다. 11퍼센트만이 정기적으로 인터넷 뉴스 사이트를 방문한다고 한다(많은 젊은이들이 존 스튜어트의 〈더 데일리쇼The Daily Show〉[*코미디 센트럴에서 방영 중인 정치 풍자 뉴스 프로그램]를 시청한다. 2007년 퓨리서치센터가 실시한 조사에서 〈더 데일리쇼〉 시청자의 54퍼센트가 '높은 지식수준'을 가진 그룹에 속하는 점수를 받았다고 한다. 이는 폭스뉴스의 〈오라일리 팩터O'Reilly Factor〉[*대표적 보수논객 빌 오라일리Bill O'Reilly가 진행하는 정치 토크쇼의 시청자들과 거의 같은 수준이었다).

일반적인 미국인들과 비교하면(뉴스에 대한 관심이 적다는 것을 생각할 때 이 역시 놀라운 이야기는 아니지만) 젊은이들은, 아마도 요양원 생활을 하는 노인들을 제외하고, 어떤 연령 집단보다 아는 것이 적은 집단일 것이다. 젊은 세대는 신문에 너무나 무관심하기 때문에 암담할 정도로 낮은 신문 구독률의 책임이 그들에게 있다고 볼 수 있다. 젊은 층을 제외하면 미국 국민의 약 70퍼센트가 매일 신문을 읽는다. 평균 구독률을 50퍼센트 정도로 끌어내리는 주범이 바로 젊은이들인 것이다.

이전 세대(예를 들어 1950년대의) 젊은이들은 일반 국민들과 유사한 정도로 신문을 읽고 뉴스를 보았다. 지금의 젊은 세대가 35세나 40세가 된다고 갑자기 뉴스를 챙겨볼 것 같지는 않다. 사실 50년에 걸친 연구 결과에 따르면, 20대에 뉴스를 챙겨보는 습관을 들이지 않은 사람은 앞으로도 영영 그런 습관을 들이지 못할 가능성이 높다.

오늘날의 젊은이들은 뉴스가 자신들과 상관없는 것이라고 여긴다. 한 대학교 강사가 강의 시간에 1시간 동안 NPR 뉴스를 들려주었더니, 한 학생은 '고문'이라는 한 단어로 그 느낌을 요약했다. 정치를 따분하게 여기는 학생들은 각종 시민 활동이나 행사를 피하고 다른 미국인들보다 더 낮은 투표율을 보인다(최근 조사에서 시민 참여에 약간의 증가가 있기는 했다). 미국 통계국 자료를 보면 18세에서 24세 사이의 젊은이들의 투표율이 낮은 것으로 나타난다. 18세 이상이면 투표권을 행사할 수 있게 된 1972년에 이들의 투표율은 52퍼센트였다. 그 이후 해가 갈수록 투표율이 하락했다. 1976~1984년 사이의 투표율은 43퍼센트였고, 1988년에는 40퍼센트, 1992년에는 50퍼센트, 1996년은 35퍼센트, 2000년은 36퍼센트였다. 2004년에는 젊은이들을 대상으로 한 투표 참여 독려 활동get-out-the-vote: GOTV이 가장 치열하게 이루어졌음에도 47퍼센트만이 시간을 내어 투표했다. 이 자료를 처리한 메릴랜드대학교의 시민 학습 및 참여 정보연구센터Center for Information & Research on Civic Learning & Engagement: CIRCLE는 이 증가를 만족스러운 결과라고 판단했다. 하지만 언제부터 투표율 47퍼센트가 축하해야 할 일이었던가? 또한 이 센터도 인정했듯 2004년의 결과는 그저 일시적 변동이었을지도 모른다. 1992년 선거에서도 로스 페로Ross Perot의 흥미진진한 선거운동과 빌 클린턴의 젊음 때문에 젊은층의 투표율이 올랐지만, 앞에서도 언급했듯 그다음 선거에서는 가파르게 떨어졌다.

젊은이들이 전반적으로 정치에 관심이 없는데, 우리가 과연 그들의 투표를 바라는 게 맞는지 의구심이 드는 이들도 있을 것이다. 2000년 대선 후보 경선에 나온 정치인 중 선거자금법 개혁Campaign Finance Reform을 앞장서서 지지하는 후보(정답은 존 매케인 상원의원)가 누구냐고 묻자, 18~24세 미국인들의 4퍼센트만이 정답을 말했다. 2월 예비선거 기간에 조지 W. 부시가 대통령 후보라는 사실을 안 이들은 그 연령층에서 전체의 절반도 되지 않았다. 심지어 젊은이들 사이에서 매케인이 꽤 인기가 있다는 소리가 있었음에도, 해당 연령층의 12퍼센트만이 그가 경선에 출마했다는 사실을 알았다.

근래의 사건 중 젊은이들의 관심을 끌었던 단 하나의 뉴스를 찾는다면 단연 9 · 11 사태다. 2001년 말에 퓨 리서치센터가 실시한 여론조사에 따르면 미국의 30세 미만 성인들의 61퍼센트가 9 · 11 사태 관련 소식을 주의 깊게 지켜보고 있다고 답했다. 그러나 대부분의 젊은이들이 그해의 다른 뉴스 중 특별히 관심이 가는 뉴스가 없다고 여겼다. 탄저병? 32퍼센트만이 챙겨봐야 할 중요한 뉴스라고 여겼다. 경제? 역시 32퍼센트만이 관심 있게 봤다고 답했다. 카불 함락? 고작 20퍼센트였다. 연방 정부의 공항 보안 업무 담당에 관한 논의? 21퍼센트였다.

오늘날의 젊은이들은 어떤 종류의 글이든 거의 읽지 않는 것으로 보인다. 2004년 미국 국립예술기금National Endowment for the Arts. NEA은 미국 통계국 자료를 포함해 다양한 종류의 조사를 참고한 결과 18~24세 젊은이들의 43퍼센트만이 문학을 읽는다고 밝혔다. 1982년에 조사한 결과는 60퍼센트였다. 또한 다수의 젊은이들이 신문, 소설, 시, 희곡을 읽지 않는다. 그들이 성경이나 논픽션을 읽을 가능성을 제외한다면(여기에 관해서는 믿을 만한 통계자료를 찾지 못했다) 통계가 기록되기 시작한 이래, 오늘날의 젊은 세대들은 다른 어떤 세대보다 글과 친하지 않은 세대인 것 같다.

오늘날의 젊은이들이 한 세대 전 젊은이들에 비해 아는 것이 적다는 사실을 보여주는 연구는 널리 알려지지 않았다. 오히려 우리는 젊은이들이 정치적으로 개척자적 행보를 보이는 것에 관한 이야기를 많이 듣는다. 2004년 대선 때는 각 언론들이 '블로그를 통해 선거운동을 지켜보는 젊은이들'이라는 새로운 현상을 너 나 할 것 없이 머리기사로 다뤘다. 또한 젊은 딘사모Deaniacs(*민주당의 하워드 딘Howard Dean 후보 지지자들의 모임)들이 인터넷 선거운동을 통해 하워드 딘의 선거자금을 모금한 사례를 집중적으로 다룬 기사들도 있었다. 또한 딘사모들이 밋업닷컴http://www.meetup.com이라는 인터넷 사이트를 통해 전국적인 연결망을 구축하고 있다는 사실도 보도되었다. 우리에게 또 하나의 '침묵세대'가 등장했다는 이야기는 잘 들리지 않는다. 그러나 정말 그렇지 않은 것일까? 오늘날의 젊은이들에 관한 통계자료는 분명한 사실을 보여준다. 전체적으로 많은 젊은이들이 투표를 하지 않고, 대부분 신문을 읽지 않으며, 뉴스도 챙겨보지 않는다.

몇 해 전 워싱턴 D. C. 지역에 있는 큰 대학에서 저널리즘을 가르치기 시작했을 때, 나는 미국 수도에 있는 유명 대학원에서 저널리즘을 공부하는 학생들조차 뉴스에 대해 별다른 열의를 가지고 있지 않다는 것을 알고 놀랐다. 그들이 명문 대학을 다니는 우수한 학생들이었음에도 말이다. 그들은 총명했고 의욕이 넘쳤고 주로 20대 후반에서 30대 초반이었다. 그러나 강의를 듣는 20명 정도의 학생들 중 2~3명만이 매일 『워싱턴 포스트』나 『뉴욕타임스』를 읽었다. 학생들에게 신문을 읽히려고 나는 매주 시사 시험을 치렀다. 저널리즘을 공부하는 학생들도 주요 일간지 읽기를 꺼리는데, 뉴스와 관계없는 직업을 찾는 일반 학생들이 신문을 읽고 싶어 할 리가 있겠는가?

매년 '유권자들은 무엇을 원하는가?'라는 물음의 답을 찾기 위해서 수백만 달러가 소비된다. 정직한 답은, 사실 그들 스스로도 잘 모른다는 것이다. 자신이 무엇을 원하는지 말할 수 있을 만큼 많이 알지 못하기 때문이다. 그러나 이 사실을 인정하는 이는 드물다.

2004년 선거에서 가장 뜨거운 쟁점 중 하나는 동성 결혼이었다. 그러나 이 문제에 관한 여론을 알아내는 것은 어려운 일이었다. 한 전국 여론조사에서 "동성 결혼을 금지하기 위한 헌법 개정에 찬성하느냐"는 질문에 다수가 그렇다고 답했다. 그러나 세 질문 뒤에 있는 "결혼을 정의내리는 일이 헌법을 바꿀 만큼 중요한 문제는 아니다"라는 점에도 다수가 동의했다. 『뉴욕타임스』는 비꼬는 투로 이 결과를 다음과 같이 논평했다. "미국인들은 헌법을 개정하는 것에는 분명히 찬성하지만 헌법을 바꾸는 것은 찬성하지 않는다."

2000년 대선 직전 '사라지는 투표자 프로젝트'는 유권자들에게, 조지 W. 부시와 앨 고어가 12개 주요 쟁점과 관련해 어떤 정책적 입장을 취하고 있는지를 물었다. 질문 중 여섯 개는 부시의 입장에 관한 것이었고, 나머지 여섯 개는 앨 고어의 입장에 관한 것이었다. 몇몇 질문은 쉬웠다.

질문 : 부시가 개인소득세 대폭 인하에 찬성하는지 반대하는지 알고 있습니까?

질문 : 앨 고어가 퇴직자들을 위한 메디케어Medicare(노인 의료보험제

도)를 확대해서 처방 약값을 지원하는 것에 찬성하는지 반대하는지 알고 있습니까?

다른 질문들은 더 어려웠다. 그러나 그 쟁점들도 선거 열 달 전인 1월에 있었던 아이오와주 당원 대회 이후 선거운동 기간 중 많은 사람들의 입에 오르내린 것들이었다.

질문: 후보자에게 거액의 정치자금을 기부하는 행위를 금지하는 안에 부시가 찬성하는지 반대하는지 알고 있습니까?

질문: 급여세payroll tax(*사회보장 재원 마련을 위해 기업과 근로자에게 부과하는 세금) 전부를 사회보장기금으로 쓰지 않고, 그중 일부를 근로자들이 개인 퇴직계좌에 적립해 투자할 수 있도록 하는 안에 앨 고어가 찬성하는지 반대하는지 아십니까?

프로젝트의 책임자 토머스 패터슨은 유권자들이 후보자의 입장에 대해 정확히 답할 수 있었던 쟁점은 두 개뿐이었다고 말했다. "다른 모든 사안에 대해서는 후보자의 입장을 정확하게 아는 응답자가 절반이 되지 않았고, 많은 이들이 잘못된 추측을 했다"고 그는 보고했다. 선거자금 기부에 대한 부시의 입장을 묻는 질문에 대해서는 10명 중 한 명만이 그가 금지에 반대했다는 사실을 알고 있었다.

사람들이 무지하다고 말하면 문제가 될까

일반 유권자들이 전혀 알 필요가 없는 사안들도 많다. 가령 일반 시민이 힘들게 연방 예산안을 읽어야 할 의무는 없다. 어쩌면 정치인들 중에도 그 일을 하려는 사람은 그다지 많지 않을 것 같다. 마찬가지로 유권자들은 자신들의 이름으로 통과된 법안을 읽을 의무도 없다. 우리는 법안 표결에 참여하는 의원들은 당연히 법안을 읽어야 한다고 생각하지만, 경험을 통해 실제로는 의원들이 그렇게 하지 않는 경우가 많다는 것을 안다. 법안을 읽을 시간을 내지 못하는 경우도 있고, 이런저런 이유로 윗선에서 법안을 서둘러 통과시키는 바람에 읽을 기회조차 없는 경우도 있다. 어떤 경우든 법안 원문을 읽는 것은 보통 도움이 안 된다. 법안 초안 작성을 담당하는 의장은 탐정이나 풀 수 있을 법한 조항들을 포함시킨다. 미국의 법규는 이런 조항들로 가득하다. 의회는 1965년 10월 20일에 설립된, 미국의 어느 도시 3지구 10구역에 위치한 회사에서 가로 7센티미터, 세로 10센티미터, 높이 5센티미터인 장치 500개를 구입하기 위해 X달러를 책정한다. 물론 이 설명에 들어맞는 회사는 하나뿐이다. 조사 결과 의장에게 가장 많은 후원금을 기부한 사람이 소유한 회사임이 드러난다. 이것은 단독으로 활동하는 시민들이 알 수 있는 범위를 벗어난 사실이다.

미국의 법규가 특수 이익단체에게 특혜를 주기 위해 어떤 식으로 조작되는지, 유권자들이 하나하나 다 알 필요는 없다. 필요한 것은, 특정 이해관계자에게 유리하도록 법규를 조작하는 일이 아마도 흔할 것이라는 사실을 유권자들이 인지하는 것이다. 미디어는 이런 메시지를 전달할 능력이 충분히 있다. 유권자들은 그 메시지를 이해할 능력이 충분히 있다. 이런 지식으로 무장한 유권자들은, 미국의 법규가 모든 사람을 공정하게 대한다는 주장을 경계해야 함을 알게 된다.

그러나 대략적 지식만으로는 충분하지 않은 주제들이 셀 수 없이 많다. 이런 경우에는 세부사항을 모르는 것이 작은 문제가 아니다. 한 가지만 예로 들자면, 사회보장제도에 대한 미국인들의 심각한 무지는 자신들의 돈이 어떻게 쓰이는지, 그 제도가 실행이 가능한지, 제도를 유지하기 위해서 어떤 조치가 필요한지 등을 전혀 짐작하지 못하는 결과를 초래했다.

사회보장제도가 흑자를 내고 있다는 사실을 아는 사람이 얼마나 있을까? 그 흑자(매년 약 1,500억)가 미국 정부 기준에서도 상당히 큰 액수라는 것은 알까? 또 사회보장제도가 1983년 이후로 계속 흑자였다는 사실을 아는 사람들은 얼마나 될까? 물론 거의 없다. 이런 사실에 대한 무지는 사회보장제도에 대한 부정직한 논의로 이어졌다.

흑자가 쌓여가는 동안 의회에 있는 민주당원들은 그 돈을 마치 정부가 거두어들인 다른 세금처럼 여겼다. 그래서 그 돈을 자신들이 써도 되는 것으로 생각했다. 그들은 기회가 있을 때마다 그 돈을 썼고, 자신들이 어쩌면 실은 훗날을 위해 예비금으로 비축해야 할 자금을 지출하고 있는 것인지도 모른다는 사실을 조금도 내비치지 않았다(사회보장제도가 파산 위기에 놓이자 재정 확보를 위해 1983년에 사회보장세가 특별히 인상되었다). 나머지 예산도 흑자가 된 1999년이 되어서야 민주당원들은 갑자기 그 돈을 비축해야 한다는 생각을 했다. 그 시점에 그들이 사회보장제도를 유지하기 위해 그 돈이 필요하다는 사실을 받아들인 유일한 이유는, 공화당의 세금 감면 요구를 저지하기 위해서였다. 사회보장제도의 흑자액은 공화당이 원하는 대규모 감세와 노년기를 앞두고 있는 베이비부머의 미래 은퇴연금, 이 둘 중 한 가지 목적을 위해서만 쓸 수 있었기 때문이다.

말만 번지르르한 것은 공화당원들도 마찬가지였다. 그들은 자신들이 사회보장제도에 대해 크게 걱정하고 있다고 주장했지만, 실제로는 사회보장제도에서 발생한 흑자를 이용해 무책임하게 세금을 하나씩 감면하느라 바빴다. 처음에는 레이건이, 그다음에는 조지 W. 부시가 각자 자신이 시행한 세금 감면의 영향을 감추기 위해 흑자액을 이용했다. 레이건과 조지 W. 부시 둘 중 누구도 세금 감면을 가능하게 한 것이 다름 아닌 사회보장제도의 흑자라는 사실을 인정하지 않았다. 부시의 세금 감면 정책을 살펴보자. 부시는 지난 몇 년간 정부가 재정 흑자를 기록했고 앞으로도 몇 년은 더 흑자를 낼 것으로 전망되기 때문에, 세금 감면이 가능하다고 주장했다. 그러나 연방 예산에서 사회보장에서 발생한 잉여 자금을 빼면, 국가 부채가 줄어들고 있는 기간 동안 정부가 흑자를 낸 해는 1999년과 2000년뿐이었음을 알 수 있다. 1998년이나 2001년에 정부가 흑자를 낼 수 있었던 유일한 이유는 사회보장제도 때문이었다. 즉 부시가 자신의 세금 감면 조치를 옹호하기 위해 언급한, 1998년과 2001년의 추정상의 흑자는 사실은 완전한 허구였던 셈이다. 사회보장제도가 없었다면 정부는 그 2년 동안 빚을 져야 했을 것이다. 그러나 2001년에 부시 대통령은, 세금 감면 정책은 필요할 뿐 아니라 우리의 놀라운 흑자 재정 덕분에 감당할 수 있다고 국민들에게 말했다.

오늘날의 보수주의자들은 사회보장 신탁 기금Social Security Trust Fund은 허구라고 주장한다. 그들의 말이 맞다. 그 돈은 이미 썼다. 그들이 그 돈을 쓰는 데 한몫했다.

사회보장제도에 관한 이러한 논의(일단 어떤 일이 일어나고 있는지 이해하기만 한다면 사실 흥미를 느낄 만한 논의)에 대중은 대체로 무관심했다. 2001년에 실시한 퓨리서치센터의 연구에 따르면 미국인들의 19퍼센트만이, 미국이 1990년대와 2000년대에(어떻게 정의하든) 흑자를 낸 적이 있다는 사실을 안다고 한다. 또 2004년 내셔널 애넌버그 선거여론조사에 따르면 미국인들의 50퍼센트만이 부시 대통령이 사회보장제도를 민영화하는 것에 찬성한다는 사실을 알고 있었다. 여론조사 결과를 보면 사회보장제도가 파산할까 사람들이 두려워한다는 것을 알 수 있는데, 부분적으로 이는 부시 대통령의 비관적 예언 때문이다. 그러나 사람들은 그 파산이라는 게 무엇을 의미하는지는 전혀 알지 못했다. 사실 사회보장제도는 근본적인 변화 없이도 그저 과세소득의 한도를 올리고 은퇴 연령을 몇 년 늦추기만 해도 유지할 수 있는 제도다.

한 나라가 감당할 수 있는 무지는 어느 정도일까? 무지가 일정 수준에 도달한다면 끔찍한 결과를 낳을 게 분명하다. 그렇다면 그것은 어떤 수준일까? 또 정확히 어떤 결과를 맞게 될까? 이 물음에 대한 답은 알 수 없다. 그러나 만약 우리가 지금 가는 길을 계속해서 간다면 아마도 머지 않은 장래에 그 답을 알게 될 것이다.

3장

유권자들은
진실을 원하지
않는다

한 지지자가 외쳤다.

"스티븐슨 주지사님, 분별력 있는 사람들은 모두 주지사님을 지지해요!"

아들라이 스티븐슨Adlai Stevenson이 대답했다.

"그걸로는 부족하군요. 저는 다수가 필요합니다."

●스콧 사이먼Scott Simon

유권자들이 무지하다는 증거를 찾은 정치학자들이 고심한 다음 문제는, 유권자들이 자신들의 부족한 지식을 보완할 방법을 과연 찾아낼 것인가 하는 것이었다. 만약 그들이 이 방법을 찾아낸다면 다음의 두 가지를 주장할 수 있을 것이다. 첫 번째는 상황이 그렇게 나빠지는 않다는 주장이고, 두 번째는 유권자들이 합리적이라는 주장이다.

　　과연 정치학자들은 무엇을 발견했을까? 다행스럽게도 그들은 유권자들이 자신들의 무지를 부분적으로는 보완할 수 있는 여러 방법을 찾아낸다는 사실을 발견했다. 선거에 별로 신경을 쓰지 않는 유권자들도 다양한 '지름길'을 통해 투표를 위한 여러 정보를 이곳저곳에서 얻는다. 가령 어떤 유권자는 자신이 상당 부분 동의하는 논조를 가진 지역 신문이 X후보를 지지했기 때문에 자신도 X후보를 찍어야겠다고 생각한다. 또는 자신이 민주당의 입장에 찬성하니까 민주당 후보를 찍어야겠다고 결정하는 유권자도 있을 것이다. 정당은 브랜드와 같다. 사람들은 시간이 지나면서 어떤 정당을 신뢰하고 신뢰하지 말아야 할지를 알게 된다. 혹은 아는 게 많고 평소 자기와 같은 견해를 가지고 있는 친구의 조언을 따르는 유권자도 있을 수 있다. 우리는 모두 이처럼 휴리스틱heuristics(*시간이나 정보가 불충분해 합리적인 판단을 할 수 없거나, 군이 체계적이고 합리적인 판단을 할 필요가 없는 상황에서 신속하게 사용하는 어림짐작의 기술)이라는 지름길을 이용한다. 일부 유권자들이 이 지름길에 의존한다는 것은 다소 안심이 되는 소리다. 내가 사는 시애틀에서는 선거를 통해 판사를 선출한다. 아무리 꼼꼼하게 선거에 주의를 기울이는 투표자라고 해도, 소수를 빼고는 판사 후보들에 대한 정보를 충분히 알 수는 없다. 그래서 투표일이 다가오면 나는 누구를 찍을지 결정하기 위해 휴리스틱을 이용한다. 나는 내가 신뢰하는 무료 지역 신문인 『시애틀위클리Seattle Weekly』를 살펴보고 그 신문의 편집위원들이 누구를 지지하는지 알아본다. 내가 따로 잘 알고 있는 후보가 없다면 나는 그 신문의 조언을 따른다.

정치학계에서는 유권자들이 합리적이라는 데 대체로 동의한다. 그렇게 생각하는 데는 여러 가지 이유가 있다. 그중 한 가지 이유는, 대통령이 조치를 취할 수 있는 문제와 그렇지 않은 문제를 유권자들이 구분할 수 있다고 정치학자들이 믿기 때문이다. 몇 해 전 범죄가 큰 문제였을 때 유권자들은 범죄 문제를 언급하는 후보들을 좋아하긴 했지만, 이 문제는 지역 차원에서 접근해야 한다는 것을 알고 있었다. 또한 대개의 유권자들은 두 주요 정당이 서로 다르다는 것을 알며, 많은(아마 과반수는 아니겠지만) 유권자들이 그 정당들의 중대한 차이점 중 하나를 이해하고 있다. 바로 민주당은 실업에 더 관심이 많고 공화당은 인플레이션에 관심이 더 많다는 사실이다. 그러나 유권자들은 왜 그런 차이가 생기는지 그 이유는 알지 못한다. 민주당이 인플레이션 해결에 소극적인 이유는 금융 긴축정책을 실시하면 고용이 줄어들 위험이 있기 때문이다.

후보가 유명 인사라는 사실이 중요하긴 하나 늘 결정적인 요인은 아니라는 것도, 유권자들의 지혜를 보여주는 또 다른 증거다. 1980년 당시 지미 카터Jimmy Carter 대통령에 도전한 상원의원 에드워드 케네디Edward Kennedy를 옹호한 민주당 지지자들은 그의 선거운동을 지켜보면서 마음을 바꾸었다. 즉 그들은 실제로 뉴스를 시청하면서 선거운동에 대한 정보를 모았고, 구체적인 증거에 근거해 의견을 정한 것이다. 1984년, 민주당 지지자들은 미국인 최초로 지구궤도를 비행한 우주 비행사인 상원의원 존 글렌John Glenn의 대통령 예비후보 선거 출마에 흥분을 감추지 못했다. 그러나 유권자들은 뉴스를 지켜보면서 그의 활기 없는 선거운동에 실망하고는 다른 후보에게 관심을 돌렸다. 다시 말해 유명세는 유권자가 후보를 진지하게 여길 기회를 줄 뿐이다. 그것이 승리를 보장하지는 않는다.

유권자들은 여러 쟁점들에 후보들이 어떤 입장을 취하는지 모두 알 수 있을 만큼 면밀하게 선거운동을 지켜보지는 않지만, 자신들이 정말로 관심 있어 하는 한두 가지 쟁점에는 세심한 주의를 기울인다. 로널드 레이건과 조지 H. W. 부시가 맞붙은 1980년 공화당 대통령 후보 경선은 뉴햄프셔주 내슈아에서 열린 토론의 결과로 결정되었다. 토론 진행자가 음향 장치를 껐을 때 레이건은 영화 〈스테이트 오브 더 유니온State of the

Union)에서 스펜서 트레이시Spencer Tracy가 했던 대사를 빌려 부시를 쏘아

붙였다. "이봐요 그린 씨. 이 마이크 비용은 내가 내지 않았소!"(*레이건

진영이 비용을 전액 부담하는 토론회에서, 다른 후보들도 토론에 참석할 수 있게

해야 한다고 주장하다가 제지당하자 레이건이 내뱉은 말이다. 그의 단호한 발언과

태도는 유권자들에게 강한 인상을 남겼고, 이에 힘입어 레이건은 경선에서 승리한

다. 103쪽 참조) 청중은 열광했다. 그러나 선거가 열렸을 때 남녀평등 헌법

수정안을 지지하는 투표자들은 여전히 부시의 편에 서 있었다. 부시는 그

들과 같은 입장이었고, 레이건은 그렇지 않았기 때문이다. 4년 뒤 대선에

서는 노조의 부패를 염려한 민주당 지지 유권자들이, 노조를 지지하는 것

으로 알려져 있던 민주당 후보 월터 먼데일Walter Mondale을 찍지 않았다.

다시 말해 그 두 선거에서 중요한 것은 이슈였다. 유권자들은 뉴스를 지

켜보았고 정보를 흡수했다.

자신의 관심사를 주의 깊게 지켜보는 유권자의 능력은 그들이 합리

적이라는 것을 보여주는 결정적인 증거가 된다. 이를테면 노인층은 대체

로 사회보장제도 관련 뉴스를 챙겨보는 편이고, 일반적으로 다른 계층에

비해 정치 지식을 묻는 시험에서 높은 점수를 받지 못하는 가난한 사람들

도 복지에 관해서는 많이 안다. 그들은 어떤 정치인이 복지를 지지하며

복지제도가 어떻게 운영되는지 알고 있다. 농부들도 마찬가지로 농업 정

책에 관한 논의에는 관심이 있다. 연구자들이 기록한 정치적 합리성의 첫

번째 사례 중 하나는 1936년 선거 이후 프랭클린 루스벨트의 농업 정책

에 환멸을 느낀 민주당 지지자들 10명 중 7명이, 1940년에 공화당 후보 웬들 윌키Wendell Willkie로 지지후보를 바꾼 것이었다.

　흔히들 선거는 과거에 대한 국민투표라고 한다. 이렇게 말하는 이유 중 하나는 유권자들이 자신들이 찬성하지 않는 일을 한 정치인에게 벌을 주는 경향이 있기 때문이다. 농부들이 프랭클린 루스벨트에게 등을 돌린 것도 이런 경우였다. 이럴 때 정치는 대단히 합리적이라고 할 수 있다.

　1932년에 허버트 후버 대통령에게 그랬던 것처럼 유권자들은 실패에 대해 벌을 내리기도 한다. 유권자들은 정치인이 왜 실패했는지까지는 모를 수도 있다. 경제가 하향세에 있을 때처럼 좋지 않은 상황에서, 대통령의 책임이 어디까지인지 평가할 수 있는 유권자는 많지 않다. 그러나 유권자들은 대개 상황이 나쁠 때가 언제인지 알고, 그 당시 재임 중인 정치인들에게 책임이 있다고 본다. '저 쓸모없는 인간들을 갈아치우자'라는 식의 태도는 역경에 대한 세련된 반응은 아닐지 모르지만 합리적인 반응이기는 하다.

　정치 컨설턴트들은 일단 어떤 인상이 유권자의 마음속에 자리 잡으면 그것을 바꾸는 것은 거의 불가능한 일이라는 것을 안다. 그러나 정보가 잘 포장되어 제시되면 사람들은 생각을 바꾸기도 한다. 그 교과서적인 사례가 1992년 민주당 전당대회에서 일어났다. 전당대회 직전 대부분의 유권자들은 빌 클린턴을 특권층 자제라고 생각하고 있었다. 그가 예일대학교를 나왔다는 사실 때문이었다. 그의 참모들은 이런 왜곡된 인상을 바로잡기 위해서 짧은 영상을 틀었다. 〈희망의 남자The Man from Hope〉라는 제목의 그 영상은 인기 텔레비전 시트콤 〈디자이닝 위민Designing Women〉을 만든 능란한 할리우드 제작자들이 만든 작품이었다. 전당대회가 끝나고 실시한 여론조사를 보면, 클린턴이 평범한 가정에서 자랐고 자신의 노력으로 일어선 인물이라 유권자들이 믿게 되었음을 확인할 수 있다.

유권자들은 소위 '전략적 투표'를 하기도 한다. 예를 들어 2006년 상원의원 선거에서 로드아일랜드주의 유권자들은, 당시 재임 중이던 링컨 차피Lincoln Chafee 상원의원의 지지율이 높았음에도 그에게 표를 던지지 않았다. 왜였을까? 그가 공화당 소속이었기 때문이다. 유권자들은 그의 소속을 알고 있었고, 양당의 상원 의석수가 빅빙의 차이를 보이고 있는 상황에서 공화당원을 뽑는 것이 무엇을 의미하는지 이해하고 있었다. 공화당이 상원을 장악했을 때 생길 위험을 피하고 싶었던 유권자들은 로드아일랜드주에서 이름 높은 링컨 차피(그의 아버지는 주지사와 상원의원을 역임했다)가 아닌, 들어본 적도 없는 민주당 후보를 뽑았다. 그들의 판단에 동의하든 안 하든, 그들이 국가의 정치적 발전에 주의를 기울이고 있다는 사실은 분명하다.

유권자들은 특정 후보를 찍는 것이 '메시지 전달'의 역할을 할 수 있다는 것을 알고 있을 만큼 현명하기도 하다. 1968년에 유권자들은 두 주요 정당에 대한 자신들의 불만을 정부에 전달하기 위해 조지 월리스George Wallace(*미국독립당 후보)를 찍었다. 20년 뒤, 유권자들은 확고한 좌익 정치 접근법을 제시한 흑인 대통령 후보에 대한 자신들의 지지를 보여주기 위해서 제시 잭슨Jesse Jackson(*침례교 목사이자 인권운동가)에게 표를 던졌다. 두 경우 모두, 유권자들은 자신들이 찍은 후보가 당선될 가능성이 없다는 것을 알고 있었다. 그러나 그들은 그 후보에게 투표하는 것이 표를 헛되이 쓰는 것과는 다르다는 것 또한 알고 있었다. 그들은 그 차이를 이해했다. 유권자들은 보통 낙선될 후보에게 자신의 표를 허비하기를 꺼린다. 2004년에 뉴햄프셔주의 유권자들은 아이오와주에서 하워드 딘이 추락하는 것을 지켜본 뒤 그를 찍지 않았다. 존 케리를 30퍼센트 앞서고 있던 하워드 딘은 한 주 뒤 결국 2위로 밀려났다. 그 후 얼마 지나지 않아 하워드 딘은 경선에서 탈락했다. 유권자들은 정보(아이오와주 당원 대회 결과)를 흡수했고, 그것에 근거해 행동했다.

유권자의 비합리적인 측면

여기까지는 정치학자들이 말하는 유권자 논의의 긍정적 부분이다. 이제 나머지 부분을 살펴보도록 하자. 이미 짐작하고 있겠지만, 이 부분은 대단히 암울하다.

1975년의 공무법Public Affairs Act에 대한 미국 유권자들의 의견에서 시작해보자. 한 여론조사 결과 미국인들의 40퍼센트가 이 법에 대해 의견을 가지고 있다고 응답했다. 여기서 문제는 실은 그런 법이 없다는 것이다. 이것은 여론조사 요원들이 만들어낸 법이었다. 사람들이 질문을 받으면 추측해서 대답하는지 알아내기 위한 질문이었다. 결국 이 물음에 대한 답은 '그렇다'였다.

새뮤얼 팝킨Samuel Popkin의 증거 검토에 따르면 유권자들의 실수는 네 가지 기본 유형으로 나눌 수 있다. 첫 번째 실수는 '술 취한 사람의 열쇠 찾기'라고 알려진 것이다. '그곳이 가장 밝은 곳이기 때문에' 잃어버린 열쇠를 가로등 밑에서 찾는 술 취한 사람처럼, 유권자들은 정보를 수동적으로 입수하는 경향이 있다. 두 번째 실수는 사안에 관련된 확실한 정보보다는 후보자에 관한 개인적인 정보를 더 잘 기억하는 경향이 있다는 것이나. 나중에 입수한 개인 정보는 그 이전에 알았던 사안에 관한 사실들을 차단하기 쉽다. 후보자의 개인 정보를 알게 되면 예전에 알았던 특정 사안에 관한 사실은 잊는 일이 많다는 것이다. 셋째, 유권자들은 '가짜 확신'을 제공하는 '예 · 아니오' 질문을 선호한다. 그들은 애매한 것을 싫어하고 복잡한 것은 질색을 한다. 넷째, 유권자들은 행동과 결과의 관련성을 보지 못한다. 만약 경제가 어느 대통령의 임기 동안 나아진다면, 유권자들은 그런 좋은 상황을 가져오기 위해 대통령이 무엇을 했으며 하지 않았는지는 모른 채, 그 공을 대통령에게 돌리는 경향이 있다.

여러 여론조사에서 거듭 확인할 수 있는 사실은, 미국인들이 약삭빠르게 지름길을 활용하긴 하지만 기본 지식의 부족을 보완하지 못하고 있다는 것이다. 만약 그 지름길이 훌륭한 대안이었다면 9 · 11 사태와 사담 후세인, 알카에다에 대해 잘못 알았기 때문에 일어난 2003년과 2004년의 그 일(*이라크전과 조지 W. 부시의 재선을 말한다)은 일어나지 않았을 것이다.

유권자들이 합리적이라는 증거로 정치학자들이 언급한 내슈아 토론을 기억하는가? 이 토론에서 레이건은 마이크에 대한 재빠른 응수로 방송에서 인기를 독차지했다. 그러나 그의 위대한 순간은 대선 승리였고, 그 승리가 가능했던 유일한 이유는 유권자들이 상황이 아니라 오로지 자신들이 보고 들은 것에 근거해서 이 사건에 대한 평가를 내렸기 때문이다. 여론조사에서 뒤처지고 있던 레이건은, 아이오와주 당원 대회에서 승리한 이후 '빅 모멘텀(큰 동력)'을 얻은 조지 H. W. 부시에게 일 대 일 토론을 하자고 제안했다. 그런 다음 레이건은 비밀리에 나머지 다른 후보들에게도 참석할 것을 제안했다. 그 후보들이 자신들의 시간을 부시를 비판하는 데 할애할 것이고 자신은 그 덕을 볼 것이라고 계산한 것이다. 그러나 토론장에 도착해서 다른 후보들이 함께 무대에 올라간다는 사실을 알게 된 부시는 비열한 속임수에 당했다는 생각에 화가 났고, 다른 후보들은 참석해서는 안 된다고 주장했다. 사회자는 그의 말에 동의했다. 그 순간 레이건이 갑자기 나섰다. 사실 그의 진짜 동기는 부시를 공격하는 것이었지만, 전모를 모르는 사람들은 마치 레이건이 모두에게 공정한 기회를 주기 위해 싸우는 것 같은 인상을 받았다. 부시가 어떤 일이 있었는지 직접적으로 설명하지 않았기 때문에, 유권자들은 부시가 라이벌들과의 토론을 두려워하는 사람이라는 생각을 갖게 되었다. 이 일화는 부시에 대해 많은 것들을 말해준다. 그는 연기자로서 자질이 없었다. 그러나 이런 사실은 유권자들에게 큰 의미가 없다. 유권자들이 좋은 볼거리와 천부적인 연기력을 갖춘 정치인을 좋아하는 것이 아니라면 말이다.

이번에는 "내 말 잘 들으세요Read my lips"라고 말하며 세금을 인상하지 않겠다고 한 부시의 공약을 생각해보자. 정치학자들은 그의 공약 파기 결정에 대한 유권자들의 격렬한 반응을, 1988년에 부시가 한 그 말에 유권자들이 주의를 기울였고 그가 말한 내용을 기억하고 있다는 증거로 간주한다. 그러나 합리적인 세상이었다면 부시는 애당초 그런 약속을 하지도 않았을 것이나. 부시가 세금 인상이 필요한 상황을 자신이 타개하겠다는 생각을 할 수도 없었을 뿐 아니라 그 당시 레이건 행정부의 심각한 적자를 생각할 때, 세입을 늘리기 위해 상당한 규모의 세금 인상이 필요한 시점임이 분명했다. 진정으로 합리적인 유권자였다면 약속을 깨겠다는 부시의 결정을 어깨를 으쓱하며 받아들였을 것이다. 그의 세금 공약이 그저 선거운동을 위한 미사여구였다는 것을 알고 있었을 것이기 때문이다. 부시 역시 그렇게 생각했다. 맹렬한 반대 여론이 들끓었던 당시 부시는 예상치 못한 반응에 당황했다. 그는 자신의 선거공약을 진지하게 생각하지 않았고, 유권자들이 그것을 진지하게 생각했다는 사실에 놀랐다. 합리적인 세상이었다면 유권자들은 그러지 않았을 것이다.

쟁점에 관한 논의를 이해하는 것은 유권자들에게 특히 더 어려운 일이다. 유권자들은 대체로 쟁점을 이해하는 데 필요한 지식이 부족하다. 아는 것이 부족한 상태에서 비합리적 편향에 이끌려 그들이 지지하는 정책이 결정되는 경우가 많다. 경제를 예로 들어보자. 브라이언 캐플런Bryan Caplan에 따르면, 경제학자들이 광범위하게 지지하는 좋은 공공정책을 대중이 반대하는 이유는 다음의 네 가지 비합리적 편향성 때문이다. 첫째, 대중은 이기적인 자들의 탐욕을 우려하기 때문에 일반적으로 시장을 의심한다. 둘째, 대중은 반反외국 편향성을 가지고 있다. 즉 사람들은 보통 대외무역의 이점을 과소평가한다. 셋째, 대중은 경제적 성공의 척도로서 고용에 집착한다. 반대로 경제학자들은 생산성에 집중한다. 넷째, 대중은 상황이 더 나빠질 것이라고 여기는 경향이 있다. 큰 그림을 보려고 하는 경제학자들과 달리 유권자들은 좋지 않은 경제 뉴스에 매달려 비관주의로 기운다. 이러한 대중의 편향성을 고려한다면, 경제를 잘 이해하는 정치인들은 교묘한 속임수를 통해 자신의 진짜 견해를 감추거나 아니면 자신이 실제로 믿고 있는 것에 반하는 노골적 거짓말을 해야 한다. 재임 중이라면 그들은 당연히 타당한 정책을 따라야 하지만 그렇게 하지 않는 경우도 있다. 리처드 닉슨이 실시한 위선적인 임금 및 물가통제 정책을 떠올려보자. 인위적 시장을 창출해서 물가를 안정시키기 위해 실시한 이 정책은 물가 상승 압력을 오히려 악화시키는 결과를 낳았다. 결국 통제가 풀렸을 때 물가가 폭등했다.

　유권자들이 비합리적이라고 생각하는 가장 확실한 이유는 우리의 정책이 비합리적이기 때문이다. 만약 유권자들이 합리적이라면 우리의 정책도 합리적이었을 것이다. 그러나 우리의 정책은 합리적이지 못하다.

모니카 르윈스키가 연루된 그 길고 지루한 연속극이 진행되는 동안, 양측은 모두 대중의 비합리성을 이용했다. 우파는 대통령의 성생활 중 가장 은밀한 내용을 상세히 알고 싶어 하는 대중의 심리에 기댔다. 특별검사 케네스 스타Kenneth Starr가 의회에 제출한 보고서는 사람들의 감정을 자극하려는 의도가 담긴 외설스러운 자료로 가득했다. 빌 클린턴은 케네스 스타가 사람들을 현혹시키고 있다고 거듭 주장했다. 1992년에 제니퍼 플라워스Gennifer Flowers와 관계를 가진 적이 없다고 수천만 명을 설득한 경험이 있는(기자들을 속이는 법을 그녀에게 알려주는 빌 클린턴의 목소리가 담긴 녹음테이프가 있었음에도 불구하고) 빌 클린턴은, 다시 한 번 자신이 모니카 르윈스키와 관계를 갖지 않았다는 것을 유권자들에게 설득시키는 작업에 착수했다. 당시의 증거를 냉정하게 검토했다면 그의 주장이 받아들이기 힘든 것임을 알 수 있었을 것이다. 그의 아내 힐러리가 분명하게 주장했듯 그가 우익 세력의 음모에 빠졌다는 것을 알고 있었다 하더라도 말이다. 예를 들어 르윈스키에게 조언을 해주기 위해 그녀에게 여러 차례 전화를 걸었다는 클린턴의 주장은 분명 말이 되지 않았다. 그녀에게 직장을 구해주려 했던 것은 뭔가 숨길 것이 있는 사람의 행동으로 보였다. 그러나 얼룩이 묻은 푸른색 드레스가 공개된 다음에야 비로소 유권자들은 마침내 자신들이 거짓말에 속았다는 결론에 이르렀다(국무장관 매들린 올

브라이트Madeleine Albright와 클린턴 정부의 다른 관료들도 클린턴의 거짓말에 속았다는 사실에 주목해야 한다. 그 사람들이 비합리적이었던 것일까. 그렇지는 않았을 것이다. 아이러니하게도 일반 유권자들은 사실 그 관료들보다 클린턴의 거짓말을 알아차리기에 더 유리한 입장에 있었다. 왜일까? 워싱턴 정가는 국민을 상대로는 이따금 거짓말을 할 수 있지만, 관료들 서로에게는 거짓말을 하지 않는다는 가정 하에 운영된다. 클린턴은 이 무언의 규칙을 깼고, 그의 측근들을 놀라게 했다).

클린턴이 거짓말을 했다는 사실을 알고도 그를 지지하기로 한 대중의 결정은 일정 정도의 합리성의 증거가 될 수 있다. 대중은 그에게 실망하긴 했지만, 그의 잘못이 탄핵을 당할 만큼 크지는 않다는 것을 이해할 정도로 여전히 합리적이었다. 또한 대중은 클린턴의 정적들의 공격이 도를 넘었다는 것 또한 알고 있었다. 따라서 르윈스키 스캔들에서는 여러 가지 이야기가 뒤섞여 있다고 할 수 있다.

조지 W. 부시 행정부에 대해서는 그렇게 말할 수가 없다. 아프가니스탄 공격 말고 그가 잘 이끈 주요 계획을 생각해내기 어렵다(또한 토라보라Tora bora에서 오사마 빈라덴을 놓쳤기 때문에 아프가니스탄 공격도 진정한 성공이라고 볼 수 없다). 대중은 오랫동안 그 사실을 알아차리지 못하는 것 같았다. 또다시 9 · 11 같은 테러가 일어날까봐 두려워한 대중은 부시가 자신들을 안전하게 지켜주고 있는 것처럼 보이는 동안에는 그가 무슨 일을 하든 거의 신경 쓰지 않는 것 같았다. 유권자들이 안전에 신경 쓰는 것은 합리적이었지만 질문을 하지 않는 것은 비합리적이었다. 부시 취임 후 5년 내내 이런 식으로 모든 일이 진행되었다. 부시가 정부 초기에 다른 어떤 현대의 대통령보다 기자회견을 적게 하겠다고 결정했을 때 대중은 이의를 제기하지 않았다. 그가 받은 질의 대부분이, 정당에서 동원된 유권자들이 참여하는 연출된 행사에서 이루어진 것이라는 사실에도 사람들은 신경 쓰는 것 같지 않았다. 또한 사람들은 부시가 '분열시키는 자가 아닌 결속시키는 자'를 자처하며, 자신의 목적은 미국을 단결시키고 문화 전쟁을 무사히 통과하는 것이라고 주장하면서도, 동성 결혼 이슈를 이용해 나라를 분열시키고 자신의 정치적 기반을 다지고 있다는 사실을 깨닫지 못했다. 게다가 대중은 그의 감세 정책에 관한 가장 기본적인 사실조차 파악하지 못했다. 대부분의 혜택이 부유층에게 간다는 사실, 상속세 폐지로 이익을 얻는 쪽은 정부의 주장대로 가족농이나 영세 사업자가 아니라 상위 1퍼센트의 납세자라는 사실, 좋은 시기든(2000년처럼) 나쁜 시기든(2001년처럼) 감세가 만능 해결책처럼 쓰였다는 사실 등을 알아차리지 못한 것이다. 우리가 알듯 부시와 그의 핵심 정치 참모 칼 로브는 여론조사를 연구했다. 그럼에도 부시가 자신은 여론조사에 신경 쓰지 않는다고 주장했을 때 사람들은 그의 말을 믿었다.

우리가 자유롭기 때문에 우리의 적들이 우리를 미워하는 것이라는, 9·11 사태 이후 부시가 했던 주장은 어리석은 주장이었다. 그런데도 사람들은 그 말을 믿었다. 미국의 이라크 침공이 석유와 아무런 관련이 없다는 그의 주장은 완전한 코미디였다. 그런데도 국민 대다수는 그 말을 믿었다. 이 모든 거짓 정보 중에서 최악은 9·11 사태 당시 우리를 공격한 이들과 사담 후세인이 결탁했을지도 모른다는 암시였다. 미국 대중은 이 또한 믿었다. 심지어 언론의 압력에 못 이긴 부시 대통령이 카메라 앞에서 '9·11 사태와 사담 후세인이 연관이 있다는 증거는 없다'는 간단한 발표를 한 이후에도 마찬가지였다.

국민을 여러 차례 속인 부시는, 어떤 말과 행동을 해도 무사히 넘어갈 수 있을 것이라고 믿는 것 같았다. 그러나 2005년 가을, 한 번도 판사직을 수행한 적이 없는 해리엇 마이어스Harriet Miers를 대법관 후임으로 지명했을 때, 그는 속이는 것에도 한계가 있다는 것을 마침내 알았다. 중요한 사실은, 부시가 그녀를 미국에서 가장 노련한 법률가이자 최고의 적임자 중 하나라고 묘사했을 때 반발한 것이 일반 유권자들이 아니었다는 사실이다. 반론을 제기한 쪽은 보수 진영 사람들이었다.

어딘지 불분명한 한 정부 협의회가 아랍에미리트의 국영 회사인 두바이포츠월드Dubai Ports World에 미국의 6개 항만 운영권을 넘겨주는 거래를 승인했을 때, 대중은 부시 행정부에 강한 불만을 표했다. 9·11 사태로 인한 정신적 충격에서 여전히 벗어나지 못한 상태였던(이는 부분적으로 부시가 그들의 공포를 반복적으로 이용했기 때문이다) 국민들에게 이러한 제안은 무모하게(그것이 실제로 무모했든 아니었든 상관없이) 여겨졌다. 그러나 취임 후 5년 동안 부시가 대중의 질책을 받은 것은 그때가 유일했다.

대중을 이용하는 정치인들

설문조사에서 드러난 무지와 비합리성의 증거를 붙들고 고심한 최초의 정치학자 볼디머 올랜도 키 주니어V. O. Key, Jr.는 유권자들이 어리석지 않다고 주장했다. 그러나 그가 그런 주장을 한 것은 1960년대였다. 오늘날의 유권자들이 과거 유권자들에 비해 대체로 아는 것이 적다는 사실을 고려할 때, 그가 오늘날의 유권자들에 대해서도 동일한 믿음을 표명할지는 확실치 않다. 그뿐 아니라, 신문을 읽는 사람이라면 오늘날의 유권자들이 대체로 정치를 지나치게 단순화하고 있고, 그들의 투표와 견해가 피상적인 요인들의 영향을 받고 있다는 것을 알고 있다. 나중에 살펴보겠지만, 특히 텔레비전 시대에는 정치인이 주는 인상이나 느낌이 정치에서의 성패를 결정하는 요인이 될 수도 있다. 잘생기거나 예뻐야 할 필요는 없다. 그러나 호감을 주는 개성은 엄청난 자산이다. 리처드 닉슨처럼 이런 자산이 부족한 후보들은 지지를 끌어모으기 위해서 노골적으로 감정에 호소하는 전략을 통해 부족한 부분을 보완해야 했다. 그들은 비열하게 싸우고 두려움을 이용해야 한다. 로널드 레이건이 노골적으로 위기감을 조성하는 전략을 거의 쓰지 않았던 이유 중 하나는 그는 그럴 필요가 없었기 때문이다. 사람들은 그냥 그를 좋아했다. 비합리적이라고? 꼭 그렇지만은 않다. 지도자에게는 추종자가 필요한 법이고, 텔레비전 시대에 추종자를 끌어모을 수 있는 방법 중 하나는 사람들에게 호감 가는 개성을 보여주는 것이다. 무서운 도깨비를 찍는 유권자들이 있다면 그것이야말로 비합리적인 일일 것이다. 유권자들은 컴퓨터가 아니며, 그들이 컴퓨터가 아니라고 해서 그들을 열등하게 여겨서는 안 된다.

유권자들이 지나치게 컴퓨터처럼 행동할 위험은 거의 없다. 오히려 충분히 컴퓨터처럼 행동하지 않는 경우가 많다는 것이 문제다. 그들은 자신의 이익을 합리적으로 따지는 데 필요한 정보를 습득하지 않는다. 대개 그들은 그저 자신의 감정에 굴복한다.

정치인들은 유권자들의 이런 성향을 이용한다. 레이건의 날카로운 통찰 중 하나는, 세금을 대폭 인하하고도 대규모 적자를 낸 것에 대해 유권자들이 자신을 책망할까봐 걱정하지 않아도 된다는 것을 알았다는 것이다. 그가 중산층을 위한 프로그램을 축소해서 세입 부족분을 메우려고 하지 않는 한 유권자들은 그의 편에 섰다. 1984년 대선에서 민주당 후보 월터 먼데일Walter Mondale은 예산 부족을 쟁점화하려고 시도했다. 그러나 그는 아무런 성과도 보지 못했다. 민주당 후보 지명 수락 연설에서 먼데일은 재정적자가 너무 심각해서 이대로 두었다가는 경제에 해가 될 수도 있기 때문에, 자신이 되었든 레이건이 되었든 세금을 올려야 한다고 유권자들에게 말했다. "레이건은 말하지 않을 겁니다. 저는 말했습니다."

먼데일의 솔직한 행동에 대한 반응은 어땠을까? 여론조사 결과를 보면 처음에는 유권자들이 그의 솔직한 발언을 좋게 받아들인 것으로 보인다. 그러나 그 뒤 공화당에서 먼데일을 공격하기 시작했고, 몇 주 지나지 않아 여론은 바뀌었다. 먼데일이 사실을 말한 것은 맞지만, 유권자들은 '미국의 밝은 아침Morning in America(＊레이건 대통령의 1984년 대선 슬로건)'이라는 레이건의 장밋빛 이야기를 더 좋아했다. 재정적자는 어떻게 되었을까? 먼데일이 예측했듯 레이건은 마지못해 여러 번의 세금 인상에 동의해야 했다. 그러나 그것만으로는 충분하지 않았다. 1990년이 되자 적자는 거대한 괴물이 되었고 레이건의 후임인 조지 H. W. 부시 대통령은 그때껏 추진한 중 가장 큰 폭의 세금 인상을 승인해야 했다. 레이건이 회피한 문제와 맞붙은 보상으로 부시는 무엇을 얻었을까? 세금 인상은 그의 소속 정당인 공화당의 거센 반발을 불렀고, 2년 뒤 빌 클린턴에게 패한 원인 중 하나로 언급되었다.

1984년 선거가 있은 몇 년 뒤에 나는 텔레비전에서 먼데일을 보았다. 인터뷰 진행자는 그에게 아직도 세금을 올려야 한다고 인정한 것이 좋은 선택이었다고 생각하는지 물었다. "예, 그렇죠." 그는 방어적인 태도로 더듬거리며 말했다. 그의 대답을 들은 대담자는 놀라서 입을 다물지 못했다. 먼데일은 아직도 모르고 있었다! 유권자들은 진실을 원하지 않는다.＊ 그들이 무엇을 원하냐고? 바로 신화다.

■————————————1984년에 했던 먼데일의 솔직한 행동은 (역효과를 낳긴 했지만) 정치적 편의주의에서 나온 행동이었다는 점을 짚고 넘어가야 할 것 같다. 먼데일은 비평가들에게 특정 집단에 영합하려고 한다는 비난을 받았다. 그는 이 논란을 잠재울 속셈으로 세금 인상을 지지하는 강경한 입장을 취한 것이다.————

우리를
지배하는
국민 신화

사람들이 저쪽에 상상의 강이 있다고 믿는다면

거기에 강이 없다고 그들에게 말해줄 필요는 없다.

그 상상의 강 위에 상상의 다리를 놓아주면 된다.

● 니키타 흐루쇼프Nikita S. Khrushchyov

신화는 건국 초창기부터 우리 정치에 큰 역할을 했다. 공화국 초기에 일종의 국가적 접착제처럼 우리를 한 나라의 국민으로 뭉치게 만든 것은 조지 워싱턴 신화였다. 국가기관의 힘이 약하고 전통이 없는 나라에서 워싱턴 신화는 없어서는 안 되는 중요한 요소였다. 그가 신과 같은 존재가 아니었다 해도 우리는 계속 그를 신과 같은 존재로 여겼을 것이다. 독립 혁명과 남북전쟁 사이에 우리는 신화 만들기에 탐닉했고, 벤저민 프랭클린, 데이비드 크로켓David Crockett, 에이브러햄 링컨을 비롯해 두각을 나타낸 거의 모든 인물들을 전설적이고도 신화적인 인물로 바꾸어놓았다. 우리는 그들에 관한 이야기들을 서로에게 들려주고 우리 아이들에게도 들려주었다. 우리는 그것을 건국이라고 부르지 않았지만, 우리가 하고 있던 것은 바로 건국이었다. 우리는 신화를 통해 우리 자신과 우리의 가치를 정의하려는 시도를 하고 있었다. 이민자의 나라에는 공통의 혈통과 동족이라는 유대가 없었기 때문에 신화는 우리에게 특별히 더 중요했다. 우리가 진정으로 공유한 것은 신화가 전부였다.

우리의 정치가 부유한 백인 남성으로 이루어진 소수 엘리트의 지배

를 받던 1790년대와 1800년대 초에도 신화가 중요했다는 사실을 고려한
다면, 신화에 쉽게 영향을 받는다는 이유로 대중을 나무랄 수 없다는 것
은 분명하다. 미국 건국의 아버지들도 신화에 빠져 있었다. 그러나 존 애
덤스John Adams(*제2대 대통령)만은 아마 예외였을 것이다. 그는 자기 주변
에서 마주치는 신화 만들기를 터무니없는 짓이라고 맹렬히 비난했다(자
신의 기여가 과소평가되었다고 느꼈던 것이 그 비난의 부분적인 이유였다). 그러
나 많은 사람이 투표권을 갖게 된 1830년대 이후(재산 자격 요건이 폐지된
이후) 신화가 우리 정치의 원동력이 되었다는 것은 부정할 수 없는 사실이
다. 과거의 정치인들은 쟁점에 대해 공개적이고도 상세하게 대체로 높은
수준의 토론을 벌인 반면, 오늘날 정치인들은 신화를 끌어오는 일이 점점
더 많아졌다. 특히 현대에 와서 신화는, 상충되는 정보의 혼돈 속에서 헤
매는 유권자들이 그 혼돈을 헤쳐나가는 데 도움이 되기 때문에 절대적으
로 중요한 의미를 갖게 되었다.

　　내가 이 책에서 주목한 정치의 못마땅한 측면의 대부분은 전적으로
대중의 직접적인 선거 참여 때문에 발생한 것이다. * 쟁점에 관한 폭넓고
진지한 논의에 대중을 참여시키기 어렵기 때문에 정치인들은 가짜 이미

■───────────── 건국 초기의 정치는 완벽했다는 말은 아니다. 그 시절
에도 오늘날만큼이나 정치는 당파적이었고 국민은 형편없었다. 토머스 제퍼슨의 숭배자들이 너무
나 추잡한 방법으로 조지 워싱턴을 공격해서 조지 워싱턴이 자신이 소매치기나 다름없는 취급을
당했다고 불평했을 정도였다.

지, 슬로건, 노래, 횃불 행진, 과장된 미사여구 등에 의지하기 시작했다. 구경꾼들의 관심을 끌고 일종의 경탄스러운 경외감을 자아내기 위해서 열렬한 정당 지지자들이 거대한 치즈볼을 백악관으로 굴린 일도 있었다. 무엇보다 정치인들은 신화를 즐겨 사용했다. 미국식 자동 피아노에 신화를 집어넣어서 흘러나오는 소리는 유권자들의 귀에 음악처럼 들렸다.

　중요한 전환점으로 고를 만한 날짜는 얼마든지 많다. 그러나 꼭 하나를 골라야 한다면 가장 확실한 해는 1840년일 것이다. 한 슬로건으로 기억에 남은 대통령 선거가 있은 해다. 승자는 '티페카누와 타일러 모두 Tippecanoe and Tyler, too'(*티페카누 전투에서 승리한 윌리엄 헨리 해리슨이 존 타일러John Tyler를 러닝메이트로 삼아 출마한 1840년 선거운동의 슬로건이자 캠페인 송)라는 유명한 슬로건에 등장하는 티페카누, 즉 휘그당의 윌리엄 헨리 해리슨William Henry Harrison(*제9대 대통령)이었다. 이 선거가 슬로건을 내세운 최초의 선거는 아니었다. 그럼에도 이것은 아직도 사람들이 기억하는 최초의 선거운동 슬로건이다. 오늘날 "잭슨 장군(*제7대 대통령 앤드루 잭슨Andrew Jackson을 가리킴) 만세! 양키 타도Huzzah for Gen. Jackson! Down with the Yankees"라든가 해리슨의 상대 후보인 마틴 밴 뷰런Martin Van Buren(*제8대 대통령)에게 날린 교묘한 공격인 "마틴 밴 루인Martin Van Ruin"(*그의 재임 기간 중에 미국 경제는 극심한 불황에 빠졌다)을 기억하는 사람은 없다. 그러나 티페카누가 매력적인 슬로건에 힘입어 대통령 관저에 입성한 이후, 미국 대통령으로 당선된 모든 후보들의 승리 뒤에는 대중에게 흥분과 감동을 불러일으키기 위해 고안된 단순한 구절이 있었다.

　해리슨의 당선에는 다양한 슬로건 말고는 특별한 것이 없었다. 그는 한때 장군이었다는 것 말고는 대통령이 될 만한 자격을 갖추고 있지 않았다. 책을 집필한 적도 없고, 기억에 남을 만한 연설을 한 적도 없었다. 당시의 주요 쟁점에 대한 이렇다 할 입장도 없었다. 그의 참모들은 공공 집회에서 연설할 기회가 생기면 그가 실제로 무언가 말을 할까 봐 전전긍긍했다. 정당 지도부는 해리슨이 당선되면 대니얼 웹스터Daniel Webster나 헨리 클레이Henry Clay에게 사실상 정부를 맡기려는 계획을 세웠다. 클레이는 상원의원으로, 웹스터는 각료로 정부의 운영을 맡길 생각이었다. 휘그당 전낭대회에서 해리슨이 대통령 후보로 선출되었을 때 대의원들은 심지어 정당 강령도 작성하지 않기로 했다. 해리슨이 주로 내세운, 장군으로서 그가 세운 무공은 과대평가된 것이었다. 그는 30년 전 인디언들을 상대로 싸운 티페카누 전투에서 이긴 것을 빼고는 전투에서 공을 세운 적이 없었다. 티페카누 전투의 승리에 대해서도 많은 논란이 있었다. 그는 이 전투에서 부대원의 4분의 1 정도를 잃었다. 그러나 휘그당은 전쟁 영웅 앤드루 잭슨의 명성을 이용해 백악관 입성에 성공한 민주당의 전략을 그대로 모방해, 해리슨을 중심으로 1840년 선거운동을 펼치기로 결정했다. 민주당에는 그들의 전쟁 영웅이 있었고, 이제 휘그당도 자신들의 전쟁 영웅을 갖게 될 참이었다.

　대중의 참정권에 바탕을 둔 시스템이, 예전 시스템의 수준으로 오를 수 있을 것인가 하는 문제에 대한 결정적인 답은 그해 가을에 나왔다. 선거운동의 공허함은 실로 놀라웠다. 휘그당 쪽에서 나온 한 시에 당시 분위기가 완벽하게 담겨 있다.

어떤 이유도 까닭도 없다.
그러니 우리는 해리슨을 선택할 것이다.

선거운동 기간 초반의 희망찬 며칠 동안 반대 진영은 해리슨을 조롱해서 기를 꺾어야겠다고 생각했다. 볼티모어의 한 신문은 이렇게 주장했다. "그에게 사과술 한 통을 주고, 1년에 2,000달러씩 연금을 지급하라. 그러면 장담하건대 그는 통나무집 '석탄' 난로 옆에 앉아 윤리학을 공부하면서 여생을 자족하며 살 것이다." 민주당에는 안됐지만 그 모욕적인 말은 역효과를 일으켰다. 통나무집이 견실한 민주주의의 강력한 상징이 된 것이다. 그 이후 통나무집을 연상시키는 정치인이 되는 것은 모든 정치인들의 꿈이 되었다.

해리슨은 자신이 통나무집에서 태어났다고 주장했지만, 미국 독립선언서의 서명자였던 그의 아버지는 해리슨을 붉은 벽돌로 지은 고층 대저택에서 키우는 것이 좋겠다고 생각했다(버지니아주 제임스 강에 위치한 그 대저택은 지금도 방문객이 있을지 모른다). 여기서 후보가 거짓말을 하는 것은 아닌지 의심해보는 이는 없었다. 상대 후보인 마틴 밴 뷰런은 사실 가난한 집안에서 태어났는데, 당시 그의 정적들이 그를 마치 겉멋 부리는 엘리트주의자라는 식으로 그릇되게 묘사했다. 그러나 이 사실에 신경을 쓰는 사람도 없는 듯했다.

해리슨은 애석하게도 취임한 지 한 달 만에 사망했다. 잡학에 뛰어난 독자들은 아마 알고 있겠지만, 그는 역대 가장 긴 취임 연설을 했고 취임 선서를 한 그날 폐렴에 걸리는 바람에 가장 짧은 기간 동안 재임했다. 그러나 그의 당선은 19세기에 있었던 사건 중 미국 민주주의 비평에 있어 가장 중요한 사건으로 꼽을 수 있을 것이다. 해리슨이 어떻게 선거에서 승리하게 되었는지 그 과정이 중요하다. 거기다 텔레비전 광고를 포함한 여러 특징을 너해보면 현내 미국 정치 캠페인의 그림이 나온다. 통나무집 신화를 이용한 것은 그 실상을 잘 말해준다.

정치인들은 유권자들이 사실을 기다릴 수 있는 참을성이 없다는 것을 재빨리 알아차렸다. 신화는 사람들을 움직이지만, 사실은 그러지 못한다. 또한 신화가 너무나 강력하기 때문에 사실은 그에 비하면 아무것도 아니다. 만약 누군가가 FFVFirst Families of Virginia(*버지니아 개척 시대부터 있었던 오래된 가문)의 일원 중 한 사람인 해리슨을 데리고 와서 그를 대표자로 내세운다면, 불가능한 일이 없을 것이다. 그저 적당한 신화를 찾아서 선전하고 싶은 인물을 그 안에 끼워 넣기만 하면 된다.

가끔은 링컨처럼 인물과 신화가 잘 어울리는 경우도 있었다. 레일스플리터Rail Splitter(*통나무를 쪼개어 울타리용 가로장을 만드는 사람) 링컨

(이보다 더 빛나는 신화적 이미지가 있었을까?)은 실제로 나무를 쪼개 가로장을 만들었고 통나무집에서 태어났다. 그러나 언제나 신화는 그것이 드러내는 것보다 더 많은 것을 감추고 있다. 대통령 후보가 되었을 당시 링컨은 성공한 철도 전문 변호사였고, 개척자 출신인 자신의 뿌리에서 멀어진 지 오래였다. 다른 이들은 그의 가난했던 과거를 낭만적으로 그렸지만, 링컨은 절대 그러지 않았다.

대통령과 신화

오늘날의 정치 컨설턴트들은 다른 어떤 것보다 마음을 사로잡는 강렬한 이야기가 필요하다고 후보들에게 조언한다. 2004년에는 당시 잘 알려져 있지 않던 아이오와주의 주지사 토머스 빌색Thomas Vilsack이 부통령 후보로 잠시 거론된 적이 있다. 고아임에도 자수성가한 인물이라는 그의 이력이 『뉴욕타임스』에 실렸기 때문이다. 더 자세한 사연이 알려지자 그의 매력은 한층 더 커졌다. 빌색을 입양한 어머니는 알코올중독자였고 그를 학대했지만 그는 나중에 양어머니와 화해했다. 빌색의 아버지는 가산을 탕진했다. 빌색이 불우한 환경을 딛고 일어서기 위해 했을 그 가상한 노력을 깎아내리고 싶어 하는 사람은 없을 테지만, 이 이야기에는 오프라이즘Oprahism(*인생의 성공 여부가 온전히 개인에게 달려 있다는 뜻으로 오프라 윈프리Oprah Winfrey의 이름에서 따온 말)이 다소 강하게 엿보였다. 그러나 대

4장 우리를 지배하는 국민 신화

중정치의 요구를 고려할 때 이것이 불리한 점이라고는 할 수 없다. 만약 오프라가 빌색을 자신의 토크쇼에 초대해서 그의 이야기를 들려줄 기회가 있었더라면, 어쩌면 존 케리의 러닝메이트로 존 에드워즈John Edwards 대신에 빌색이 출마하게 되었을지도 모를 일이다.

　대통령과 관련된 신화에서 가장 흔한 것이 빌색의 사례처럼 밑바닥에서 시작해 성공을 거두거나 무일푼에서 부자가 되는 이야기다. 대통령들은 대체로 가난한 집안에서 태어나지 않았다는 점에서 이것은 흥미로운 사실이다. 역사가 에드워드 페슨Edward Pessen의 상세한 연구에 따르면, 대통령의 4분의 3이 상위 중산층이나 상류층 출신이다. 미국에서 가장 큰 부자였던 조지 워싱턴부터 시작해서 많은 대통령들이 대단히 부유했다. 그러나 부유한 집안에서 태어난 불행이 고위 관직에 오르는 데 장애가 되는 일은 거의 없었다. 부자들이 평범한 시민처럼 행세하는 것은 놀랍도록 간단했다.

　그런 노력을 하지 않은 대통령 중 하나가 프랭클린 루스벨트였다. 그는 자신의 부와 물려받은 지위를 아무렇지도 않게 과시했다. 파이프 담배를 사용한 것도 자신과 서민들 사이에 차별을 두려는 의도처럼 보인다. 과연 현대 정치인 중에 망토를 몸에 걸친 정치인이 또 누가 있었을까? 그의 목소리조차 상류층의 목소리로 느껴졌다. 그의 노변정담fireside chat(*프랭클린 루스벨트 대통령의 라디오 연설을 말하며, 난롯가에서 정담情談을 나누는 듯한 친밀감을 불러일으킨 데서 붙여진 이름)을 듣고 있노라면 누구라도 훌륭한 교양을 갖춘 남자의 목소리라고 생각할 수밖에 없었다. 그러나 프랭클린 루스벨트에게는 소아마비를 이겨낸 사연이 있었다. 그 사연 덕분에 대중은 그에게서 인간적인 모습을 발견했다. 그는 가난을 이겨낼 필요는 없었을지 모르지만 발가락 두 개를 움직일 수 있을 때까지는 몇 년이 걸렸다. 대중은 그의 병이 얼마나 심각한지 몰랐고 그 병 때문에 그의 다리가 불구가 되었다는 사실도 몰랐지만, 그가 혹독한 시련을 겪었다는 사실만큼은 잘 알고 있었다. 한때는 자신만만하고 고결하게만 보였던 그가 이제는 위기에 맞닥뜨려 그것을 겪어낸 평범한 사람으로 다가왔다. 마치 소아마비를 이겨냈듯, 루스벨트는 대공황을 이겨낼 수 있도록 미국을 이끌 지도자처럼 느껴졌다.

다른 미국 정치인들에게는 그 정도로 좋은 이야깃거리가 없었다. 프랭클린 루스벨트의 사촌 시어도어 루즈벨트(*제26대 대통령)는 어린 시절 천식을 이겨낸 이야기와 쿠바 산후안 언덕San Juan Hill(실은 케틀 언덕Kettle Hill)을 오른 이야기로 만족해야 했다. 존 F. 케네디는 제2차 세계대전에서 자신이 지휘하던 어뢰정 PT-109가 침몰한 이야기를 부풀려야 했다. 조지 H. W. 부시는 돼지껍질로 된 스낵pork rinds을 먹었다고 자랑하는 지경까지 갔다. 그의 아들은 자신의 이미지를 투박한 시골뜨기로 만들었다. 미국 최대의 케첩 회사 하인즈가※의 일원이었던 전 남편에게 막대한 유산을 상속받아, 미국에서 가장 부유한 여성 중 한 명이 된 여성을 아내로 맞은 존 케리는 건초 더미 앞에 서 있는 자신의 모습을 사진에 담았다(아내의 대저택은 일부러 보이지 않게 했다). 뉴욕 파크 애비뉴에 있는 아파트에서 자란 하워드 딘은 아이오와주에서 한 연설에서 자신과 그 자리에 있던 농부들을 가리켜 "우리 시골 사람들"이라고 불렀다.

굉장하지 않은가? 풍자 작가 존 키츠John Keats가 말한 것처럼, 캐딜락은 캐딜락이고 고물차는 고물차인 중고차업계가 더 정직하다는 생각이 들 만도 하다. 그러나 잠시 우리의 양심을 제쳐두고 전형적인 선거운동의 장면을 객관적으로 살펴본다면, 우리는 후보자들의 재주에 감탄할 수밖에 없다. 이것은 미국 정치의 대단히 경이로운 부분이다. 한때 부자들이 대중에게 투표권이 가는 것을 두려워했다는 사실을 생각해보면, 과거로 시산 여행을 가서 그들에게 상황이 어떻게 되었는지 알려주고 싶은 마음이 간절해질 것이다. 그들이 놀라지 않겠는가! 경제학자들이 '대압착great compression(*1933~1960년대 소득 격차가 크게 줄어든 시기)'이라고 부르는, 부자들의 세금이 높았던 시기를 제외하면 투표를 통해 부자들의 부를 몰수하는 데 미국인들이 전혀 관심이 없었다는 것은 판명되었다. 대중이 정치인에게 주로 요구하는 것은 평범하게 보이는 것, 즉 정치인들이 자신들과 같은 사람으로 보이는 것이다.

조지 W. 부시가 자잘한 사고로 휘청거릴 때마다 매번 그를 도와준 것은, 대중의 마음을 움직인 시골뜨기 대통령이라는 그가 직접 만든 신화였다. 그는 텍사스주 크로퍼드에서 휴가를 보냈다. 허리에는 웨스턴 스타일의 큼직한 버클이 달린 벨트를 찼다. 예일대학교 학생들에게 자신의 평균 학점이 C였다고 자랑했다. 틀린 어법을 사용했다. 살아 있든 죽었든 오사마 빈라덴을 꼭 잡고 싶다고 털어놓기도 했다. 또한 그라운드 제로 Ground Zero(*9·11 사태로 파괴된 세계무역센터가 있던 자리)에서 한쪽 팔을 한 소방관의 어깨에 자연스럽게 두른 채 확성기에 대고 우리가 복수할 것이라고 선언했다.

그는 정말로 바보였을까 아니면 그저 그런 척 했던 것일까? 그가 정말 바보라는 것을 보여주는 책들이 대단히 많이 출간되었다. 그러나 집에서 텔레비전을 통해 자신을 지켜보는 사람들에게 자신이 그들과 같은 사람이라는 것을 납득시키기 위해, 고의적으로 자신의 메시지를 지나치게 쉽고 단순하게 표현해서 이미지를 새롭게 만들었을 가능성은 없을까? 초창기부터 그의 경력의 큰 위험은 사람들에게 바보로 인식되는 것이 아니라, 그가 가진 엘리트적 배경과 교육 때문에 보통 사람들이 그를 좋지 않게 볼 수도 있다는 것이었다. 그가 하원의원으로 첫 출마했던 1978년 당시 텍사스 서부 제19선거구의 유권자들이 그랬다. 눈부신 학력(앤도버 Andover[*미국 동부의 명문 사립 고교], 예일대학교, 하버드 경영대학원)의 미국 최고의 정치 명문가 출신 남성이 서민들에게 인기 있는 정치인이 되었다는 것은 참으로 놀라운 일이다. 프랭클린 루스벨트나 존 F. 케네디 같은 과거의 귀족적인 대통령들은 자신들이 일반 국민에게 동질감을 느낀다는 것을 그들이 믿게 만들었다. 유일하게 부시만이 국민들에게 그가 한 사람의 일반 국민이라는 확신을 주는 데 성공했다.

겉보기에는 대단하지 않은 부시 대통령의 처신 뒤에 뛰어난 지성인의 두뇌가 존재한다는 말을 하려는 것은 아니다. 우리는 전 재무장관 폴 오닐Paul O'neill을 비롯해, 관련자들의 진술을 통해 부시 대통령이 행정부가 추진한 여러 정책의 세부사항에 무심했다는 것을 알고 있다. 반면『뉴욕타임스』의 보수 성향 칼럼니스트인 데이비드 브룩스David Brooks 같은 몇몇 믿을 만한 사람들은, 부시 대통령이 대체로 공개 석상에서보다 사석에서 훨씬 더 아는 것이 많아 보였다고 증언했다.

'국민'은 과연 누구인가

정치인들이 그토록 동질감을 느끼고 싶어 하는 '국민'이란 대체 누구일까? 이 책에서 나는 정치인을 제외한 나머지 모든 사람들을 지칭하는 뜻으로 이 단어를 넓게 사용했다. 특별히 신화화된 국민의 개념을 암시하는 경우가 아니라면 말이다. 그러나 대부분의 사람들은 국민이라는 단어를 사용할 때 그 신화화된 개념을 머릿속에 떠올린다. 그들에게 국민이란 중산층의 평범한 사람들로 구성된, 제멋대로 뻗은 빨간색과 하얀색, 파란색의 집합체 같은 것이다. 그러나 그들이 정말로 머릿속에 누구를 떠올리는지 너무 깊게 묻지 않는 편이 좋을 것이다. 왜냐하면 그들도 확실히 모르기 때문이다. 동네 이발사는 국민에 속할까? 물론 그렇다. 상점 주인은? 물론이다. 그렇다면 길 아래 자동차 영업소나 중심가의 길모퉁이에 있는 은행을 경영하는 사람들은 어떨까? 여기에서 문제가 복잡해진다. 사람들은 그들이 국민에 포함될 만하다고 생각하지 않을 수도 있다. 그러나 그들은 자신이 국민에 포함된다고 생각하고, 최고급 주택가의 으리으리한 저택에 살고 있다 해도 여론조사 요원에게는 자신이 중산층이라고 대답한다. 요컨대 미국인들은 설령 자신이 가진 부와 권력이 평범한 사람들과 확연한 차이가 난다 하더라도, 스스로를 국민을 구성하는 특별히 뛰어난 일원으로 여기고 싶어 한다. 우리 사회에는 분명 계층이 있음에도 우리는 대개 그렇지 않다고 여기고, 사회적 이동성이 대단히 커서 재능이 있는 누구라도 열심히 노력하기만 한다면 정상에 오를 수 있다는 환상을 품는다.

솔직하게 말해보자. 미국인들이 사용하는 국민이란 용어는 대체로 의미 없는 단어다. 이 단어는 어떤 특정한 인구 특성에도 들어맞지 않는다. 국민은 가난하기도 중산층이기도 하며, 젊기도 하고 나이가 많기도 하다. 다시 말해 국민은 모든 사람들이고 따라서 특정한 어느 누구도 아니다. 오늘날 국민의 개념은 이러하고, 건국 이후에도 이러했다. 제임스 매디슨James Madison(*제4대 대통령)은 사석에서 국민이라는 것은 없다고 인정했다. 미국은 단일한 하나의 덩어리가 아니고, 어떤 한 집단이 대표성을 가진다고 할 수도 없으며, 다수는 끊임없이 바뀐다. 헌법이 "우리 국민We the People"의 이름으로 공포되었다 해도, 국민이라는 개념은 헌법을 기초한 이들의 상상에서 나온 허구였다. 그것은 수많은 이해관계가 서로

충돌하는 미국 같이 큰 나라에서는 존재할 수 없는, 단일한 공공의 이해
관계가 존재한다는 것을 전제로 한 개념이었다. 매디슨이 가장 날카롭게
꿰뚫어본 사실 중 하나는 이해관계의 다양함이 장애가 되는 것이 아니라
오히려 모두의 자유를 지키는 데 도움이 될 수 있다는 것이었다. 다수의
이해관계가 서로 다툴 경우 어느 하나의 이해가 지배할 수 없다는 것이
다. 그러나 공개 석상에서 매디슨은 그렇게 솔직할 수 없었다. 역사가 조
지프 엘리스Joseph Ellis에 따르면 버지니아에서 열린 헌법 비준회의에서
매디슨은 헌법에 언급된 '국민'은 다양한 주의 사람들을 일컫는 것이라
주장했다. 이것은 순전히 임기응변이었다. 버지니아의 반연방주의자들
의 지도자인 패트릭 헨리Patrick Henry는, 헌법 초안자들이 국민을 대표한
다고 주장하며 계획적으로 주의 권한을 약화시키는 일에 착수했다고 비
난했다. 매디슨의 대응은 헨리 같이 생각하는 이들의 우려를 가라앉히기
위해 특별히 준비된 것이었다.

그처럼 매디슨은 대단히 탄력적인 '국민'이라는 막연한 단어의 유
용성을 발견한 최초의 정치인 중 하나였다. 그 이후로도 정치인들은 국민
이라는 단어를 유용하게 썼다. 앨 고어의 선거 슬로건인 '국민 대 권력자
The People versus the powerful'를 기억하는가? 그 슬로건이 무척이나 마음에
든 존 케리는 4년 뒤 그것을 재활용했다. 모든 정치인들은 자신이 국민을
대표한다고 주장한다. 정치인에게 그 단어(그냥 국민이 아니라 미국 국민)는
포퓰리즘 색채가 가미된 전형적인 일회성 문구다. 그 단어를 반복해서 사

용하는 정치인들은 십중팔구, 모두가 그 단어를 쓰기 때문에 자신도 습관적으로 쓰는 것이다. 사회보장제도를 무너뜨리고 싶어 하는 보수 성향 정치인들도, 그것을 지키고 싶어 하는 진보 성향 정치인들도 모두 이 단어를 쓴다. 1968년에 린든 존슨 대통령은 베트남 전쟁에 찬성하는 연설을 했고, 상원의원 유진 매카시Eugene McCarthy는 베트남 전쟁에 반대하는 연설을 했는데, 두 사람 모두 연설에서 국민의 지혜에 대한 믿음을 표명했다.

유진 매카시(민주당 대선 후보 지명을 받기 위해, 현직 존슨 대통령과 경쟁한 뉴햄프셔주 예비선거에서 좋은 성적을 거둔 후): "많은 사람이 우리 시스템은 이런 종류의 도전을 책임질 수 없으며, 지금의 민주주의는 국민의 뜻을 모아서 현재 진행 중인 정책에 맞서 이 정책이 잘못되었고, 뭔가 조치를 취해야 한다고 주장할 힘이 없다고 말했습니다. 네, 우리는 국민을 그 시험대에 올렸고, 저는 분명히 우리 국민이 그 시험을 통과했다고 생각합니다."

린든 존슨(뉴햄프셔 예비선거에서 매카시가 보여준 놀랍도록 강력한 기세에 눌려 1968년 대선에 출마하지 않겠다고 발표한 연설에서): "저는 10년 전과 마찬가지로 지금 세대의 미국 국민들도 '자유를 지키고 키워가기 위해 어떤 대가도 치를 것이고, 어떤 짐도 짊어질 것이며, 어떤 고난도 감당하고, 어떤 우방도 지원하며, 어떤 적과도 맞서 싸울 것'이라고 믿습니다.

존 F. 케네디가 이 말을 한 이후로 미국 국민은 인류의 가장 숭고한 대의

와 맺은 맹약을 지켜왔습니다. 우리는 앞으로도 그 약속을 계속해서 지

킬 것입니다."

"미국 국민!" 의미 없는 구절이긴 해도 멋진 말이다.

5장

국민에게
권한을
넘기다

평범한 사람의 평범한 머리만큼 믿을 만한 것은 없다.

● 영화 〈군중 속의 얼굴A Face in the Crowd〉 중
　래리 '론섬' 로즈Larry "Lonesome" Rhodes의 대사

1950년대와 1960년대, 대중이 대단히 무지하고 비합리적이며 우리 정치가 신화에 의해 이끌려가고 있다는 증거가 축적되기 시작하던 바로 그 시기에, 정치 시스템은 과거 어느 때보다 대중에게 직접적인 지배권을 주는 방향으로 재편되었다는 사실은 우리 시대의 기이한 현상 중 하나다.

이런 변화를 불러온 주된 요인은 나날이 증가한 여론조사 활용이었다. 현대적인 정치 여론조사가 정착하기 전에는 대체적인 의견을 제외하고는 여론이 어떤지 알 방법이 없었기 때문에, 워싱턴 정가는 결정을 내릴 때 여론을 고려할 수 없었다. 압도적인 승리가 예상되는 선거가 아닐 때도 투표 결과를 어느 정도 정확하게 예측할 수 있게 된 것은 1950년대가 되어서였고, 그 이후에도 여론조사의 예측이 빗나가는 일은 있었다. 1936년에 『리터러리 다이제스트Literary Digest』가 실시한 여론조사는 대표적인 여론조사 실패 사례로 알려져 있다. 많은 사람이 전화가 없던 시절에 무작위 조사 연락처 목록을 만들기 위해 전화번호부를 이용하는 실수를 저질렀고, 앨프 랜던Alf Landon이 프랭클린 루스벨트를 누르고 대통령으로 당선될 것이라는 결론을 내렸던 것이다. 그 후로 여론조사 방법은 개선되었다. 일단 여론을 과학적으로 파악하는 것이 가능해지자 아무도 그것이 파악해야 하는 것인지 당위를 묻지 않았다. 여론조사는 당연히 해야 하는 일로 여기게 되었다. 오늘날은 대중이 무엇을 생각하고 느끼고 두려워하고 바라는지를 말해주는 새로운 여론조사가 한 주도 빠짐없이 쏟아져 나온다. 구글에서 '정치 여론조사political polls'를 검색하면 1초도 안 되서 수많은 검색 결과가 나올 것이다. 내가 2007년 11월 12일에 검색해봤을 때는 약 180만 개의 링크가 표시되었다.

오늘날의 여론조사는 관심이 뜨겁거나 시들한 쟁점이 무엇인지, 누가 부상하고 누가 하락세인지, 상황이 어떻게 전개되고 있는지 등을 우리에게 알려주면서 국가적 의제에 지대한 영향을 끼친다.

예전의 미국 정치이론Theory of American Politics: TAP은 단순한 편이었다. 미국은 버스와 같았다. 국민은 운전기사에게 어디를 가고 싶은지 말할 수 있었다. 어쩌다 운전기사가 길을 잘못 도는 것이 보이면 소리를 지를 수도 있었다. 게다가 국민 중 누구라도 (약간의 운과 특수 이익단체의 재정적 지원이 있다면) 직접 운전기사가 될 수도 있었다. 그러나 국민이 실제로 언제 브레이크를 걸고, 언제 멈춰야 하는지, 언제 속도를 줄이거나 높여야 하는지, 운전기사에게 지시해야 한다는 이야기는 단 한 번도 나오지 않았다. 이런저런 수많은 결정은 운전기사에게 맡겼고, 운전기사는 완벽하지는 않더라도 능숙하게 버스를 몰 수 있을 만한 감각을 가지고 있다고 국민들은 여겼다.

그것이 미국 정치이론이었다. 지금은 개정된 미국 정치이론Theory (Revised) of American Politics: TRAP이 등장했다. 개정된 미국 정치이론은 국민이 운전기사에게 어디로 가야 하는지 뿐 아니라 언제 멈추고 출발해야 하는지, 언제 신호를 보내고 보내지 말아야 하는지 등을 지시해야 한다는 것이다. 게다가 때로 분위기를 봐서 운전기사에게 소리를 지르기만 하는 게 아니라 3억 인구가 혹은 그들 중 상당수가 실제로 운전대를 잡고 직접 그 빌어먹을 버스를 운전하려 들지도 모른다. 만약 그런 상황이라면, 굴러가던 차가 방향이 바뀌고 흔들리는 것 같더니 갑자기 도로를 벗어나버린다 해도 어쩔 수 없는 일이다.

이것은 국가를 운영하는 이상한 방법이다. 대중의 관심을 끄는 문제들이 그다지 중요하지 않은 문제일 때가 많기 때문이다. 어느 때는 폭력 조직 두목의 재판이었다가 또 어느 순간에는 한 범고래의 죽음으로 바뀔지도 모른다. 우리는 이처럼 크게 중요하지 않은 문제는 다루면서도 정작 중요한 현안은 다루지 않는다. 범고래나 대통령의 성생활에 대해서는 누구라도 의견을 가질 수 있다. 하지만 예산 부족이나 국가 안보에 대한 사려 깊은 의견에 도달하기 위해서는 지식과 숙고가 필요하다. 그 결과 우리는 대체로 이런 주제는 건너뛰고, 나라 전체가 별 의미 없는 것들에 매달린다.

국가 운영에 대한 이런 식의 접근법이 얼마나 김빠지는 것인지 알기 위해서, 재미있어 보이는 보고서만 읽는 CEO에게 어떤 일이 일어날지를 생각해보라. 그가 자신의 자리를 오래 지킬 수 있을까? 당연히 아닐 것이다. 만약 주주들이 회사의 주가가 급락하는 것을 지켜볼 마음의 준비가 되어 있고, 회사 직원들도 실업자 신세가 될 준비가 되어 있는 것이 아니라면 말이다. 현실에서라면 상황이 손쓸 수 없이 나빠지기 전에 이미 그 CEO는 해고되고 새로운 사람이 기용될 것이다.

우리가 미국 국민을 해고할 수는 없다. 따라서 공적 논의의 수준을 높이기 위해 뭐든 해야 한다. 그렇지 않는다면 어렵고 복잡하고 지루한 문제들은 점점 더 높이 쌓여갈 것이다. 또한 워싱턴의 정치인들은 매주 자신들이 어떻게 생각하고 느끼고 두려워하고 소망해야 하며 우리를 어떻게 다스려야 하는지 알기 위해, 여론조사를 바탕으로 대중이 무엇을 생각하고 느끼고 두려워하고 바라는지를 예측할 것이다.

여론조사 공화국

내가 이 부분을 쓰기 시작한 2006년 봄에는, 미국의 곳곳에서 휘발유 값이 급등해 1갤런(약 3.78리터)에 3달러를 넘었다. 미국 국민이 가장 우려하는 것들 중 하나가 고유가라는 여론조사 때문에(『월스트리트 저널』과 〈NBC 나이틀리 뉴스NBC Nightly News〉 여론조사에 따르면 이란의 핵 프로그램(2위), 불법 이민(3위), 심지어 이라크전(4위)마저 제치고 미국인들의 45퍼센트가 고유가를 미국의 가장 큰 근심거리로 꼽았다) 대통령과 의회 양쪽 모두 유가에 관심을 기울이고 있다는 것을 보여주기 위해서 즉각적 조치를 취했다 (선거가 있은 해였다). 2006년 4월 25일 화요일에 부시 대통령은 ①전략비 축유 구매 잠정 중단, ②휘발유 제조에 대한 환경 규제 완화, ③가격 조작 여부 조사 등의 조치를 취하겠다고 발표했다. 2006년 4월 27일 목요일에 로이터 통신은 공화당 상원의원들이 "휘발유 가격 급등의 충격을 완화하기 위해 납세자들에게 100달러짜리 수표를 제공하고 유류세를 한시적으로 면제하자"는 제안을 했다고 보도했다. 언론은 즉각적으로 이런 조치 중 어떤 것도 대세에 영향을 주지는 못할 것이라는 의구심을 표명했다. 『뉴욕타임스』는 "석유 전문가들은 사실상 대통령이 휘발유 가격에 영향을 끼칠 능력이 거의 없다고 보고 있다"고 보도했다. 석유 시장 분석가 필 플린은 NBC 뉴스에서 이렇게 말했다. "모든 소소한 조치들이 도움이 되겠지만, 이것만큼 도움이 크게 안 되는 것도 없습니다." 플린에 따르면 부시가 취한 조치로는 기껏해야 하루에 미국 전체 석유 총량에서 약 1만 5,000배럴 정도를 늘릴 수 있었다. 미국인이 하루에 2,100만 배럴의 석유를 사용한다는 것을 고려하면 얼마 안 되는 양이다. 그러나 중요한 것은 대중에게 뭔가를 하고 있다는 것을 보여주는 것이었다. 가격 상승을 이끄는 근본적인 힘을 실질적으로 제어할 수 있는 현명한 정책을 실행하는 것이 아니었다. 또한 워싱턴의 어느 누구도 높은 휘발유 가격이 절실한 과제인 환경보존운동을 적극적으로 벌이는 계기가 될 수 있다는 말은 하지 않았다.

환경보호론자들은 우리의 과도한 석유 소비로 인해 나라에 닥칠 위기에 대해 수년 간 목소리를 높여 왔다. 그러나 대중이 그 문제에 무관심했기 때문에 워싱턴의 정치인들 또한 그 문제에 무관심했다. 더 심각하게는 그 문제를 직시하는 것을 두려워했다. 어떤 방법을 쓰든 수요를 억제하기 위해 에너지에 부과하는 세금을 인상하는 게 불가피할 것이 분명했다. 제정신인 정치인들은 정치적으로 치명적인 그 벌집을 건드리려고 하지 않았다.

만약 여론조사가 없었다면 2006년 4월, 워싱턴의 정치인들은 과거 방식대로 대응했을 수도 있었을 것이다. 그들은 일화逸話적 증거를 통해 휘발유 값 상승이 대중의 관심이 매우 높은 사안임은 확신했을 것이다. 그럼에도 여론조사가 일반화되기 전이었다면 워싱턴 정가는 자신들의 시간표에 따라 더 자유롭게 상황에 대응했을 수도 있다. 오늘날 워싱턴 정가는 거의 매일같이 나오는 새로운 여론조사 때문에 즉각적으로 대중의 관심사에 반응해야 한다. 깊이 숙고해본다면 더 적합한 다른 정책이 있을 수 있더라도 정치인들은 자신의 참모들이 즉석에서 구상해낸 정책에 전념한다. 분명 더 민주적인 과정을 거치게 되었지만 이것이 과연 신중한 과정인지는 의문이다.

대중은 예상치 못한 상식을 보여주면서 정치인들이 내민 해결책을 거부했다. 대중은 부시의 무계획적인 계획을 있는 그대로 알아보았고, 그의 지지율은 더 떨어졌다. AP 통신과 여론조사기관 입소스IPSOS가 2006년

5월 5일에 발표한 여론조사에 따르면 부시의 '고유가 대책'에 대한 지지율은 23퍼센트로 최저 기록을 경신했다. 국민에게 100달러짜리 수표를 써주자는 공화당 상원의원들의 계획은 자유주의자와 보수주의자 모두의 비웃음을 샀다. 러시 림보는 자신이 진행하는 라디오 프로에서 상원의원들이 "우리를 매춘부 취급하고 있다"고 청취자들에게 말했다. 이 계획은 발표된 지 5일 만에 철회되었다.

여론조사가 미국 정치에서 워낙 큰 부분을 차지하다 보니, 이제는 대통령들이 여론조사 전문가를 백악관 직원으로 고용하기도 하고, 뉴스 프로그램의 첫머리에서 여론조사 결과를 보여주며 시작하기도 한다. 일반인에게는 의복이 자신을 드러내는 척도일 수 있다. 그러나 정치인에게 중요한 것은 자신에 대한 여론조사 수치다. 만약 그 수치가 오르면 그는 세상의 꼭대기에 앉아 관심과 존경을 한 몸에 받을 수 있다. 수치가 떨어지면 답신 전화를 받는 것도 어려워질 것이다. 2006년 초 부시 대통령의 여론조사 지지율이 35퍼센트로 떨어지자 공화당원들은 그에게서 거리를 두기 시작했다. 심지어 한 공화당 후보는 자신을 위한 모금 행사에 부시 대통령이 모습을 보이자, 또 다른 일정이 있다는 사실이 갑자기 생각났다면서 자리를 떴다고 한다.

예전에는 여론이(분명하든 분명치 않든) 이렇게 널리 알려지지 않았다. 또한 예전에는 정치 지도자들은 오늘날의 지도자들처럼 여론을 충실히 좇지도 않았다. 여론조사를 국가적 논의의 시작점이 아니라, 마치 모세가 직접 한 말인 양 최종 결정으로 여기는 일도 많다. "미국 국민은 이미 결정을 내렸다." 영장 없이 특정 전화를 감청하겠다는 대통령의 결정을 다수의 미국인들이 찬성한다는 여론조사를 언급하면서, 부통령 딕 체니가 2006년 3월에 한 말이다. "그들은 대통령의 결정에 동의한다." 체니가 던진 무언의 메시지였을까? 일단 국민이 여론조사를 통해 자신들의 견해를 분명히 밝히자 공개적인 비판은 부적절한 것이 되어 버렸다. 결국 민주당원들은 부시 대통령에 대한 비판을 당장 멈춰야 했다. 그들이 무엇을 근거로 반대 의견을 내놓고 불만을 말할 수 있겠는가? 민주당원들은 뒤로 물러났다(여론의 노예는 체니가 아니라 민주당원들이었다).

그렇다고 정치인들이 여론조사 결과와 반대 입장에 서는 일이 좀처럼 없다는 말은 아니다. 연구에 의하면 정치인들은 반대 입장에 서도 괜찮을 것 같다고 느낄 때는 자주 그런 입장을 취한다. 정치인들의 입장과 여론조사 결과의 격차에 관한 한 연구에서 1970년대보다 1981년에서 1993년 사이에 그 격차가 더 큰 것으로 나타났다. 그 원인은 다양하다. 지금은 현직을 유지하는 걸 당연하게 여기기 때문에(재선에 실패할까봐 걱정하는 의원은 많지 않다) 여론조사에 따라야 한다는 압력이 덜하다는 게 한 가지 이유가 될 것이다. 아니면 연구 자체가 완전하지 못했을 수도 있다. 격차를 측정하는 것은 어렵기 때문이다.

정치인들이 하는 말들로 미루어 볼 때, 끝없이 쏟아지는 여론조사는 정치인들에게 엄청난 부담이 되고 공무의 즐거움을 앗아가는 것 같다. 정치인들은 중요한 집단이 자신에게서 멀어지는 위험을 피하기 위해 걸음 걸이도 조심해야 한다. 그 집단이 환멸을 느끼면 그것은 거의 혈압계만큼 이나 정확하게 그 즉시 측정되기 때문이다(4점이 올랐다거나 내렸다는 식으로). 그런 상황에서 정치인은 포위된 듯한 기분을 느낄 때가 많다. 그렇지 만 어떤 대안이 있겠는가? 빌 클린턴이 어디로 휴가를 떠나야 할지에 대해 여론조사를 한 것은 놀랄 일이 아니다. 여론조사를 실시해서 사람들의 생각을 알아낼 수만 있다면, 설령 여론조사가 자신의 힘을 약하게 만든다 하더라도 실시하지 않을 이유가 있겠는가? (또한 힘을 약화시키는 효력은 대중이 그 여론조사 결과에 대해 알게 될 때만 발생한다.)

여론조사가 뿌리를 내린 것과 때를 같이해 예비선거(*프라이머리 primary, 당원뿐 아니라 일반 유권자들도 투표에 참여해 대통령 후보 지명 전당대회에 나갈 대의원을 선출하는 선거)도 뿌리를 내렸다. 예비선거 역시 일반 유권자들에 힘을 더했다. 예비선거가 전국적인 차원에서 최초로 도입된 것은 1912년 선거였다. 혁신주의 개혁파의 주장으로 도입되었고 제한된 방식으로 실시되었다. 하지만 정당 지도부가 재빨리 반격에 나서면서 예비선거는 중단되었다. 1950년대에 새로운 개혁파가 예비선거를 다시 주장하고 나섰고, 시간이 흐르면서 예비선거는 미국 정치에서 하나의 과정으로 정착했다. 1960년에는 대통령 후보를 지명하는 전당대회에 참석할 대의원들의 40퍼센트 미만을 예비선거에서 뽑았다. 1968년에는 대의원의 거의 절반을 예비선거에서 뽑았다. 1968년 시카고 민주당 전당대회 폭력

사태는 맹렬한 변화의 시기가 왔음을 알렸다. 오랜 관행을 따르는 당 지도부의 지원으로 휴버트 험프리Hubert Humphrey가 민주당 후보 지명에 성공한 것에 몹시 격분한 개혁 세력은, 일반 대의원들의 수와 힘을 키우기 위해 규칙을 바꿨다. 1976년에는 대의원의 70퍼센트를 예비선거에서 뽑았고, 1992년에는 85퍼센트 이상으로 늘렸다. 정당 지도부가 정당의 후보를 선택하는 것이 아니라 이제는 유권자들이 후보를 뽑게 된 것이다. *

대중의 힘이 민주주의에 도움이 될까

또 다른 민주적 발전으로는 주민 투표와 주민 발안이 늘고 있다는 것을 들 수 있다. 이 또한 혁신주의 시대Progressive Era(1890~1920년)에 그 기원을 두고 있지만, 보편화된 것은 우리 시대에서다. 2006년에만 20개가 넘는 주에서 시민이 발의한 81건의 법안이 표결에 부쳐졌다. 또한 입법부가 이민에서 세금, 심지어 외교정책에 이르기까지 온갖 종류의 주제에 관한 시책을 유권자들 앞에 직접 제시하는 일도 점점 더 많아지고 있다. 2007년에 캘리포니아주 의회는, 2008년 예비선거에서 미군의 이라크 즉각 철수를 유권자들이 원하는지 말할 기회를 주기 위한 법안(SB

■──────────── 예비선거에서 대의원 과반을 확보하지 못하고도 대통령 후보 지명을 받은 마지막 후보는 1976년의 제럴드 포드Gerald Ford였다. 당시 로널드 레이건은 7개 주의 예비선거에서 승리했고, 포드는 4개 주 예비선거에서 승리했다.────

924)을 통과시켰다. 주지사 아널드 슈워제네거(전임 주지사가 주민소환 투표에서 시민들에 의해 해임되면서 후임 주지사로 취임한 첫 인물로, 국민의 권한을 보여주는 또 하나의 예다)는 이 법안에 거부권을 행사했다.

앞에서 설명한 세 가지 발전(여론조사, 예비선거, 주민 투표)은 미국 독립 혁명에서 촉발된 민주주의의 힘이 낳은 자연스러운 결과였고, 그 힘을 촉발시킨 것은 모두의 합의로 운영되는 정부에 대한 요구였다. 존 애덤스는 이제 여러 집단들이 줄을 서서 주권이 국민에게 있다는 원칙을 내세우고, 번갈아 가며 자신들의 목소리를 들어달라고 요구할 것이라 예측했다. 얼마 되지 않아 흑인들이 자신들의 목소리를 들어주기를 원할 테고, 그다음에는 여성들이 그럴 것이고, 그다음에는 또 누가 나설지 누가 알겠는가? 애덤스는 이런 전망을 환영하기에는 지나치게 18세기적인 인물이었다. 그러나 그의 아내 아비게일Abigail은 이런 변화가 여권신장으로 이어질 것이라는 희망을 품었다. 그녀는 남편에게 "여성들을 잊지 말라"고 말했다. 우리는 이러한 최근의 민주적 발전에 환호해야 할까? 우리는 국민의 손에, 대체로 ①정치가 지루하다고 생각하고 ②사회문제에 무지하고 비합리적인 바로 그 사람들의 손에 우리의 운명을 맡겼다.

지난 몇 십 년 사이에 우리의 민주주의가 발전해온 것이 사실이라면, 민주주의가 후퇴하고 있다는 느낌이 자주 드는 것은 왜일까? 이것은 우리 시대의 역설 중 하나다. 그러나 이는 쉽게 설명할 수 있다.

일단, 쟁점에 대한 여론이 갈피를 잡지 못하고 있다. 강력하고 압도적인 의견 일치가 없는 상황에서, 정치인들은 무난하게 통과할 수 있을 만큼 국민의 요구를 수용하는 것처럼 보이는 쪽을(실제로는 많은 사람이 불만스러워하더라도) 선택하는 경우가 많다. 그 좋은 사례로 부시 대통령의 2007년 이라크 주둔 미군 증파增派를 들 수 있다. 그해 초에는 대중이 전쟁에 지쳤다는 게 분명했다. 대부분의 사람들이 이라크에서 미군이 철수하기를 원하고 있었다. 그러나 대중은 어떻게 철수해야 할지 또는 얼마나 빨리 철수해야 할지에 대한 명확한 생각이 없었고, 그 때문에 부시 대통령은 자신의 새로운 전략에 대한 대중의 대대적인 반발을 피할 수 있을 만큼(그가 무언가를 하는 동안은) 국민을 설득할 수 있었다. 2007년 가을이 되자 그는 전쟁이 잘 진행되고 있다고(또는 잊고 지내도 될 만큼 잘 진행되고 있다고) 생각하게 만드는 긍정적인 통계자료를 충분히 활용했다. 2007년 11월에 아이오와주 유권자를 대상으로 실시한 『뉴욕타임스』의 여론조사에 따르면, 민주당 지지자들 사이에서도 36퍼센트만이 전쟁을 최대 관심사로 꼽았다(공화당 지지자들의 경우 수치가 더 낮아서 13퍼센트에 불과했다). 반전운동가들은 부시 대통령이 여론을 무시하고 있다며 애를 태웠다. 그러나 실제로는 그가 성공적으로 여론을 조작하고 있는 것이었다. 이는 여론을 무시하는 것과는 다르다.

　우리 시대의 아이러니 중 하나는 여론조사 자체가 일종의 조작이라는 점이다. 여론조사는 대중이 원하는 쟁점을 제시하는 법을 아는 전략가들의 손에 맡겨져 있다. 정치인들은 대중이 무엇을 원하는지를 알아내기 위해서 뿐 아니라, 자신들이 이미 결정한 정책을 대중에게 어떻게 설득시킬지 알아내기 위해서도 여론조사를 이용한다. 정치학자 앨런 울프Alan Wolfe도 다음과 같이 말했다. "과거 민주주의 정치에서는 여론을 투입하면 정책이 산출되었다. 새로운 민주정치에서는 그 반대다." 수많은 사람이 미국의 민주주의가 후퇴하고 있다고 느끼는 또 다른 이유는, 실질적인 의미에서 그게 사실이기 때문이다. 오늘날에는 특수 이익단체들이 연방정부에 강력한 영향력을 발휘하는 일이 많다. 정부를 상대로 한 로비 활동은 하나의 작은 산업이 되었다. 2000년에서 2005년 사이에 워싱턴 D.C.에 등록된 로비스트의 수는 두 배가 늘어서 거의 3만 5,000여 명에 이른다.

그렇다면 워싱턴에서 일어나고 있는 일과 국민의 힘이 그 어느 때보다 강해졌다는 주장을 어떻게 조화시킬 수 있을까? 대중이 직접적이고 의욕적인 관심을 보이는 모든 주제에서 대중은 엄청난 권한을 갖게 되었다. 그러나 대중이 명확한 의견을 가지는 주제의 수는 극히 적다. 이로 인해 특수 이익단체들은 유리한 위치에 서게 되고 그들은 이 이점을 최대한으로 이용한다. 의회에서 무슨 일이 일어나는지 국민들이 면밀히 지켜보지 않기 때문에, 로비스트들은 자신의 고객을 위한 호기를 잡아내고 그들에게 유리하도록 시스템을 조종할 수 있다. 특수 이익단체들은 막강한 자금력을 바탕으로 거액의 선거 기부금을 마련하고 유능한 로비스트를 고용할 수 있는 위치에 있다. 그 로비스트 중에는 현재 그들이 영향력을 행사하려고 하는 사람들과 함께 근무한 경력이 있는 이들이 많다. 그뿐만 아니라 우리가 인지하지 못하는 사이에 서서히 진행되는 일도 있다. 특수 이익단체들은 자신들의 관심 현안에 대한 여론을 형성하기 위해 광고캠 페인에 자금을 댈 수도 있다(1993년에 클린턴의 의료보험계획에 대한 지지를 약화시키기 위해 보험회사들이 자금을 대어 만든 '해리와 루이스Harry and Louise' 광고가 그 예다). 유권자들은 알고 있는 것이 너무나 적기 때문에 그런 광 고들은 유권자들의 생각에 극적인 영향을 미칠 수도 있다.

인터넷은 어떨까? 그 매력적인 도구가 우리가 그토록 간절히 원하 는 해피엔딩을 가져다줄 수 있을까? 시간이 지나면서, 인터넷이 우리의 민주주의에 긍정적인 효과를 줄지도 모른다는 희망을 품을 만한 몇 가지 이유가 생기기는 했지만, 여태까지의 기록은 그다지 희망적이지 않다. 이 론상으로는 인터넷이 평범한 유권자들에게 정치에 참여할 기회를 주지 만, 실제로 인터넷은 주로 정치적 광신자들이 자신들의 특정 안건을 제출 하는 데 이용되어 왔다. 그 결과 정치인들이 중앙이 아니라 주변부에 있 는 이들의 구미를 맞추게 되었고 우리 정치는 과거 어느 때보다 양극화되 었다. 매디슨주의Madisonianism(*권력분립에 의한 견제와 균형을 강조한 제4대 대통령 매디슨의 정치 이론)는 정치에 참여하는 사람이 많아질수록 광신자 들이 장악할 기회가 줄어들 것이라고 했다. 그러나 지금까지는 필요한 균 형을 제공할 만큼 충분히 많은 사람이 인터넷을 사용하는 집단에 합류하 지 않았다.

6장

텔레비전의
힘

너무 높은 곳을 향해 쏘지 마라.

목표를 더 낮춰 잡아라.

그러면 보통 사람들도 당신의 말을 이해할 것이다.

● 에이브러햄 링컨

국민이 정치에 더 많은 지배력을 갖게 된 것과 때를 같이해, 정치에서 텔레비전이 극적이고도 걷잡을 수 없이 강력한 힘을 얻었다. 불행한 타이밍이었다. 텔레비전은 사람들을 더 멍청하게 만들기 때문이다. 간단히 말해, 텔레비전으로 인해 국민들이 권한을 책임 있게 행사할 가능성이 적어진 바로 그 시점에, 과거 어느 때보다 더 많은 권한을 국민들이 가진 것이다.

텔레비전과 정치의 결합에 관해 한 가지는 말할 수 있다. 그 둘은 아주 잘 어울리는 한 쌍이라는 것이다. 안타깝게도, 양쪽 모두에게 불미스러운 결과가 초래될 것이라는 사실을 어느 한쪽이 알아차리기도 전에 둘은 진지한 관계로 발전했다.

그럼에도 연애 초기의 몇 년간은 얼마나 달콤했던가. 필리핀의 총독이자 시어도어 루스벨트 전 대통령의 아들인 시어도어 루스벨트 주니어 Theodore Roosevelt, Jr.는 1932년에 쓴 글에서, 텔레비전이 정치를 집안으로 가져옴으로써 "국가정책을 이끄는 사람들과 정책에 대한 적극적인 관심을 나라 전체에 불러일으킬 것"이라고 예측했다. "그 결과 우리는 유권자에게 더 지적이고 일치단결된 행동을 기대할 수 있을 것이다. 국민들은 그저 지방 정당 조직 간부들의 지시에 따르기보다 스스로 더 많이 생각하게 될 것이다."

『뉴욕타임스』 최초의 텔레비전 기자 오린 던랩Orrin Dunlap, Jr.은 1940년에, 이제는 카메라가 "정치의 빛과 그림자"에 초점을 맞추고 있기 때문에 "술책을 부리기가 더 어려워졌다"고 주장했다. 그는 텔레비전이 정치에서 속임수를 제거할 수도 있다고 보았다. "그 어느 때보다 말과 얼굴 표정의 진정성이 중요해졌고, 정치 지도자들 또한 '우리는 투명하고 지적인 정치가 열리는 순간을 앞두고 있다'고 말한다." 이게 다가 아니다. 그는 정치 후보들이 "과거 정치인들이 역사를 바꾸고 만들어낸 호텔 밀실이 아니라 국민의 앞에서 지명될 것"이라고 말했다.

1944년과 1948년 공화당 대통령 후보 토머스 듀이Thomas Dewey는 "텔레비전은 엑스레이다. 정부의 사업을 모르고 있다면 그 날카로운 광선과 극명한 사실성을 오래 버틸 수 없다. 정치 운동에서 건설적인 진보를 이뤄낼 것이다"라고 말했다.

서로를 더 잘 알게 되면서 드러날지도 모르는 문제에 대한 걱정은 거의 없는 채로 양측(정치와 텔레비전)은 앞으로 돌진했고, 맹세를 주고받고는, '네I do'라고 말하며 혼인 서약을 했다. 결국 이 둘의 결합은 장기적인 차원에서 둘 다에게 불행한 결과를 가져왔다. 그러나 한동안 그들은 무척 잘 지냈다. 정치인들은 극적인 드라마와 흥분을 제공했고 텔레비전은 관중을 제공했다. 배우적 재능이 살짝 있는 정치인이라면 더할 나위 없었고, 둘은 행복했다.

텔레비전에 출연한 최초의 대통령인 프랭클린 루스벨트는 모범적인 텔레비전형 대통령이었다. 그는 순발력이 좋았고 자주 미소를 지었다. 또한 인위적이지 않게 포즈를 잡는 법을 알고 있었다. 즉 그는 자연스럽게 행동할 줄 알았다. 그것이야말로 진짜 재능이 있어야 가능한 것이었다. 한 뉴스 기자는 1936년 프랭클린 루스벨트의 텔레비전 첫 출연을 보고 다음과 같이 썼다.

> 고개를 끄덕이고 미소를 날리는 대통령의 모습을 보고, 그가 텔레비전 '연기자'로서 탁월한 재능을 발휘할 것이라는 사실에 의심의 여지가 없었다. 사람의 마음을 끄는 매력적인 미소와 라디오 방송에 적합한 훌륭한 목소리가 텔레비전 방송에 적합한 이상적 조합을 만들어낸 것이다. 방송을 위해 목소리를 갈고닦을 수 있는 것처럼 미소의 기술도 연마할 수는 있다. 그러나 라디오에 딱 맞는 타고난 목소리가 있는 것처럼 마음을 사로잡는 타고난 매혹적인 미소도 틀림없이 있을 것이다. 억지로 지은 미소는 이런 미소에 비할 바가 못 된다. 텔레비전에 비친 억지 미소는 가장된 웃음만큼 빠르게 허공으로 흩어지는 듯하다. 무선 카메라의 별명인 '눈이 보이는 마이크' 앞에서 자연스러움은 성공을 결정짓는 핵심 요인이다. 루스벨트 대통령의 텔레비전 방송이 그것을 증명했다.

텔레비전 방송국 경영자들이 즉시 간파했듯, 정치는 카메라와 그 작은 상자를 위한 극적 사건들을 끊임없이 제공했다. 전당대회, 후보자 토론, 선거일 밤, 대통령 취임식 등이 줄줄이 이어졌다. 처음에 드러난 유일한 문제점은, 모든 정치인들이 텔레비전의 극적인 요구에 부합하지는 못한다는 것이었다. 1940년에 공화당 전당대회가 방송되었을 때(이는 최초였다) 시청자들은 허버트 후버가 단조로운 음성으로 전하는 연설을 참고들어야 했다. 연설이 끝날 때쯤 카메라맨이 미소를 지어달라고 그에게 간청했다. 후버는 거절했다. 다음 날 발표된 신문 논평은 그가 보인 모습에 걸맞았다.

> (대회 의장이) 사태를 해결하기 위해 황급히 달려들었다. 그는 후버 대통령의 팔을 높이 들어올렸다.……전직 대통령인 그가 지루해했다고는 말할 수 없지만 그는 자신이 맡은 역할을 정확히 어떻게 해야 할지 모르고 있는 것 같았다. 밴드의 연주 소리가 울려 퍼졌고, 그의 지지자들이 소리를 질렀다. 분위기를 띄우려는 노력은 플래카드 몇 개가 통로에서 왔다 갔다 하더니 흐지부지 끝났다. 텔레비전에 출연한 후버 대통령은 그가 이전에 라디오 방송에 출연해서 얻은 것 이상을 얻지 못했다.

이와 같은 논평은, 현대의 정치인들이 후버 대통령과는 다른 특질을 가지고 있어야 한다는 신호였다. 다행히도 믿음직한 텔레비전 출연자들이 끊임없이 공급되는 듯했다. 텔레비전 시대의 도래 이후 그런 출연자들이 바닥날지도 모른다는 심각한 우려가 있은 적은 단 한 번도 없었다.

텔레비전 정치 시대가 열리다

그러나 머지않아 텔레비전과 정당 지도부가 주도권을 잡기 위해 다투게 되면서 갈등의 작은 징후들이 드러나기 시작했다. 첫 번째 난투가 벌어진 것은, 1948년 방송국 경영자들이 전당대회가 열릴 도시의 선정 권한을 주장했을 때였다. 그것은 100년 넘게 정당 지도부가 가지고 있던 권한이었다. 당시 미국에서 유일한 동축 케이블coaxial cable은 뉴욕에서 필라델피아까지 이어져 있었는데, 전당대회가 생중계되길 원한다면 정당 지도부가 전당대회를 필라델피아에서 열어야 한다는 것이 방송국 경영자들의 주장이었다. 4년 전 양당의 전당대회가 시카고에서 열리는 바람에, 저녁 방송을 위해 오후 2시에 행사 자료 영상을 비행기로 뉴욕까지 실어 날라야 했다고 방송국 경영자들은 몹시 불평했다. 이 때문에 거금의 운송비가 들었고 진행 상황을 현장감 있게 전달하지 못했다는 것이었다. 전국 시청자들에게 생생한 감동을 주기 위해서(1948년에는 1,000만 명 정도가 텔레비전으로 전당대회를 시청했다) 진행 상황을 생방송으로 보여주어야 한다고 그들은 주장했다. 결국 정당 지도부는 그들의 주장에 따랐다.

다시금 옛 질서에 충격을 가한 것은 1951년 키포버 범죄 청문회에서였다. 에스테스 키포버Estes Kefauver는 1948년에 당선된 테네시주 출신의 신진 상원의원으로 별로 유명하지 않은 인물이었다. 그러다가 주간州間 통상 관련 범죄를 조사하기 위한 상원 특별 위원회의 의장을 하면서 그는 돌풍을 불러일으켰다. 청문회는 수백만 명의 시청자를 끌어모았고 청문회가 열린 여러 도시에서 생중계되었다. 『뉴욕타임스』의 TV 비평가인 잭 굴드는 다음과 같이 썼다. "청문회를 보기 위해 뉴욕의 주부들은 집안일을 내팽개쳤고, 남편들은 몰래 직장을 빠져나갔다. 도시는 최면에 걸린 듯 청문회에 완전히 몰두했고, 매료되었으며, 화를 내기도 하고 즐거워하기도 했다. 그것은 보기 드문 공동체 경험이었다."

청문회가 끝나갈 때쯤 몇몇 사람들이 전국적인 유명 인사가 되었다. 그중 한 명은 범죄 조직의 두목인 프랭크 코스텔로로, 증언하는 동안 카메라가 자기 얼굴을 잡는 것을 그가 거부해서 깍지 낀 그의 손이 클로즈업되어 방송으로 나갔다. 상원 특별 위원회의 대리인단 대표도 유명해졌는데, 그는 새로이 얻은 명성을 이용해 뉴욕시 의회 의장 자리를 꿰찼다. 그중 가장 중요한 인물은 키포버였다. 이제 전국적인 거물이 된 키포버는 자신이 당 지도부의 권위에 도전할 수도 있다고 생각했고(그는 당 지도부와 잘 지낸 적이 없었다. 정치 실세였던 에드워드 헐 '보스' 크럼프Edward Hull 'Boss' Crump가 멤피스 시장이던 시절 그와 갈등에 휘말린 적도 있었다) 1952년 미국 대선 출마를 선언했다. 이는 당 지도부가 받아들일 수 없는 결정이었다. 과거에는 항상 그들이 대선에 출마할 후보를 결정했다. 키포버가 자기 스스로 출마를 결정하리라 누가 상상이나 했겠는가? 그러나 그해 봄에는 키포버가 유력한 후보라는 사실이 드러났다. 그는 11개 주 예비선 거에 나가서 10개 주에서 승리했고, 뉴햄프셔주 경선에서는 당시 현직 대 통령이던 해리 트루먼Harry S. Truman을 눌렀다. 민주당 전당대회가 시작되 었을 무렵 키포버는 대중의 지지를 가장 많이 얻은 민주당의 유력 대선 후보였다.

이전의 어떤 시기에서도, 당 지도부의 지원을 받지 못한 당원이 출 마를 결심할 수는 없었다. 그러나 텔레비전은 미국 정치의 셈법을 바꿔놓 았다. 텔레비전을 통해 얼굴을 알린 야심찬 정치인은, 수백만 명의 유권 자들이 그의 이름을 알고 호감을 갖게 되었다는 이유만으로 후보로 진지 하게 고려되었다. 당 지도부는 인지도와 개인적 매력만으로 대통령 후보 를 선정하지 않았다. 당 지도부는 후보가 될 가능성이 있는 인물의 이력 또한 고려했다. 1944년에 그들이 해리 트루먼을 프랭클린 루스벨트의 러 닝메이트로 내보내야 한다고 주장했을 때도 마찬가지였다. 루스벨트가 죽어가고 있다는 것을 알고 있었기 때문에, 그들은 필요한 경우 대통령직 을 승계할 수 있는 믿을 만한 인물에게 2인자 자리를 주기로 공모했다. 그 들은 제2차 세계대전 동안 부정부패를 조사하는 상원 위원회 의장으로 폭넓은 존경을 받은 트루먼에 대한 신임이 두터웠다(당 지도부는 신비주의 에 손을 댄 당시의 부통령 헨리 월리스Henry A. Wallace는 전혀 신임하지 않았다). 그 런데 이렇다 할 이력도 없는 정치인인 키포버가 난데없이 경쟁자로 등장한 것이다.

당 지도부뿐 아니라 해리 트루먼 또한 텔레비전에 반감을 가졌다. 그는 키포버가 가볍다고 생각했다. 백악관 공식 발표에서 트루먼은 그 당시 가장 인기 있던 텔레비전 수상기인 제너럴일렉트릭GE 텔레비전(모델명 802D)의 화면만큼이나 선명한 논평을 내놓았다.

> 트루먼 대통령께서는 텔레비전을 높이 평가하고 계십니다. 대통령께서는 자신의 모든 중요한 연설에서 텔레비전을 최대한 이용할 것을 주장하십니다. 그렇지만 텔레비전은 남을 희생시켜서 오락거리를 생산하는 경향이 있기 때문에 청문회를 방송하는 것에는 상당히 큰 불안감을 느끼고 계십니다.
>
> 어느 날은 아테네 정부를 비롯한 그리스의 여러 민주적인 도시국가들이 약해진 주요 요인 중 하나가 시민배심원제 도입이라고 말씀하셨습니다. 그런 식으로 감정은 이성을 지배합니다. 소크라테스도 그리하여 재판을 받았고 그 결과는 부당하기 이를 데 없었습니다. 이 문제에 대해 대통령께서는 매우 심각하게 염려하고 계십니다.
>
> 대통령께서 지적하신 텔레비전 청문회의 문제점은, 카메라 앞에 앉은 한 사람이 이러저러한 혐의로 문책 받는 것을 4,000만 명 정도의 사람들이 보면, 제시된 증거를 평가하는 훈련을 받지 못한 대중은 그가 문책을 받고 있다는 사실만으로 그에게 죄가 있다고 생각하기 쉽다는 것입니다.

결국 위원회에 대한 압력이 커지고, 그 결과 증인을 고압적으로 대하게 될 수도 있습니다. 이는 위원회가 검사와 피고 측의 역할을 하고, 대중이 배심원단 역할을 함으로써 그야말로 사법절차를 무시하는 것이나 마찬가지입니다.

하원의장 샘 레이번은 의회에 카메라가 있어도 괜찮겠느냐는 질문을 받았다. "하원 회의를 텔레비전으로 중계한다고요? 절대 안 됩니다! 제가 이 자리에 있는 한 절대 안 돼요."

"의장님께서 그렇게 말했다고 내보내도 될까요?" 기자가 물었다.

"당연하죠."

『뉴욕타임스』의 편집위원들은 점차 들리기 시작한 텔레비전에 관한 불평에 주목하면서 "텔레비전에 찬사를 보내는 정치 지도자들, 그것의 오용은 경고한다"라는 도발적인 제목의 머리기사를 게재했다.

당 지도부는 키포버의 도전을 물리쳤지만 힘겨운 싸움이었다. 가을 선거를 앞두고 있던 민주당은 이 싸움으로 타격을 입었다. 키포버에게 매혹된 수많은 사람이 품었던 희망은 일리노이주 주지사 아들라이 스티븐슨이 후보 지명을 받으면서 무참히 깨졌다.

공화당 지도부 또한 텔레비전에 환멸을 느꼈다. 1952년 공화당 전당대회가 시작되자, 그들은 승자의 자리에 설 기회를 참을성 있게 기다려온, 미스터 리퍼블리컨Mr. Republican이라 불린 백전노장 로버트 태프트

Robert Taft가 후보 지명을 받을 수 있도록 밀어주려 했다. 특히 보수파는 희망에 부풀었다. 중도 성향의 민주당 지지층이 뉴딜 연합New Deal Coalition 에서 이탈하기를 기대하며 공화당이 20년간 계속해서 온건파 후보를 지명하는 동안, 보수파들은 가만히 앉아서 지켜볼 수밖에 없었다. 이번에야말로 공화당이 승리를 위한 진력을 다할 순간이 온 것 같았다. 트루먼의 지지율은 여론조사에서 23퍼센트로 떨어졌다. 한국전쟁의 상황은 악화되고 있었다. 국민들은 변화를 갈망하는 듯했다. 당의 온건 세력이 또 다른 온건파 드와이트 아이젠하워를 중심으로 세력을 결집시키고 있었다. 그는 허버트 후버 이후 지명된 후보들인 앨프 랜던, 웬델 윌키, 토머스 듀이와 대단히 비슷한 유형으로 보였다. 만일 태프트가 지명 받을 수만 있다면 아이젠하워 못지않게 11월에 승리할 가능성이 있어 보였다. 전당대회가 개막하고 며칠 지나지 않아, 듀이의 선거 사무장이었던 영리하고 빈틈없는 허버트 브라우넬Herbert Brownell이 연출한 결정적인 텔레비전 전투에서 아이젠하워가 승리했고, 그 결과 태프트가 아닌 아이젠하워가 지명을 받았다.

　공화당 전국위원회의 중요 회의에 텍사스주의 대의원 명부 두 개가 제시되었다. 하나는 태프트를 지지하는 대의원 명부였고 또 다른 하나는 아이젠하워를 지지하는 대의원 명부였다. 그런데 태프트 지지 세력은 그 상황을 방송국 카메라로 촬영하는 것에 반대했다. 브라우넬은 이 기회를 놓치지 않고 태프트가 아이젠하워를 지명에서 탈락시키기 위해 민주적

절차를 회피하고 있다고 주장했다. 텔레비전에 익숙해진 사람들은 이 사건을 텔레비전으로 지켜볼 수 있으리라 기대했다. 그런데 태프트가 사람들의 접근을 차단하려 하고 있었던 것이다. 이로써 아이젠하우어 측은 결정적인 홍보 효과를 보았다. 아이젠하워는 이후의 후보 지명과 대선에서 모두 승리를 거두었다.

국민에게 권력이 넘어가다

우리의 짧은 역사에서 텔레비전과 정치의 결합에 아무리 고난이 많았다 해도 국민들에게는 좋은 일이었다. 당 지도부의 권력은 나쁜 것이며 그 권력의 축소가 옳다고 믿는다면, 적어도 국민들에게만큼은 이 둘의 결합은 바람직했다. 앞서 살펴본 각각의 격돌에서, 텔레비전에 의해 사건이 판가름 날 때는 늘 지도부가 힘을 잃었고 국민은 힘을 얻었다. 최종적으로는 정치에 대해 가장 많이 아는 사람들에게서 거의 아는 것이 없는 국민에게로 권력이 옮겨왔다.

때는 1952년 가을, 선거운동이 한창이었다. 9월 중순에 난데없이 『뉴욕포스트New York Post』가 공화당 부통령 후보에 관한 이목을 끄는 제목의 기사를 대서특필했다. "닉슨, 베일 속에 감춰진 부자들의 신탁자금으로 봉급으로는 어림없는 호화 생활 누려." 이 기사는 리처드 닉슨이 개인 경비를 충당하기 위해 부유한 지인들에게서 비자금을 받았다는 내용이었다. 밝혀진 비자금은 1만 8,000달러 정도로 사실 우리의 기준으로는 적은 금액이었다. 또한 사실상 그것은 비자금이 아니었다. 닉슨은 자신의 정치 업무와 관련한 정당한 비용을 지불하기 위해 그 돈을 썼다. 그는 그 돈을 아내 팻Pat의 선물을 사거나 개인적인 경비를 지불하는 데 쓰지 않았다. 그러나 대중의 반응이 너무도 격렬해서 닉슨이 부통령 후보 자리를 내놓아야 할지 모른다고 생각하는 사람들도 있었다. 민주당원들이 부패했다는 내용을 중심으로 선거운동을 계획했던 아이젠하워는 이 소란에 무척 놀란 나머지 지지 성명 발표를 거절했다. 닉슨은 자신이 여론을 신속하게 회복시키지 못하면 버려질 것임을 확신했다. 그는 황금 시간대 텔레비전 연설에 총력을 기울였다. 그 연설은 닉슨의 가족이 키우는 개의 이름을 따 '체커스Checkers 연설'로 널리 알려졌다. 닉슨은 자신의 아내에게 공화당원들이 즐겨 입는 점잖은 직물 코트가 있다고 이야기했다. 그는 자신의 아이들 이야기도 했다. 물론 자신의 개 이야기도 꺼냈다.

이 말씀도 드려야 할 것 같습니다. 제가 하지 않는다면 아마 다른 사람들이 할 테니까요. 우리는 선거가 끝나고 선물을 받았습니다.……선거 유세 여행을 떠나기 전날, 우리는 볼티모어의 유니언 스테이션에서 우리에게 줄 상자가 있다는 이야기를 들었습니다. 그것은 조그마한 코커스패니얼 강아지였습니다.……우리 집 여섯 살짜리 딸아이 트리샤Tricia가 개 이름을 체커스라고 지어줬습니다. 아시겠지만 우리 집 아이들도 여느 아이들처럼 개를 정말 좋아합니다.……사람들이 이 일에 관해 뭐라고 말을 하든, 우리는 그 개를 계속 키울 생각입니다.

이 연설을 보기 위해 3,000만 명의 사람들이 텔레비전을 시청했다. 이는 그때까지 방영된 프로그램 중 가장 높은 시청률이었다. 닉슨의 연설에 감동한 시청자들은 그의 쪽으로 모여들었다. 그 뒤 아이젠하워는 미국 정치 역사상 가장 유명한, 또한 가장 거들먹거리는 지지의 말을 했다. "딕(리처드의 애칭), 자넨 내 사람이야."

이 미니 드라마의 순수한 효과는 무엇이었을까? 다시 한 번 권력이 정당에서 국민에게로 옮겨갔다는 것이다. 닉슨이 후보 자리를 지킬지 물러날지를 결정한 것은 당 지도부가 아니었다. 아이젠하워도 아니었다. 그 결정을 한 것은 대중이었다.

닉슨의 연설 다음 날, 잭 굴드는 『뉴욕타임스』 논평에서 닉슨이 텔레비전을 이용한 방식을 두고 그를 호되게 질책했다. 굴드는 다음과 같이 썼다. "감정에 호소하는 정책이나 책략을 사전에 계획하지 않았더라도, 최적의 상황에서 진행되는 선거운동에는 충분한 정서 중시 성향이 있다. 공화당이나 민주당 중 어느 한 정당이라도 선동의 경계를 넘어간다면 결국 미국은 고통을 겪을 것이고 텔레비전의 유용성은 위험할 정도로 손상될 것이다."

광고가 된 정치

시간이 흘러 10월. 미국은 한국전쟁, 부패 등 그날의 쟁점에 대해 토론을 벌였다. 드와이트 아이젠하워는 어디에 있었을까? 그는 텔레비전 스튜디오에서 큐 카드(*방송 중 출연자에게 보여주는 대사·지시 등을 쓴 카드)에 적힌 대사를 읽고 있었다. 그 큐 카드는 "손에서는 안 녹고 입에서만 녹아요"라는 엠앤엠즈M&M's 초콜릿 광고 문구를 만든 광고인 로서 리브스Rosser Reeves가 써준 것이었다. 우리는 30초짜리 상업광고, 즉 스폿spot광고(*라디오나 텔레비전 방송에서, 프로그램 사이 또는 프로그램 진행 중에 하는 짧은 광고)의 정치 비전이 탄생되는 현장에 있다. 한 스폿광고에서 유권자가 아이젠하워에게 묻는다. "전쟁을 또다시 해야 할까요?" 그는 이렇게 대답한다. "아닙니다. 우리에게 평화를 위한 건실한 프로그램이 있다면 할 필요가 없을 것입니다. 또 이 말도 덧붙이겠습니다. 우리는 수천억을 쓰지 않을 것이고, 한국에 보낼 탱크와 비행기도 충분하지 않습니다."

정치 광고는 정치만큼이나 얄팍해질 수 있다. 아이젠하워도 알고 있었다. 스튜디오 밖으로 걸어 나가면서 그는 이렇게 중얼거렸다. "노병이 이 지경이 되다니!" 그러나 얄팍함은 텔레비전 정치의 본질이다. 후보자의 미소와 진실성이 전부고, 슬로건이 전부고, 영리한 포장이 전부다. 로서 리브스는 공화당원들에게 일반 시청자들은 한 번에 한 가지 생각밖에 받아들이지 못한다고 설명했다. 심지어 윈스턴 처칠 같이 위대한 연설가의 연설이라도 특별히 집중해서 들은 게 아니라면, 결과는 마찬가지일 것이다. 기껏해야 철의 장막이 대륙을 가로질러 드리우고 있다고 경고한 내용을 포함해 몇몇 단어가 기억하는 내용의 전부일 것이다. 따라서 리브스의 관점에서 그 30초짜리 광고에는 아무런 문제가 없었다. 그 광고는 시청자들이 딱 그만큼만 수용할 수 있다는 현실을 반영했을 뿐이었다.

아들라이 스티븐슨은 스폿광고를 내보내는 것을 거부했다. 아이젠하워의 광고를 본 후에 그는 폭발했다. "나는 정치와 대통령직이 고압적인 대필자나 홍보 담당자의 노리개가 되는 것을 미국 국민들이 원치 않을 것이라고 생각한다. 나는 미국 국민의 지성에 대한 그 같은 모욕에 국민들이 충격을 받을 것이라고 생각한다. 정치는 연속극이 아니다. 아이보리 비누와 팜올리브 비누의 경쟁도 아니다." 그러나 4년 뒤 아이젠하워와 재대결을 치르게 된 스티븐슨은 스폿광고를 내보냈다.

정당의 힘은 또 한 번 쇠약해졌지만, 이번에는 권력이 당 지도부에서 국민에게 옮겨간 것이 아니라 스티븐슨이 말한 '고압적인 사람들'에게 옮겨갔다. 당신이 공직에 출마한 후보라고 생각해보자. 당선될 것이냐 짐 싸서 집으로 돌아갈 것이냐에 텔레비전이 영향을 준다는 것을 안다면 가장 먼저 누구와 계약을 하겠는가? 이름 모를 정당 지도부 아무개 씨인가 아니면 폭넓은 지지를 끌어모을 강력한 스폿광고를 기획할 줄 아는 매디슨가(*미국의 광고 회사들이 모여 있는 지역)의 능수능란한 마법사인가? 일단 텔레비전이 확고한 자리를 차지하자 이전에 지도부가 했던 역할을 이 마법사들이 부분적으로 맡게 되었다. 이제 어떤 후보를 유권자 앞에 내세울 것인지를 결정하는 것은 바로 그들이었다. 마법사의 승인을 받은 후보는 자금을 모금하고 미디어의 주목을 끌고 새 사무실의 휘장 사이즈를 재는 일을 시작할 수 있었다. 그러나 예전 당 지도부와 달리 마법사들은 유권자들과 직접적인 관련이 없었다. 당 지도부는 늘 유권자들과 직접적인 관련을 맺었다. 그들의 힘은 도로를 포장해달라거나, 쓰레기를 수거해달라거나 또는 친척이 새 일자리를 찾을 수 있게 해달라거나 하는 유권자들의 요구에 얼마나 즉각적으로 부응하느냐에 달려 있었다.

이제 키포버처럼 당원이 스스로 후보로 나서는 경우가 많아졌기 때문에, 정당의 주요 임무는 텔레비전 시간을 확보하고 텔레비전 광고를 만들기 위해 필요한 자금을 모금하는 일이 되었다. 여기에는 어마어마한 거금이 필요했다. 아이젠하워 스폿광고에는 얼마가 들었을까? 100만 달러가 엄청난 거액이었던 1952년에 200만 달러가 들었다. 정당이 자금 마련에 집중하는 시간이 많아질수록 다른 일에 쓸 시간은 적어졌다. 오늘날 정당 지도부는 상납금을 수금하러 다니는 마피아처럼 전국을 돌면서 텔레비전 캠페인에 자금을 댈 의사가 있는 부자들에게 현금을 걷는다.

기존 정당 시스템을 죽인 것이 텔레비전만은 아니다. 기존 정당 시스템이 와해된 데는 여러 요인이 작용했다. 현대에 들어 교외 중심의 생활양식이 탄생하면서 도심에 위치한 정당 조직들의 힘이 약해졌다. 공무원제도 개혁으로 지도부에서 나눠줄 수 있는 일자리의 수도 적어졌다. 또한 국민의 교육 수준이 높아지면서 '정당 충성심'을 강조하는 무분별한 호소에 흔들리는 일이 적어졌다. 그럼에도 군이 한 가지 원인을 꼽자면 아마도 텔레비전이 가장 확실한 요인일 것이다. 최초의 텔레비전 출시를 알리는 신문광고 중에는, 텔레비전이 보통 사람들에게 정치를 자세히 들여다볼 수 있는 기회를 제공한다는 사실을 상품의 이점으로 강조한 광고가 많았다. 한 광고는 다음과 같이 말했다. 스톰버그 칼슨Stromberg Carlson 제품을 사세요. 그러면 당신은 "대선 후보 지명 전당대회를 대의원들보다 더 많이 보고 더 많이 들을 수 있습니다……당신은 역사가 만들어지는 현장에 있고, 현장의 이면까지 엿볼 수 있습니다!" 또한 GE의 텔레비전(모델명 802D) 광고는 이렇게 외쳤다. "세계에서 가장 큰 일을 맡을 사람을 뽑는, 역사가 만들어지는 순간을 목격하세요." 뉴욕에 있는 ABC방송국 계열사인 WJZ TV는 "가슴 뛰는 역사적 날들입니다. 텔레비전의 마법 덕에 1948년의 위대한 사건들이 바로 우리 눈앞에서 펼쳐질 것"이라며 뿌듯해 했다.

이 광고들에 담겨 있는 무시할 수 없는 교훈은, 당 지도부든 다른 누구든 전당대회에 관한 내부 정보를 알려줄 이들이 시청자들에게 더 이상 필요하지 않게 되었다는 점이다. 이제 시청자들은 직접 전당대회를 지켜보고 자신만의 결론을 내릴 수 있게 되었다. 텔레비전이 정치의 '맨 앞자리'를 시청자들에게 내주었기 때문에, 수많은 유권자들은 정치적 안내자 역할을 해줄 정당이 더 이상 필요하지 않다는 것을 확신했고 위풍당당하게 독립을 선언했다. 1952년에서 1988년 사이 정당 충성도는 75퍼센트에서 63퍼센트로 하락했다. 일반 유권자들은 자신들의 고립에 겁을 먹지 않았던 것 같다. 그러나 그들은 겁을 먹었어야 했다.

우리는 텔레비전에 얼마나 영향을 받는가

글래디스 랭Gladys Lang과 커트 랭Kurt Lang 부부는 한 면밀한 연구에서 1952년 민주당 전당대회를 지켜본 시청자들을 NBC를 시청한 집단, ABC를 시청한 집단, CBS를 시청한 집단, 이렇게 세 집단으로 분류했다. 랭 부부는 내용 분석을 통해, 사소한 예외는 있었지만 세 방송사 모두 동일한 기본 정보를 제시했다는 결론을 내렸다. 그러나 각 방송사가 전당대회에 접근하는 방식은 달랐다. NBC는 인물의 개성을 보여주는 것에 초점을 맞췄고 분석은 주로 신문에 맡겼다(NBC의 모토는 "화면으로 전달하자"다). 한편 ABC는 끊임없는 동향과 최신 내부 정보를 강조했다. CBS는 시청자들이 지루해할 수 있는 위험을 감수하고 건조한 접근법을 고수했다. 시청자들에게 어떤 일이 일어나고 있는지 진행 상황을 그대로 알려주면서 필요할 경우 분석을 곁들였다. CBS의 한 고위 프로듀서는 랭 부부에게 이렇게 말했다. "그 행사를 좋은 볼거리로 만드는 것은 우리가 할 일이 아닙니다."

랭 부부는 세 방송사가 전당대회를 보도한 방식이 시청자들이 받은 인상에 결정적인 영향을 미쳤다는 사실을 알고 놀랐다. NBC를 시청한 사람들은 재판장인 샘 레이번의 태도가 무례하다고 느꼈다. 한 대의원이 휴회를 제안하려고 하는 것을 그가 못 본 채 넘어갔을 때 시청자들은 그가 무례하다는 결론을 내렸다. 그러나 시청자들은 실은 그가 정치인들에게 합의를 이끌어낼 시간을 주려고 했다는 사실을 알지 못했다. ABC의 시청자들은 방송사의 매끄럽지 못한 보도(시선을 사로잡는 장면과 비밀 정보를 끊임없이 찾으려고 시도한 결과)로 상황이 어떻게 돌아가고 있는지 이해하기 어려웠기 때문에 혼란스럽다는 인상을 받았다. 그들 또한 레이번에게 집중했고, 그가 독단적으로 대회를 진행했다고 결론지었다. 오직 CBS 시청자들만이 레이번이 왜 그런 행동을 했는지를 차근차근 알고, 그 과정에 대한 합리적인 이해를 하고 있었다. 적절하게도 "그들은 자신들이 본 것을……여러 계파 간의 마지막 결전으로 해석했고 레이번이 그들 사이를 중재하려 하고 있었다고 이해했다".

랭 부부의 연구는, 비평가들의 희망처럼 텔레비전이 반드시 시청자들에게 정치의 복잡한 내용을 더 잘 이해할 수 있게 해주는 것은 아니라는 것을 알려주었다. 사실 텔레비전은 시청자들에게 건전한 관점뿐 아니라 본질을 왜곡하고 호도하는 관점을 줄 가능성도 있었다. 또한 방송사들이 시청률에 점점 더 신경을 쓰게 되고, 그 결과 제작자들이 인물의 개성과 움직임을 강조하면서(1952년 NBC나 ABC가 취한, 시청자들을 무척이나 혼란스럽게 만들었던 바로 그 접근법이다) 시청자들이 정보를 더 많이 알게 되기는커녕 오히려 더 적은 정보를 알게 된다고 생각할 만한 이유도 충분했다.

이상하게도 사회학자들은 처음에는 이런 상황에 당혹스러워했다. 프랭클린 루스벨트와 같은 정치인들은 유권자들에게 미칠 매스미디어의 영향력을 우려하여 라디오와 텔레비전을 규제할 세심한 조치를 취했지만, 연구자들은 유권자들이 조종에 저항하는 능력을 갖추고 있다고, 말하자면 일종의 '고집 DNA 유전자' 같은 것을 가지고 있다는 풍부한 증거가 있다고 믿었다. 연구자들은 인간은 기존의 관점과 일치하는 메시지에만 주의를 기울이는 경향이 있기 때문에 매스미디어에 의해 설득되는 일은 거의 없을 거라 믿었다. 인간은 자신이 이미 가지고 있는 견해와 충돌하는 메시지를 걸러 낸다는 것이다. 이에 대한 증거로서 사회학자들은 1928년 선거를 지적했다. 그해 민주당 후보인 앨프리드 스미스Alfred E. Smith는 역사상 처음으로 라디오 광고를 이용한 공격적인 선거운동을 벌였다. 수많은 사람이 자신들의 최신식 라디오를 통해 스미스의 연설을 열심히 들었다. 그러나 그들은 11월에 일제히 허버트 후버를 찍었다.

사회학자들은 텔레비전 시청자들이 라디오 청취자들과 똑같이 반응할 것이라고 예상했다. 1957년에 한 연구자는 "유권자는 텔레비전 앞에 앉기도 전에 이미 텔레비전에서 어떤 이야기가 나오더라도 미리 결정된 방식대로 반응할 준비가 되어 있다"라고 말했다. 즉 "인간은 결코 미디어가 채울 수 있는 타불라 라사tabula rasa, 즉 백지상태가 아니다.……인간은 후보자가 말하는 것들 중 많은 사안에 긍정적이거나 부정적으로 반응할 수 있는 가치 감각을 갖추고 있다"는 것이다. 그 후, 인간의 마음을 변화시킬 수 있는 텔레비전의 능력에 관한 최초의 거대한 실험이 실시되었다. 그 결과 텔레비전이 사실상 시청자들의 인식에 영향을 미치고 그 인식을 바꿔놓을 수도 있다는 사실이 밝혀졌다.

닉슨과 케네디, 텔레비전에서 맞붙다

그 실험은 1960년 9월 26일 저녁 9시(동부 표준시)에 시카고 WBBM 방송 스튜디오에서 벌어졌다. 리처드 닉슨과 존 F. 케네디가 역사상 최초로 텔레비전으로 중계된 대통령 후보 토론회를 통해 6,000~7,000만 명의 청중 앞에서 맞붙었다. 두 후보는 서로에게 멋지게 응수했다. 양측 모두 논리 정연하게 자신이 출마한 이유를 설명했다. 이들의 말을 글로 옮긴 기록을 본다면, 어느 후보가 승자였는지 알기 어려웠을 것이다(물론 토론에는 승자가 있어야 한다. 그게 핵심이다. 안 그런가? 이것이 문제의 일부일지도 모른다. 토론회의 주된 의도는 시청자들을 교육하는 것이 아니라 설득하는 것이다. 시청자들이 설사 어떤 교육을 받게 된다 하더라도 그것은 부수적인 것이다).

그러나 텔레비전으로 방송된 토론의 결과는 어땠을까? 케네디의 압도적인 승리였다. 갤럽 조사에서는 케네디가 승자라고 응답한 비율이 닉슨이 승자라고 응답한 비율보다 두 배가량 높았다.

글로 옮긴 기록과 실제 텔레비전 방송 사이에 어떤 차이가 있었을까? 그 방송은 텔레비전 토론사에 전설로 남았다. 닉슨은 피곤해 보였다. 케네디는 활달해 보였다. 닉슨은 흰색 셔츠를 입고 있었다. 케네디는 파란색 셔츠를 입고 있었는데, 당시의 흑백 카메라로 찍은 화면에서는 더 눈에 띄었다. 닉슨은 핼쑥하고 창백해 보였다. 케네디는 햇볕에 그을린 얼굴이었다. 닉슨은 땀을 흘렸다. 케네디는 땀을 전혀 흘리지 않았다. 닉슨은 서 있는 동안 엉거주춤했다. 케네디는 대쪽같이 꼿꼿한 자세로 서 있었다.

이는 순수함이 죽은 순간인 것일까? 정치에서 사소한 것들이 본질을 이긴 순간일까? 짧게 답하자면 '아니다'. 그렇게 말하는 것은 지나친 비약이다. 알팍함은 텔레비전이 등상하기 오래선부터 미국 성지에 확고히 자리 잡은 부분이었다. 그러나 텔레비전은 과거 선거운동의 최악의 것을 표절하는 것 이상의 일을 했다. 조작을 순수예술의 경지로 끌어올린 것이다. 1960년에 있었던 대통령 후보 토론회(총 네 번 있었다)가 증명한 사실은, 유리한 위치를 선점하기 위해서는 수단과 방법을 가리지 않는 것이 중요하다는 것이었다. 한 토론회에서 닉슨의 땀구멍에서 땀방울이 새어나온 것은 우연한 일이 아니었다. 케네디의 미디어 컨설턴트 제임스 레너드 라인쉬J. Leonard Reinsch는 닉슨이 땀을 잘 흘린다는 것을 알고는, 조명이 켜지면 후보자들이 데스밸리Death Valley 사막을 헤매는 것처럼 타는 듯한 더위를 느끼게 하기 위해 행사 몇 시간 전에 스튜디오 온도를 올려놓는 계획을 짰다고 훗날 고백했다. 그는 이렇게 회상했다. "저는 결국 스튜디오 아래 지하 2층에서 건물 관리인을 찾아냈습니다." 갖가지 협박을 당한 관리인은 책상 맨 아래 서랍에서 자동 온도 조절장치의 열쇠를 꺼내주었다. "우리는 온도를 최대한 올렸습니다."

닉슨이 첫 번째 토론에서 엉거주춤해 보인 것도 우연이 아니었다. 토론이 있기 얼마 전 그는 차를 타다가 무릎을 다쳤다. 게다가 무릎 상처가 덧나서 병원에 입원까지 했다. 이 사실을 알고 있던 케네디 쪽 사람들은 토론이 진행되는 한 시간 동안 후보자들이 주로 서 있을 것을 주문했다. 닉슨은 자신의 아픈 무릎에 가해지는 압력을 줄이려고 무게중심을 이쪽저쪽으로 계속 바꿔야 했다.

케네디가 말을 하는 동안 이마의 땀을 훔치고 있는 닉슨의 모습을 잡은 그 유명한 반응 숏reaction shot(*상대 인물의 반응을 보여주는 장면)은 어떻게 된 것일까? 그것 또한 우연이 아니었다. 라인쉬는 자신의 회고록에 연출자 프랭크 슬링글랜드에게 얼굴의 반응 숏을 내보내라고 압력을 넣었다고 썼다.

나는 말했다. "프랭크, 얼굴의 반응 숏을 내보내지 않으면 기자실에 들어가서 민주당원들이 모함을 당했다고 말할 거요."

"절대 그렇게 못할 걸요." 분주히 카메라 촬영을 지시하면서 슬링글랜드가 쏘아붙였다.

"못 하나 보라고!" 내가 대꾸했다.

몇 분 뒤 반응 숏이 텔레비전 화면에 비쳤다.

텔레비전은 선거에 얼마나 의미 있는 영향을 미쳤을까? 첫 번째 토론의 결과에 따라 사람들은 케네디가 압도적으로 이길 것이라고 생각했다. 그러나 11월에 케네디는 간신히 승리했다. 이는 유권자들이 9월의 대통령 후보 토론에서 본 후보들의 모습 이상의 것에 근거해서 누구를 뽑을지를 결정했다는 것을 시사한다. 실제로 미시간대학교의 한 연구에서는 정당 충성심이나 친구와 가족의 의견, 후보자의 입장에 관한 정보 등 기존의 요인들이 여전히 존재한 것으로 나타났다. 그러나 로퍼(미국의 여론조사 기관) 여론조사에 따르면 투표를 한 유권자들의 절반 이상이 토론에 영향을 받았다고 응답했다. 또 다른 6퍼센트는 전적으로 토론을 바탕으로 결정을 내렸다고 밝혔다. 이 집단에 속한 유권자들 중 72퍼센트는 케네디를 찍었다. 또한 랜스 부부는 연구를 통해, 1952년과 1956년에 아이젠하워를 찍었던 민주당 지지층이 1960년에는 그 첫 토론 후에 민주당으로 다시 돌아왔다는 사실을 발견했다. 이는 텔레비전이 사람들의 투표 행태에 실제로 영향을 미쳤다는 것을 보여준다. 케네디는 늘 텔레비전이 무척 중요하다고 생각했다. 그는 "텔레비전이 없었다면 우리에게 성공의 기회는 없었을 것"이라고 말했다.

텔레비전은 참으로 굉장한 도구였다. 불과 몇 년 만에 유권자들은 후보들에 대한 대부분의 정보를 텔레비전을 통해 얻게 되었다. 1963년에 미국인들은 주요 뉴스 공급원으로 신문 대신 텔레비전에 의존하고 있었다. 어느 순간 갑자기 겉으로 보이는 모습이나 말하는 방식이 성취해낸 것보다 더 중요하게 여겨졌다. 닉슨은 자신의 회고록 『여섯 차례의 위기 Six Crises』에서 케네디와의 첫 번째 토론이 끝나고 자신의 행정보좌관 로즈메리 우즈Rose Mary Woods에게 토론이 어땠는지 물었다고 썼다. 그녀는 오하이오주에 있는 자기 부모님이 전화를 해서 닉슨이 아픈 게 아니냐고 물었다고 대답했다. 텔레비전 속 그의 모습은 아픈 사람 같았다. "나는 로즈에게 그녀의 생각은 어떤지 물었다. 그녀는 내용면에서는 내가 한 주장이 더 낫다고 생각했지만 자신도 부모님과 같은 인상을 받았다고 말했다." 닉슨은 이렇게 결론 내렸다. "나는 내용에 너무 많이 집중하고 겉으로 보이는 모습에는 충분히 신경 쓰지 못했다. 나는 '백문이 불여일견'이라는 말을 기억해야 했다." 이 말은 자기 잇속을 차리기 위한 말이었지만 맞는 말이기도 했다.

정치인들은 이런 세태에 적응해갔다. 1960년에 닉슨은 방송 매체 담당 참모들을 무시했고 심지어 첫 토론회가 열린 날에는 그들의 도움을 받는 것조차 거부했다. 1968년에 닉슨은 텔레비전과 광고 전문가들에게 선거운동을 맡겼고, 그의 참모 해리 R. 홀드먼H. R. Haldeman이 과거에 일했던 광고 대행사 출신들을 핵심 인력으로 대거 고용했다. 이제 얄팍함에 있어서는 어느 누구도 그를 능가하지 못할 터였다.

교활한 딕Tricky Dick(*닉슨의 별명)의 번드르르한 1968년 광고캠페인을 파헤친 조 맥기니스Joe Mcginniss의 베스트셀러 『대통령을 팝니다The Selling of the President』 덕분에, 닉슨은 시청자들을 조종하기 위해 최초로 텔레비전을 이용한 대통령으로 기억된다. 그 책에는 닉슨의 연설문 작성 담당 보좌관인 레이 프라이스Ray Price가 쓴 메모 내용이 나오는데, 그것은 그 새 미디어에 관한 냉엄한 진실을 말해준다. "중요한 것은 실제로 무엇이 있느냐가 아니라 무엇이 보이고 있느냐. 한 단계 더 나아가서 보자면, 그(닉슨)가 무엇을 보여주느냐가 아니라 유권자가 어떤 인상을 받느냐다."

유권자들을 자기편으로 끌어들이기 위한 텔레비전 이용법을 누구보다도 앞서 터득한 사람은 존 F. 케네디였다. 상원의원 시절 그는 진지한 사람이라는 이미지를 만들기 위해서 〈미트 더 프레스〉에 출연했다. 자신이 여느 평범한 미국인처럼 가정적인 남자라는 것을 보여주기 위해 아내 재키Jackie와 함께 에드워드 머로가 진행한 〈퍼슨 투 퍼슨Person to Person〉에 출연하기도 했다. 또한 그는 자신의 재치와 매력을 보여주기 위해 〈잭 파 쇼Jack Paar Show〉에도 나갔다.

1959년 『TV 가이드TV Guide』에 실린 기사에서 케네디는 텔레비전을 이용해 유권자들을 조종할 수는 없다고 털어놓았다. 정작 자신은 바로 그 목적을 위해 텔레비전을 이용하고 있었으면서도 말이다. 그는 이렇게 썼다. "정직, 열의, 연민, 지성, 이런 것들을 비롯한 여러 자질들이 있고 없고가 후보자의 이미지를 구성한다." 또한 이 말도 덧붙였다. "나의 신념은 이러한 이미지나 인상이 신기할 정도로 정확할 가능성이 높다는 것이다." 이것은 허튼소리였고 케네디 자신도 그것을 알고 있었다. 그가 이런 주장을 하고 있던 바로 그 시기에, 그는 툭하면 아내 몰래 바람을 피면서 가정적인 남자라는 이미지를 부각시키고 있었다.

연기력이 중요하다

텔레비전에는 유권자들을 조종한다는 것보다 더 심각한 문제가 있었다. 그것은 깊이가 없다는 것이었다. 닉슨과 케네디의 첫 번째 토론에서 유권자들의 기억에 남은 한 가지가 닉슨이 창백해 보인다는 것이었다면, 그다음 토론에서는 사람들이 무엇을 기억했을까? 지미 카터와 제럴드 포드의 1976년 토론에서는 "포드 행정부 하에서는 동유럽이 공산주의 영향권으로 들어가지 않을 것"이라고 한 포드의 말실수가 그것이었다. 1980년 로널드 레이건과 지미 카터의 토론에서는 "또 그 이야기군요"라는 레이건의 말이었다. 1984년 조지 H. W. 부시와 제럴딘 페라로Geraldine Ferraro의 부통령 후보 토론에서는 부시가 토론 직후에 즉흥적으로 내뱉은 "본때를 보여주었다"는 말이었다. 1992년 빌 클린턴과 조지 H. W. 부시, 로스 페로가 참여한 토론에서는 부시가 지루한 듯 손목시계를 흘깃 보는 모습이었다. 2000년 조지 W. 부시와 앨 고어의 토론에서는 고어가 크게 한숨 쉬는 모습이었다. 2004년 조지 W. 부시와 존 케리의 토론에서는 부시의 양복 상의 뒷부분을 불룩 튀어나오게 만든 수상한 물건이었다. 그것을 본 블로거들은 부시가 토론에서 정치 참모 칼 로브의 지시를 몰래 받고 있는 것이 아닐까 의심하기도 했다.

토론 후 방송사에서는 시청자들에게 누가 승리했고 그 이유가 무엇인지를 묻는다. X후보에 대해 누군가는 이렇게 말한다. "그분 미소가 마음에 들었어요." 혹은 "Y가 정말 강해 보이던데요!" 등의 답변도 있다.

2004년 10월 부시와 케리의 세 번째 토론이 있은 후 전문가들은 『뉴욕타임스』에서 그 토론이 실질적인 문제를 이해하는 데 도움이 되었다는 고무적인 논평을 했다. 대통령 역사가 마이클 베실로스Michael Beschloss는 다음과 같이 말했다고 한다. "후보자들에 대한 정보가 많지 않은 상태로 토론을 지켜본 시청자들은, 토론이 끝날 때쯤 많은 것을 알게 되었을 것이다. 정부의 규모에 대한 그들의 견해가 무엇인지, 무력을 어떤 식으로 사용하기를 원하는지, 텔레비전에 출연해서 미국 국민에게 희생을 요구해야 한다면 그들이 미국 국민을 어떻게 설득할지 등에 대해서 말이다." 그러나 『뉴욕타임스』 기자들이 대학생들에게 토론을 보고 받은 느낌을 물었을 때 그들의 대답은 참담할 정도로 피상적이었다. 한 학생은 "대통령이 기도한다는 말을 들으니 위안이 되었어요"라고 답했다. 또 다른 학생의 답변은 "조지 부시는 인간적인 면을 보여줘야 했는데, 그렇게 한 것 같아요"였다. 세 번째 학생은 중요한 쟁점에 주목하면서 부시가 낙태 합법화에 반대한다고 밝힌 것을 지적했지만, 그다음에는 대통령이 "그저 또 하나의 정치인이 아니라 더 인간적으로 다가왔다"고 덧붙였다. 마치 정말로 중요한 것은 그의 연기라는 듯 말이다. 실제로도 정말 중요했던 것은 부시의 연기였다.

신문조차도 중요한 것이 연극적 요소라는 사실을 인정했다. 부시와 고어의 첫 번째 토론 전에 『뉴욕타임스』는 케네디의 연설문 작성 담당 보좌관 리처드 굿윈Richard N. Goodwin의 칼럼을 실었다. 후보자들에게 토론 요령을 알려주는 내용이었는데, 다음은 그의 조언을 요약한 문장이다. "말을 연습하되 음악을 숙달하라." 토론 후 『뉴욕타임스』의 헤드라인은 "고어의 이미지: 집중과 가차 없음"이었다. 2004년 부시와 케리의 첫 번째 토론 후 『뉴욕타임스』에 실린 헤드라인은 "토론회 다음 날, 각 진영이 후보자의 연기를 평가했다"였다. 세 번째 토론 다음에는 "극적인 드라마를 선사하고 높은 시청률을 올린 텔레비전 이벤트"라는 헤드라인을 달았다.

만약 링컨과 그의 상대 후보였던 스티븐 더글러스Stephen A. Douglas의 토론이 텔레비전에 중계되었다면 신문에 어떤 헤드라인이 실렸을지 궁금할 것이다. 링컨의 헝클어진 머리 모양과 더글러스의 살찐 배에 집중하느라 노예제도에 관한 논쟁을 강조하지 않고 넘어가지는 않았을까? 노예제도에 관한 국가정책이 링컨의 카랑카랑한 목소리나 더글러스의 작은 키에 대한 시청자들의 반응에 의해 결정될 수도 있었다고 생각하니 아찔해진다. 텔레비전이 두 후보의 정치 경력을 망쳐놓았을 수도 있다. 키가 163센티미터인 더글러스와 193센티미터인 링컨이 같은 연단 위에 나란히 서 있는 장면은 틀림없이 우스꽝스럽게 보였을 것이다. 사람들은 분명히 그 장면에 대해 어떤 이야기를 했을 것이다. 시청자들은 겉으로 드러난 후보들의 개성에 대해서도 평가를 했을 것이다. 그런데 이것이 과연 안심이 되는 상황일까?

전문가들은 대통령의 개성이 매우 중요하다고 주장함으로써 유권자들이 후보자의 개성에 초점을 맞추는 것을 긍정적으로 평가하려고 노력해왔다. 그러나 이는 착각이다. 개성은 합리적인 유권자가 고려해야 할 여러 중대한 요인 중 하나에 불과하다. 다른 요인으로는 인품(개성과 같은 말이 아니다), 경험, 판단력, 이념 등이 들어간다. 텔레비전에서 매력적으로 보이는 지미 카터의 매혹적인 미소도, 조지 W. 부시의 소박한 스타일도 유권자들에게 그들이 대통령직을 어떻게 수행할지에 대한 확실한 단서를 주지는 못했다. 이런 식으로 텔레비전은 사람들을 오도한다. 텔레비전은 사람들에게 자신들이 후보자들을 볼 수 있기 때문에 그들이 정말로 어떤 사람들인지 '알고 있다'는 확신을 준다. 이는 말도 안 되는 소리다.

이미지와 민주주의

텔레비전의 최악의 특징을 한데 모아놓은 것이 스폿광고다. 아이젠하워와 스티븐슨 둘 다 스폿광고를 경멸했다. 1950년대에 몇몇 스폿광고가 상대 후보를 비난하는 네거티브적 접근을 하긴 했지만(1956년에 스티븐슨 진영이 제작한 스폿광고에서는 아이젠하워의 건강에 대한 우려를 이용해서 "닉슨이 걱정된다고요? 닉슨 대통령이요?(*당시 닉슨은 아이젠하워의 러닝메이트 였기 때문에 아이젠하워가 당선된 뒤 사망하면 대통령직을 승계할 가능성이 컸 다)"라고 물었다) 매디슨가의 컨설턴트들이 과격한 선거전을 구상하게 된 것은 1964년 이후였고, 그 유명한 '데이지Daisy' 광고가 등장한 것도 그때 였다. 어린 소녀가 데이지 꽃잎을 하나씩 떼어내며 '하나, 둘, 셋' 숫자를 세는데, 어느 순간 남자의 목소리가 들린다. 셋, 둘, 하나, 카운트다운이 끝나자마자 거대한 핵폭탄이 폭발하는 장면이 나온다. 공화당 대통령 후 보 배리 골드워터Barry Goldwater가 미국을 핵전쟁에 빠뜨릴지도 모른다는 암시가 담긴 광고였다. 데이지 광고는 사실 민주당 대선 후보 린든 존슨 이 즉시 방영을 중지시켰기 때문에 단 한 번 방영되었다. 그러나 이 광고 는 정치 컨설턴트들이 가장 모방하고 싶어 하는 정치 광고의 전설로 남았 다. 1968년에 닉슨 진영은 베트남 전쟁, 가난에 시달리는 애팔래치아, 시 카고 민주당 전당대회의 거리 폭동을 보여주는 소리 없는 장면들 사이사 이에, 미소 짓고 있는 민주당 후보 휴버트 험프리의 사진을 집어넣은 광 고를 내놓았다. 미소, 전쟁, 미소, 가난, 미소, 폭동 이런 식으로 구성된 광 고였다. 1988년에 캐슬린 홀 제이미슨Kathleen Hall Jamieson은 정치 선전사 를 개괄한 권위 있는 저서 『대통령 만들기Packaging the Presidency』에서 광고 가 처음으로 새빨간 거짓말을 담게 되었다고 말한다. 이렇게 해 우리는 아이젠하워의 큐 카드에서 시작해서 조지 H. W. 부시와 윌리 호턴Willie

Horton이 등장하는 광고에까지 이르렀다.

1988년 선거전에 들어간 조지 H. W. 부시는, 특정 시점에 상대 후보인 매사추세츠주 주지사 마이클 듀카키스Michael Dukakis에게 16점 뒤지고 있었다. 그는 그 차이를 어떻게 만회했을까? 부시는 미국 역사상 가장 비열한 정치 캠페인 중 하나를 진행해서 전세를 역전시켰다. 제이미슨은, 듀카키스가 지지한 매사추세츠주의 죄수 주말휴가제도에 초점을 맞춘 '회전문 광고'에서 부시 진영이 "듀카키스가 268명의 일급 살인범들에게 휴가를 줬고, 그들이 나가서 다른 범죄를 저질렀다"는 잘못된 암시를 줬다고 썼다. 사실 10년이 넘는 기간 동안 휴가를 나간 일급 살인범은 네 명이었고, 그들 중 중죄를 저지른 것은 납치·강간을 자행한 악명 높은 윌리 호턴 한 명뿐이었다. 해리스 여론조사소Harris Poll가 1988년 10월에 실시한 여론조사에 따르면 유권자들의 60퍼센트가 회전문 광고를 본 것으로 나타났다. 제이미슨은 "광고가 시작된 시점부터 여론조사 시점 사이에 듀카키스가 '범죄에 관대하다'고 답한 응답자의 비율이 52퍼센트에서 63퍼센트로 올랐다"고 지적했다.

시청자들이 텔레비전의 강력한 힘에 맞서서 감정에 좌우되지 않고 상황을 이성적으로 바라볼 수 있을 가능성은 얼마나 될까? 당황스러울 정도로 많은 정치 스폿광고와 맞닥뜨린 시청자는, 정치인들이 쟁점들에 대해 실제로 어떤 입장을 취하는지를 알아보기 위해 신문이나 잡지를 참고할 수도 있다. 또는 인터넷을 검색해서, 선거 캠페인이 반쪽 진실과 거짓을 제공함으로써 여론을 어떻게 조종하고 있는지 알려주는 광고 감시 사이트에 들어갈 수도 있다. 그 광고들에 필요한 자금을 대고 있는 특수 이익단체의 이름을 찾기 위해 다른 사이트를 방문할 수도 있다. 시간에 여유가 있으면 자신이 주로 보는 채널에서 방송되는 정치 광고를 기록해 두었다가, 시간이 지나 다시 살펴보면서 어떤 이야기를 했고 어떤 이야기가 틀린 것으로 밝혀졌는지 확인해볼 수도 있다. 그러나 물론 보통의 시청자들은 이런 일들을 전혀 하지 않는다. 그들은 광고를 보고, 아주 잠깐 그것에 대해 생각하고, 그런 다음 그 광고가 전달하고자 하는 왜곡된 정보를 조용히 받아들인다. 그런 뒤 그가 성실한 공화국 시민이라면 투표를 할 것이다.

수많은 연구에서 스폿광고가 유권자들이 정보를 얻는 주요 정보원 (많은 경우 유일한 정보원)인 것으로 나타났다. 2004년 펜실베이니아대학교의 '내셔널 애넌버그 선거여론조사'에 따르면 상대 후보를 비방하는 광고, 가장 심하게 매도하는 광고 때문에 유권자들의 61퍼센트는 조지 W. 부시가 '미국의 일자리를 해외로 내보는 것'에 찬성한다고 믿었고, 56퍼센트는 케리 상원의원이 '세금 인상에 찬성하는 투표를 350회 했다'고 생각하고 있었다. 둘 다 정확한 사실이 아니었다. 부시 대통령이 말한 것은, 수입품을 산다 하더라도 미국인들이 가능한 값이 싼 제품을 구입하는 것이 '합리적'이라는 내용이었다. 케리가 찬성표를 던졌다는 350회의 투표는 대부분 기존 세금을 유지하는 것에 대한 투표였다.

미국인들은 텔레비전 정치 광고가 사람들을 조종한다는 것을 알고 있다. 하지만 최대한 의심을 품는다 해도 우리는 여전히 텔레비전을 상대로 싸울 준비가 되어 있지 않다. 텔레비전이 점점 익숙해지면서, 베트남 전쟁, 워터게이트 사건, 이란·콘트라 사건Iran-Contra Affair 등을 통해 알게 된 권력자들에 관한 따끔한 교훈이 더욱 강화되었고, 우리는 냉소적인 태도를 취하게 되었다. 그런데도 우리 대부분은 우리가 얼마나 조종당하기 쉬운 상태인지 완전히 이해하기 위해 필요한, 미디어에 대한 정교한 지식이 부족하다. 베테랑 CBS 기자 레슬리 스탈Lesley Stahl은 자신의 자서전에서 그녀조차도 정치인들이 시청자들의 인식을 조종하기 위해 어떻게 텔레비전을 이용하는지 오랜 세월 동안 깨닫지 못했다고 회상했다. 1984년에 백악관을 취재한 그녀는, 레이건 행정부의 정치홍보전문가들이 시각적 상징을 조작해서 레이건의 정책에 대한 그릇된 인상을 시청자들에게 심어주고 있다고 확신하게 되었다. 그래서 그녀는 주목할 만한 한 뉴스 보도에서 사실을 하나씩 드러내다가 마지막에는 그들의 속임수를 대중에게 폭로했다. 그녀는 저녁 뉴스에서 다음과 같이 보도했다. "레이건 대통령은 자신의 정책과 사실상 반대되는 배경 막을 신중하게 골라서, 그것을 이용해 국민의 호응을 얻지 못하는 이슈에 대한 기억을 지우려고 하고 있습니다. 장애인 올림픽이나 양로원 개관식을 보십시오. 대통령이 장애인 복지 예산이나 노인 주거 시설에 대한 연방 정부의 지원금을 삭감하려고 했다는 이야기는 전혀 찾아볼 수 없습니다."

뉴스가 방영된 후 그녀는 백악관의 비난에 맞설 마음의 준비를 단단히 했다. 그런데 그녀는 레이건 정부의 한 관료에게 '훌륭한 보도'였다고 칭찬 전화를 받았다. 그가 말했다. "우리 마음에 쏙 들었습니다." "뭐라고요?" 그녀가 되물었다. "정말 마음에 들었어요!" "어떻게 그게 마음에 들었다고 말할 수 있죠? 그건 공격이었어요! 그렇게 생각하지 않나요?" 그녀가 물었다. 그 관료는 이렇게 설명했다. "우리는 한창 선거운동을 하고 있는 중입니다. 그런데 당신이 우리를 위해 로널드 레이건의 모습이 담긴 4분 30초짜리 근사한 화면을 내보내준 거예요. 그것도 미국 국민 모두가 보는 뉴스에서요.……당신이 훌륭한 화면과 모순되는 이야기를 하고 있으면 아무도 당신 말에 귀를 기울이지 않아요. 화면이 뭔가 다른 이야기를 하고 있다면 그들은 당신이 말하는 내용을 듣지 않습니다."

마침내 레슬리 스탈은 깨달았다. 그러나 그것을 깨달은 시청자들이 얼마나 있을까? 또한 사실이 중요하지 않다면 우리의 민주주의에는 어떤 희망이 있을까? 이미지가 모든 것이라면 이 질문에 대한 답은 그다지 희망이 없다는 게 될 것이다. 텔레비전의 세계에서는 언제나 넓은 붓질로 그림을 그리는 정치인들이 사실과 수치로 무장한 사람들보다 더 유리하다.

이대로 텔레비전에 의존해도 될까

텔레비전의 장점은 시청자들에게 정치를 느끼고 경험할 수 있게 해

준다는 것이다. 그러나 정보 전달 수단으로서 텔레비전은 신문에 비해 많
이 부족하다. 텔레비전 앵커인 월터 크롱카이트Walter Cronkite는 전국 네트
워크 방송의 저녁 뉴스는 주요 뉴스들을 요약해서 전해주는 방송이라고
인정했다. 일반적인 뉴스 프로그램에는 괜찮은 신문의 제1면에 나오는
정보보다 더 적은 정보가 들어 있다. 텔레비전 시대에 자란 미국인들이
신문을 읽으며 성장한 미국인들보다 정치 지식을 측정하는 시험에서 더
낮은 점수를 받는 것은 당연하다. 텔레비전이 발전해온 방식을 볼 때, 시
청률이 가장 높은 저녁 뉴스를 시청하는 사려 깊은 시민이라 하더라도 정
치를 제대로 이해하기란 거의 불가능하다. 뉴스가 정치에 시간을 할애하
는 일은 점점 더 줄고 있고, 정치에 시간을 할애한다 해도 방송이 다루는
것은 쟁점이 아니라 경쟁이다. 소프트뉴스soft news(*연예나 스포츠 등에 관
한 오락적인 내용의 뉴스로 즉각적으로 즐거움이나 흥미를 준다)가 하드뉴스
hard news(*정치, 사회, 경제, 국제관계 등에 관한 정보 중심적인 뉴스로 어느 정도
시간이 경과한 뒤에 영향이 나타난다)를 이긴다. 게다가 사운드 바이트는 평
균 9.8초 동안만 방송된다(한 세대 전의 42.3초와 비교해보라). 시청자들은
C-스팬C-SPAN(*미국 의회 회의 중계 및 정부 활동을 전문적으로 다루는 비영리
케이블 채널)으로 채널을 돌려야만 정치가의 연설을 온전히 다 들을 수 있
는데 일부러 그렇게 하는 시청자는 거의 없다. 케이블 방송은 더 심도 있
는 뉴스를 제공하기도 하지만 시청률에 대한 욕심 때문에 딱딱한 뉴스보
다는 대개 오락프로를 방송한다. 케이블 방송의 토크쇼는 대개 과장된 말

들이 주를 이룬다.

전국 네트워크 뉴스에 깊이가 없다고 한다면, 지역 텔레비전 뉴스는 거의 뇌사 상태라고 할 수 있다. 나는 수년 간 지역 텔레비전 뉴스가 우리를 더 멍청하게 만들고 있다고 말해왔다. 단지 관심을 끌기 위한 목적에서 한 말은 아니었다. 내 생각에는 정말로 그런 것 같다. 지역 텔레비전 뉴스를 보고 시청자들이 그날 지역사회에 무슨 일이 있어났는지 정말로 알게 되었다고 생각하기 때문이다. 불행히도 나는 이 나라에서 실제로 제대로 된 지역 정보를 제공하는 방송을 알지 못한다.

첫째, 지역 텔레비전 뉴스는 대체로 정치를 다루지 않는다. 이것은 어느 누구의 기준으로 봐도 심각한 과실일 것이다. 예전에는 지역 텔레비전 뉴스에서도 정치를 다뤘다. 하지만 오래전에 중단되었다. 2001년 시애틀의 한 방송국은 월요일부터 금요일까지 방송되는 정규 방송에서, 시장 선거일 전까지 시장 선거에 관한 이야기를 딱 하나(기자가 전하는 현장 소식) 방영했다. 심지어 시애틀은 시카고 서쪽과 샌프란시스코 북쪽에서 가장 중요한 도시다.

한때 지역 뉴스 보도국 운영을 도와준 경험이 있기 때문에(시애틀에 있는 CBS 협력사인 KIRO TV에서 편집장으로 일했다) 나는 왜 뉴스 보도 책임자들이 정치 관련 뉴스를 방송하지 않으려 하는지 이해는 한다. 조사 결과를 보면 시청자들이 정치를 지루하게 여긴다는 것이 확실하게 드러난다. 또한 지역 정치 이야기는 대개 재미가 없다. 가령 시장과 시의회 간에 흔히 있는 갈등에 흥미를 느끼는 시청자는 극히 일부뿐일 것이다. 지역 정치와 관련된 이야기에서 관심을 불러일으킬 만한 요소를 찾기는 어렵다. 지역 기자들이 한정된 시간 속에서 일을 한다는 점을 생각할 때, 관심 요소를 찾기란 사실상 거의 불가능하다. 그럼에도 지역 텔레비전 뉴스의 시청자들이 구축되는 방식 때문에 관심을 불러일으키는 이야기가 반드시 필요하다. 진실은 그 이야기들이 사실상 지역에 국한된 것이 아니라는 것이다.

미국에는 1만 3,500개 정도의 텔레비전 방송국이 있다. 이런 상황이니 지역 이야기를 다룰 기회가 많을 것으로 생각될 것이다. 하지만 미국의 방송 시장은 전체적으로 약 200개로 나뉘어져 있다. 각 시장에서 활동하는 방송국의 시청자는 보통 ADIArea of Dominant Influence(*방송 수신 가능 영역)라고 하는 지역에 사는 주민인데, 이 ADI는 하나의 지역 정치가 관할하는 구역의 경계를 훨씬 넘어간다. 내가 일했던 시애틀 방송국에서 내보내는 방송은 북쪽으로는 캐나다 국경까지 나갔고, 남쪽으로는 오리건주 포틀랜드 근처의 워싱턴주 밴쿠버까지 나갔다. 방송국이 시애틀 시장에 관한 이야기를 방송하려고 하면, 그 즉시 시애틀 바깥에 사는 모든 사람들(시청자들 대부분)을 잃을 위험에 처하는 것이다. 이런 이유로 방송국은 어느 누구나 공감할 만한 이야기를 중점적으로 다루게 된다. 화재나 살인, (프리윌리Free Willy라고도 알려진) 범고래 케이코Keiko 등에 관한 이야기를 말이다. 미국 전역의 지역 뉴스들이 모두 똑같은 소리를 하고 똑같은 따분한 이야기(단지 장소만 바뀌는 것 같다)에 집중하는 이유는 그 이야기들이 대중이 시청할 만한 유일한 이야기라는 것이 연구를 통해 입증되었기 때문이다. 지역 텔레비전은 여전히 매스미디어다.

텔레비전의 한계에도 사람들은 텔레비전을 가장 신뢰하는 매체라고 말한다. 왜일까? 본질적으로 화면에는 사실로 믿게 하는 힘이 있기 때문이다. 텔레비전에서 우리가 본 사건은 확실히 일어난 일이다. 텔레비전에서 우리가 보지 못한 사건은 일어나지 않은 일이다(단, 텔레비전에서 누군가가 그 사건을 극적으로 언급한다면 우리는 그 사건을 텔레비전에서 본 것처럼 느낄 것이다). 20세기 후반부에 일어난 사건을 떠올릴 때 무엇이 머릿속에 떠오르는가? 이미지다. 마틴 루서 킹의 '나에게는 꿈이 있습니다 Have a Dream' 연설, 존 F. 케네디의 장례식, 1960년대 인종 폭동 당시 텔레비전을 가져가는 약탈자들, 베트남 전쟁 당시 논 위로 급강하하는 헬리콥터, 황금 시간대에 방송된 린든 존슨의 차기 대통령 선거 출마 포기 발표, 닐 암스트롱Neil Armstrong이 달을 걷는 장면, 닉슨이 중국에서 마오쩌둥毛澤東과 건배를 하는 모습과 사임 후 헬리콥터에 오르는 모습, 지미 카터 대통령의 불안Malaise 연설, 이란 주재 미국대사관 인질 사건, 레이건이 베를린에서 고르바초프를 향해 "이 벽을 허물라"고 요구하는 모습, "내 말 잘 들으세요"라고 했던 부시의 첫 번째 약속, "그 여성과 성관계를 가진 적이 없다"는 빌 클린턴의 주장 같은 영상의 이미지들 말이다.

1949년 『뉴욕타임스 매거진New York Times Magazine』에 실린 텔레비전

에 관한 양면 기사에서 잭 굴드는 이렇게 썼다. "1년 전 텔레비전에 관한 큰 물음은 '새 미디어의 미래는 무엇인가'였다. 오늘날의 물음은 '텔레비전을 보는 사람들의 미래는 무엇인가'다." 이제 우리는 그 답을 알고 있다. 어느 누구도 바라지 않을 미래다.

우리가 급진적인 실험에 착수했다는 것을 지적할 필요가 있겠다. 이 실험은 어떻게 일어나게 되었을까? 그것을 실시해야 한다고 계획한 사람은 없었다. 그것이 실시될 것이라고 예측한 사람도 없었다. 우리의 시스템은 건국의 아버지들이 생각해 낸 시스템이 아니다. 자신들이 18세기에 세운 시스템이 21세기 현재의 시스템으로 탈바꿈했다는 것을 그들이 안다면 무척 충격을 받을지도 모를 일이다. 우리는 사실 시스템이라고 할 수 있는 것을 가지고 있지 않다. 우리의 시스템은 시스템이 결여된 시스템이다. 어느 누구도 그것을 설계하지 않았다. 고속도로에서 일어난 끔찍한 자동차 사고처럼 그것은 그저 우연히 발생했을 뿐이다.

미국 역사상 개별 유권자들이 지금보다 더 불리한 입장에 놓인 적은 없었다. 유권자들은 어떻게 생각해야 할지, 자신의 이해관계가 어디에 놓여 있는지, 어디에 투표해야 할지 등을 자신의 힘으로 알아내야 하는 상황에 놓였다. 개별 유권자들이 이제부터 미국의 민주주의를 운전하라는 말을 들은 역사의 바로 그 순간, 그들은 과거 자신들의 정치적 지식을 형성해준 정당 지도부, 정당 조직, 노동조합의 도움을 잃었다. 심지어 정보 전달 매체로서 텔레비전이 신문보다 훨씬 뒤떨어짐에도, 우리 사회는 신문에서 뉴스를 읽기보다 텔레비전에서 뉴스를 보라고 부추기기까지 했다.

여태까지처럼 앞으로도 계속 같은 상황이 전개되기를 원하는 사람은 아마 없을 것이다. 어느 누가, 다수의 유권자들이 텔레비전 캠페인을 근거로 공화국의 운명을 결정하게 내버려두는 시스템을 원하겠는가? 유권자들이 텔레비전 정치 광고를 통해 후보자에 대한 정보를 주로 얻는다는 사실을 안다면, 어느 누가 유권자들이 현재 가지고 있는 그런 힘을 그들에게 줄 생각을 하겠는가? 오늘날의 세계가 얼마나 복잡한지 안다면, 어느 누가 유권자들에게 복잡한 상황을 다룰 능력이 전반적으로 부족하다는 사실을 알면서도, 정치인들이 따라야 하는 특정 정책을 유권자들이 좌우하게 두겠는가? 이 질문들에 긍정적인 대답을 할 사람은 거의 없으리라고 생각한다. 그러나 현재 우리는 지금 상황에 너무나 익숙해진 나머지 다른 방법은 찾을 생각도 하지 않고 있다.

7장

우리의
어리석은 정치

칼 로브는 미국인들이 자신이 꾸며낸

이야기를 이해할 만한 교육은 받되,

그것을 의심할 만한 교육은 받지 않아야 한다고

생각한 사람으로 기억될 만하다.

● 에릭 로쉬웨이Eric Rauchway
〈논쟁ALTERCATION〉 중에서 (2007년 8월 14일)

해가 갈수록 미국의 대중은 점점 더 똑똑해지고 있다? 적어도 졸업식에서 수여되는 대학 학위의 수로 따지자면 그렇다. 또한 해가 갈수록 우리의 정치는 점점 더 멍청해지고 있다. 이전 장들에서 내가 지적한 힘들 때문이다. 과연 얼마나 멍청해진 것일까?

연구에 따르면 오늘날의 대통령 연설은 7학년(*우리의 중학교 1학년에 해당) 정도 수준에 맞춰져 있다. 예전의(불과 50년 전) 대통령들은 12학년(*고등학교 3학년에 해당) 수준으로 이야기했다. 또한 조사에 따르면 오늘날의 미국 젊은이들은 한 세기나 두 세기 전의 젊은이들보다 학교에서 더 많은 시간을 보냄에도 정치에 대한 지식이 일반적으로 더 적다고 한다. 쟁점에 관한 후보자의 입장에 대해 미국인들이 알고 있는 빈약한 지식은, 성가신 메뚜기 떼처럼 선거철에 급증하는 무의미한 텔레비전 정치 광고를 통해 습득한 것들이다.

우리의 정치인들이 더 이상 건국의 아버지들이나 에이브러햄 링컨처럼 지적으로 보이지 않는다는 것은 당연한 사실로 받아들여진다. 그러나 그들은 이제 밀러드 필모어Millard Fillmore(*제13대 대통령. 재커리 테일러

Zachary Taylor 대통령 사망으로 대통령직을 승계함)와 체스터 아서Chester A. Arthur(*제21대 대통령. 제임스 가필드James Abram Garfield 대통령 사망으로 대통령직을 승계함)가 세운 기준에도 미달한다. 이 두 대통령은 ①자신이 가장 좋아하는 속옷에 대해 공개적으로 발언한 적이 없고, ②나무가 오염을 일으킨다고 주장한 적도 없고, ③상대를 '얼간이bozo'라고 비난한 적도 없고, ④우리 아이들의 문맹률이 끔찍할 정도라고 말하지도 않았고, ⑤정치 토론에서 국가적으로 중요한 쟁점에 대한 자기 딸의 견해를 언급하지 않았고, ⑥큰 수술 자국을 언론에 보여주기 위해 셔츠를 걷어 올리지도 않았고, ⑦자신이 소박한 사람임을 강조하기 위해 선거운동 중에 트랙터를 타고 등장하지도 잃았고, ⑧댕크에 올라가서 사진을 찍지도 않았고, ⑨대통령 출마 선언을 하기 위해 방송 프로그램(코미디 센트럴 채널의 〈더 데일리쇼〉)에 출연하지도 않았고, ⑩연설이나 유세 일정을 언제로 잡을지 정하기 위해 점성가를 찾아가지도 않았고, ⑪여성들의 호감을 사려고 따뜻한 느낌의 갈색톤 옷을 입지도 않았고, ⑫커다란 시가를 피우는 모습으로 잡지 표지에 등장하지도 않았고, ⑬신앙심 깊은 유권자들의 환심을 사려는 분명한 목적으로 예수가 자신이 가장 좋아하는 철학자라고 주장하지도 않았고, ⑭어디에서 휴가를 보낼지 결정하기 위해 여론조사를 실시하지도 않았고, ⑮여론조사 전문가, 미디어 컨설턴트, 연설문 작성 담당자, 대변인 등을 고용할 생각도 하지 않았다. 또한 이 두 대통령 중 누구도 대중에게 좋은 인상을 남기기 위해 연출 사진을 찍지도 않았다.

C-스팬 채널의 기적 덕분에 이제는 누구나 워싱턴 D.C.에 있는 의원들이 상원에서 열변을 토하는 모습을 지켜볼 수 있다. 그러나 누가 그걸 지켜보고 싶어 할까? 화면에 넓게 잡힌 의원석이 거의 비어있는 것으로 판단하건대 다른 상원의원들도 열심히 지켜보는 것 같지는 않다. 드문 경우를 제외하고는 '세계에서 가장 큰 심의기관'의 일원들이 하는 일이라고는 무위도식이 전부다. 민주화된 우리 시대에는 평범한 의원이 하는 사려 깊은 연설을 들어줄 청중이 별로 없다. 그래서 보통의 상원의원은 연설을 하는 데 힘을 쏟지 않는다. 링컨 시절의 정치인들은 선거 유세를 하면서 오랫동안 수천 명의 군중을 붙잡아둘 수 있었다. 오늘날 정치인들은 몇 분 동안만이라도 우리의 관심을 끌기 위해 지그jig 춤이라도 춰야 할 판이다. 2006년 미국 상원의원 후보 중 한 명은 치열한 경선 중에 너무나 주목을 받고 싶었던 나머지, 정장을 한 채로 호수에 말 그대로 첨벙 뛰어드는 모습을 텔레비전 광고로 내보내기도 했다(그는 졌다).

나는 '참 좋았던 옛 시절'에는 민주주의의 수준이 특별히 더 높았다는 말을 하려는 것은 아니다. 민주주의의 황금기는 과거에도 존재하지 않았다. 비교적 최근까지 대부분의 미국 흑인들이 투표권조차 가지지 못했다는 점을 생각한다면, 그런 주장은 불쾌한 주장이 될 것이다. 그렇기는 하지만, 나는 현재 우리의 민주주의가 실행되는 방식이 과거의 방식과 비교해서 불리해 보인다는 점을 지적하는 것이 도움이 될 것이라고 생각한다.

배우가 된 현대의 정치인

초기 대통령들은 중요한 연설을 해야 할 때는 자리에 앉아서 직접 연설문을 작성했다. 요즘에는 상상도 할 수 없는 일이다. 오늘날 우리의 대통령들이 연설문 작성법을 과연 알고 있을지조차 분명치 않다. 우리도 이런 점에 신경 쓰지 않는다. 어떤 정치인이 종이에 단어 10개를 연결해서 쓰는 것도 어려워 쩔쩔맨다고 해도 아무도 개의치 않는다. 반면 우리는 우리의 대통령이 심야 코미디언의 예민한 타이밍 감각을 가지고 있기를 기대한다.

오늘닐의 대통령에게는 많은 역할이 있는데, 그중 하나는 최고의 코미디언이 되는 것이다. 매년 대통령은 그리다이언 클럽Gridiron Club(*미국 중견 언론인 모임) 연례 만찬에서 자신이 권력 때문에 자만하지 않고 있다는 것을 보여주기 위해 자조적 촌극을 벌여야 한다. 이를 위해서 대통령의 연설문 작성 담당관은 워싱턴 정가를 풍자하는 지방의 코미디 작가에게 도움을 요청한다. 그다음 날 신문들은 대통령이 얼마나 연기를 잘했는지를 보도한다. 기자들은 빌 클린턴의 연간 발표회를 무척 마음에 들어했다. 르윈스키 스캔들이 터진 두 달 뒤에, 만찬에 참석한 그가 한 독백(그는 "지난 한 주 어떻게 보내셨습니까?"라고 덤덤한 표정으로 말했다)은 워싱턴 정가를 취재하는 현직 언론인들의 호감을 사서, 그가 대통령직을 지키는 데 도움이 되었을 것이다. 영부인들도 연기를 해야 한다. 로널드 레이건 대통령의 부인 낸시 레이건Nancy Reagan은 어느 해인가 값비싼 디자이너 옷에 대한 자신의 사랑을 조롱하기 위해 누더기를 걸치고 나타나기도 했다. 이런 등장은 현대 정치의 분위기를 완벽하게 포착한 것이다. 배우 출신인 로널드 레이건이 자신의 전기 작가 에드먼드 모리스Edmund Morris에게, 배우 경력이 없는 사람이 어떻게 오늘날 대통령으로 성공할 수 있을지 의아할 때가 있다고 말한 것도 놀랄 일이 아니다. 레이건은 한 무리의 학생들에게 "연기를 잘하는 것이 (정치에서) 얼마나 큰 이득이 되는지 알면 여러분은 아마 깜짝 놀랄 겁니다"라고 말했다.

정치인이 그저 공직을 갈망하는 한 명의 인간이던 시절은 갔다. 오늘날의 정치인은 결코 인간이 아니다. 하나의 브랜드다. 콘플레이크 상자처럼 정치인은 슬로건, 포장 디자인, 광고캠페인과 함께 등장한다. 심지어 주제곡이 있는 경우도 있다. 캠페인이 끝나고 정치인의 이름이 들릴 때 민주당 지지자라면 로큰롤 히트곡을, 공화당 지지자라면 컨트리 뮤직 멜로디를 떠올릴 것이다. 이 모든 노력은 투표일에 기표소로 걸어 들어가는 유권자의 머릿속을 온통 만들어진 이미지로 가득 채우는 데 집중된다. 빌 클린턴을 생각하면 그가 〈아르세니오 홀 쇼The Arsenio Hall Show〉에 출연해서 색소폰을 연주하는 모습이 떠오른다. 조지 W. 부시를 생각하면 그가 전형적인 남부 백인 남자들 여럿과 바비큐 그릴 옆에 서 있는 모습이 떠오른다. 이런 상황에서 하는 투표에서 더 이상 쟁점은 중요하지 않다. 중요한 것은 느낌이다. 유권자의 느낌말이다. X브랜드를 찍으면 브래

들리 보병 전투차에 쪼그려 앉아 있는 군인처럼 안전감을 느낄 수 있다. Y브랜드를 찍으면 성공적으로 임무를 완수하고 이제 막 복귀한 해군 전투기 조종사가 느끼는 승리감을 맛볼 수 있다. 유권자가 해야 할 일은 올바른 레버를 당기는 것이다. 힐러리 클린턴이 뉴햄프서 예비선거 전날 눈물을 흘렸다고? 어, 그렇다면, 그녀도 어쨌거나 인간미가 있는 사람이었군. 그녀를 찍자!

불과 50여 년 전, 아이젠하워가 최초의 30초짜리 정치 스폿광고에 등장했던 그때만 해도 광고업계에서 텔레비전에 딱 맞게 제작한 그런 종류의 이미지 포장을 정치인이 받아들인다는 것은 전례가 없는 일이었다. 이세는 '매드맨Mad Men(▲뉴욕 매디슨가에 밀집해 있는 광고계 종사자들을 가리키는 표현)'이 완전히 책임을 진다. 대통령이 연설을 하면 그들은 시청자들과 연결되는 특정 장치를 마련하고, 그것을 통해 긍정적이고 부정적인 모든 느낌을 조사가들이 측정한다. 그다음 그 결과를 즉시 대통령의 참모들에게 보내고, 참모들은 그 결과를 보고 대통령이 어떻게 연기했고 어떤 대사가 효과적이었는지를 판단하고, 또 어떻게 하면 그 결과를 대통령에게 가장 유리한 방향으로 제시할 수 있는지를 궁리한다.

빈번한 선동 정치

'티페카누와 타일러 모두'라는 슬로건이 나오기 전부터 미국 정치에 슬로건은 늘 있었다. 조지 워싱턴의 슬로건은 "전쟁에서도 최고, 평화에서도 최고, 동포들 마음속에서도 최고"였다. 바르바리Barbari 해적과 전쟁을 벌일 때 토머스 제퍼슨 숭배자들은 "방위를 위해서는 수백만 달러를 써도, 조공을 위해서는 1센트도 쓸 수 없다"라는 구호를 중심으로 결집했다. 대망을 품은 오늘날의 정치인들에게는 좋은 슬로건(또는 사운드 바이트)이 무공훈장으로 가득 찬 가슴보다 더 가치가 있다. 요즘에는 마음을 사로잡는 슬로건을 생각해낼 수 있는 홍보 담당자를 고용할 만한 감각이 있느냐로 선거의 승패가 갈리는 일이 많다. 로널드 레이건이 1980년에 대선에서 승리할 수 있었던 부분적인 이유는, 단 한 번 가진 지미 카터와의 후보 토론에 앞서 미리 준비했던 몇 개의 재치 있는 말들 때문이었을지도 모른다. "또 그 이야기군요." 레이건은 살짝 찡그린 얼굴에 엷은 미소를 띠면서 말했다. 그러고는 마무리 발언에서 그는 미국인들에게 4년 전보다 살림살이가 나아졌냐고 물었고, 그것으로 결판이 났다. 4년 뒤 노령의 레이건이 비교적 젊은 상대 후보 월터 먼데일과의 첫 번째 토론회에서 그다지 인상적인 모습을 보이지 못하자, 레이건의 보좌관들은 무엇이 문제였는지를 알아내기 위해 급히 서둘렀다. 레이건의 아내 낸시는 문제가 무엇인지 알았다. 보좌관들의 과도한 개입으로 레이건의 머릿속이 자신도 이해할 수 없는 사실과 수치로 가득 차 있었던 것이다. 그다음 토론에서는 레이건이 대통령직을 수행하기에 너무 나이가 많다는 우려를 불식시키기 위한 짤막한 농담이 준비되어 있었다. "저는 이번 선거운동에서 나이를 쟁점으로 만들지 않을 생각입니다. 저는 상대 후보의 어린 나이와 경험 부족을 정치적 목적을 위해 이용하지 않을 것입니다." 이번에도 이 말로 결판이 났다. 레이건 스스로도 토론은 "단지 단어 네 개에 달려 있을지도 모른다"고 믿었다. 경제를 고려했을 때, 두 번째 토론에서 무슨 말을 했든 아마 레이건이 1984년 대선에서 틀림없이 승리했을 것이다. 그러나 토론회에서 그가 한 말로 미국인들은 그를 재선출하는 것이 현명한 선택일 것이라고 믿고 안심할 수 있었다.

어느 한 가지 사실만으로 미국 정치의 너무도 많은 부분을 특징짓는 '어리석음'이라는 현상을 설명할 수는 없다. 그러나 참으로 놀랄 만한 사실은 가장 명백한 원인(대중의 무지)을 얼마나 자주 태평스럽게 경시하는가 하는 것이다. 에드거 앨런 포Edgar Allan Poe의 추리소설에 나오는 전형적인 단서처럼 그것은 잘 보이는 곳에 숨겨져 있다.

전화 연결을 원하는 청취자 상황판의 불이 들어오게 하기 위해 뜨거운 쟁점만을 사냥하는 라디오 토크쇼 진행자를 우리는 혹평한다. 그렇지만 그 겉만 번지르르한 실없는 소리에 귀를 기울이는 사람들도 정당한 몫의 비난을 받아야 하지 않을까? 자신의 재능은 신에게 빌린 것이라고 주장하는 러시 림보가 진보적 여성운동가들을 페미나치feminazi(*페미니스트와 나치의 합성어)라고 불렀을 때, 또는 돈 아이머스Don Imus가 흑인들을 맹공격했을 때(예를 들어 그는 그웬 아이필이 『뉴욕타임스』 백악관 출입 기자였을 때 그녀를 백악관 청소부라고 불렀다), 그 상스러운 독설을 넋을 빼고 앉아서 듣고 있는 사람들의 상식과 소박한 품위에 놀라워해야 하지 않을까(청소부 '농담' 같은 발언을 몇 년 동안 한 끝에 아이머스는 결국 해고되었지만, 그의 방송 경력에 그저 일시적인 타격을 받았을 뿐이었다)?

길에서 러시와 아이머스의 방송을 듣는 사람을 붙잡고 왜 그 방송을 듣는지 물어보면 아마 재미있기 때문이라는 대답을 들을 것이다. 현대 미국 여성들을, 역사상 가장 악질인 히틀러 독재정권의 흉악한 살인범들과 짝을 짓는 것이 정확히 어디가 어떻게 재미있다는 것일까? 우리 사회 전체가 적어도 두 세대에 걸쳐 깨부수려 애쓰고 있는 흑인에 대한 고정관념을 떠올리게 하는 노골적인 인종주의적 발언의 어느 부분이 재미있다는 것일까?

이제 잠시 당신이 우리의 공론에 영향을 미치는 칼 로브 같이 크게 성공한 정치 컨설턴트라고 상상해보자. 당신이라면 이런 청취자들이 아주 많은 나라를 두고 뭐라고 하겠는가? 그 나라 사람들이 무척 저급한 사람들이고 아마 무척 저급한 정치적 호소에도 쉽게 반응할 것이라는 결론에 도달하지 않겠는가? 로브가 유권자들의 수준을 끌어올리는 것을 자신의 책임이라고 생각하지 않았다면(나는 그런 식으로 생각하는 정치 컨설턴트를 아직 단 한 명도 만나지 못했다) 그는 유권자들을 있는 그대로 받아들였을 것이고 그에 맞게 선거운동을 계획했을 것이다.

러시의 청취자들은 주로 레드넥redneck(*교육 수준이 낮고 정치적으로 보수적인 미국의 가난한 백인 노동자)으로 구성되어 있고, 그들은 대중의 일부에 지나지 않으므로 미국인을 대표한다고 여겨서는 안 된다고 생각하는 사람도 있을 것이다. 그렇다면 일주일에 2,000만 명이 넘은 러시 방송의 청취자들은 실제로 누구였을까? 1996년 펜실베이니아대학교의 '내셔널 애넌버그 공공정책센터'에서 실시한 연구에 따르면, 그 방송의 청취자들은 평균적인 유권자보다 교육 수준이 높고 "정치와 사회문제에 대해 더 많이 알고 있었다"고 한다. 이 결과는 다음의 두 가지 방식으로 해석할 수 있다. 첫 번째는 러시의 방송에 대한 우리의 평가를 재고하고, 그 방송이 우리가 생각하는 것보다는 더 수준 높은 방송일지도 모른다고 인정하는 것이다. 두 번째는 그 방송의 청취자들이 미국 전체의 유권자들보다 지식이 부족하지 않고, 오히려 지식수준이 더 높기 때문에 미국인을 대표하지 못한다는 유쾌하지 않은 결론을 내려야 할지도 모른다.

만약 내 생각대로 두 번째가 사실이라면, 미국 정치가 지금처럼 분통이 터질 만큼 낮은 수준에 있다는 것이 놀라운 일이 아니라, 가끔은 조금 더 높은 수준으로 올라가기도 한다는 것이 놀라운 일일 것이다.

어리석은 정치의 징후

이런 상황을 보면 우리는 우리 정치의 문제가 사람들이 인정하는 것보다 더 심각하다는 점을 이해할 수 있다. 우리의 문제는, 더 실질적이고 영향이 큰 쟁점에는 집중하지 않고, 카리브해 섬에 사는 아름답고 젊은

여자의 비극적이고도 신비한 실종에 관해 2005년 몇 달이나 계속해서 떠들어댄 케이블 뉴스에 있는 게 아니다. 우리의 문제는 부자들을 위한 감세가 국가 예산에 미친 영향을 숨기기 위해, 세금 감면을 확대할 준비를 하면서도 형식적으로는 감면을 만료시켜온 워싱턴 D. C.의 비열한 정치인들에게 있는 것도 아니다. 선동 정치가가 너무 많은 것에 있는 것도 아니다. 우리의 가장 큰 문제(또한 우리의 큰 문제들 중 하나)는 이 모든 걱정거리의 밑바탕에 깔려 있는 것이다. 바로 대중의 한정된 역량이다.

왜 우리는 사운드 바이트 문화를 가지게 된 것일까? 대중민주주의에서는 오로지 단순하게 제시되는 쟁점만이 공론화하기 쉽기 때문이다. 복잡한 의견은 부득이 설명이 필요할 수밖에 없다. 이 나라에서는 무언가를 설명하는 그 순간 이미 대중의 대다수를 잃는다. 어떤 의견이 자동차 범퍼 스티커 안에 다 표현될 수 없다면, 그 의견이 많은 지지를 끌어모을 것이라는 희망은 단념해야 할 것이다. 진지하게 고려할 기회를 갖기도 전에 심한 비웃음거리가 될 수도 있다. 그 의견이 소개되는 순간 틀림없이 누군가가 상아탑에서 그 견해를 생각해낸 지식인들에게 비난의 말을 던질 것이고, 그것으로 그 아이디어의 생명은 끝이 날 것이다.

미국 국민을 평가하기 위해서는 그들의 지성뿐 아니라 더 많은 것을 고려해야 한다. 미국인들은 대체로 인상적일 정도로 관대하고 낙관적이며 한결같다(그들의 신념이 이리저리 크게 흔들리지 않는다는 뜻이다). 나는 평범한 미국인들이 사실이 무엇인지 알게 된다면, 뿌리 깊은 편견이 사고에 영향을 주지 않는 한 신중한 결론을 내릴 능력이 완벽하게 있다고 믿는다 (물론 그들에게 사실을 알리는 것은 어려운 일이다). 때로는 미국인들이 건전한 상식에 의지해서 그들의 지도자로 추정되는 이들을 능가하는 입장을 분명히 밝히는 경우도 있다. 2007년 여론조사에 따르면 유권자들은 오염을 억제하고 수입 석유에 대한 의존도를 줄이기 위해서 자동차 연비 기준 강화에 찬성했다. 반면 자동차 업계의 반발에 민감한 정치인들은 그 정책에 반대했다.

그러나 수십 년 동안 단호하게 눈을 감아 버린 문제를 이제 와서 마침내 보게 되었다고 해서 대중들이 인정을 받아야 할까? 유권자들이 마침내 깨어난 유일한 이유는, 휘발유 가격이 폭등했고 휘발유 가격은 누구나 이해하는 것이기 때문이다. 박사 학위가 없어도 휘발유 1갤런당 3달러의 영향을 이해할 수 있다. 그럼에도 여전히 사람들은 생활방식을 바꾸고 싶어 하지 않는다. 연료를 많이 먹는 SUV를 포기한다고? 말도 안 되지. 대중교통을 이용한다고? 말도 안 되는 소리. CBS와의 인터뷰에서 워싱턴 D. C.의 한 운전자는 자신은 휘발유가 1갤런에 4달러로 오른다 해도 자가용으로 통근하는 것을 포기할 생각이 없다고 말했다. 길 건너에 지하철역이 있는 곳에 살아서 통근 수단을 지하철로 쉽게 바꿀 수 있는데도 말이다. 그녀는 자신의 차를 무척 사랑한다고 말했다.

정신과 의사들에게는 이런 현상을 지칭하는 용어가 있다. '부정 denial'이라는 것이다. 그것은 미국인들의 병이다. 게다가 알려진 치료법도 없다.[*] 부정은 무식과는 다르다. 똑똑한 사람들도 다른 사람들만큼 쉽게 현실을 부정한다. 그러나 우리의 정치문화가 조직되는 방식 때문에, 대중이 현실을 부정하고 회피하는 반응을 보일 때 비평가들이 나서서 그것을 지적하기란 쉽지 않다. 이것 또한 어리석은 정치의 징후다. 현명한 시스템에서는 비판이 환영받는 법이다.

---

[*] 그렇다고 우리가 절망에 굴복해야 한다는 뜻은 아니다. 10장 「현명한 유권자의 나라를 위하여」를 참조하라.

8장

9 · 11 사태
와
대중의 무관심

전쟁이 선포될 때마다 가장 먼저 희생되는 것은 진실이다

● 아서 폰손비Arthur Ponsonby, 『전시의 허위FALSEHOOD IN WARTIME: PROPAGANDA LIES OF THE
  FIRST WORLD WAR』(1928) 중에서

나는 부시 행정부가 9 · 11 사태, 이라크전 등과 관련해 어떤 식으로 미국을 오도했는지를 열거하는 또 다른 긴 목록을 독자들에게 안겨주고 싶지는 않다. 우리에게는 그런 목록이 이미 충분히 있다. 내가 직접 그런 내용들을 〈히스토리 뉴스 네트워크History News Network〉에 게시하기도 했고, 이 시점에서 또 다른 목록을 읽고 싶지는 않다. 나는 우리가 부시 행정부의 파일, 이메일, 일지, 체험기 등을 입수해서 관료들이 사실이라고 알고 있던 것이 무엇이고 거짓이라고 알고 있던 것이 무엇인지, 그들이 이라크전을 통해 진정으로 얻고자 했던 것은 무엇이었는지 정확하게 판단할 수 있기 전까지는, 점점 더 쌓여가는 이 주제에 관한 논문에 자료를 더 보태지는 않겠다고 굳게 다짐했다. 세부 사항이 무엇으로 밝혀지든 간에 잘못 이름 붙여진 '테러와의 전쟁War On Terror'에서 계획한 대로 진행된 것은 아무 것도 없다. 이라크뿐 아니라 아프가니스탄에서도 그랬다.

하지만 지난 6년 동안 일어난 사건들에 대한 대중의 반응을 살펴보면 많은 것을 얻을 수 있을 것이다. 긍정적인 면을 보자면, 미국인들은 지도자들에게 비합리적인 요구를 하지 않았다. 9 · 11 사태 이후 미국의 이슬람교도들은(일본의 진주만 공격 이후 일본계 미국인들이 당했던 것처럼) 피검檢되어 강제수용소로 끌려가지 않았다. 모스크(이슬람교에서 예배하는 건물이자 신앙 공동체의 중심지)도 폐쇄되지 않았다. 우리가 적으로 인식하는 자들을 공격하기 위해 핵무기를 쓰지도 않았다. 아무도 린치를 당하지 않았다. 과거 미국 역사에서 미루어 볼 때 이런 조짐들이 일어날 것이라고 예측할 수도 있었다. 그러나 아무 일도 일어나지 않았고 그와 비슷한 일들도 일어나지 않았다는 것은 주목할 만하다.

그러나 여론조사를 보면 미국인의 상당수가 터무니없는 음모설에 영향을 받은 것을 알 수 있다. 스크립스 하워드Scripps Howard 재단이 실시한 2006년 여론조사에 따르면 미국인의 36퍼센트가 미국 관료들이 9·11 사태가 일어나는 것을 방관했거나, 그것에 연루되어 있을 "가능성이 매우 크다"거나 "가능성이 어느 정도 있다"고 믿는 것으로 나타났다.

음모론적 사고가 미국인들만의 것은 아니다. 2004년 여론조사에서는 독일인의 19퍼센트가 9·11 사태가 CIA와 이스라엘 모사드Mossad(*이스라엘의 비밀정보기관)의 소행이라고 응답했다. 프랑스인들은 티에리 메이상Thierry Meyssan의 책 『무시무시한 사기극L'effroyable Imposture』을 베스트셀러로 만들었다. 9·11 사태 당시 미 국방부가 펜타곤(미국 국방부 청사)을 향해 순항미사일(저공비행할 수 있고, 표적을 우회 공격할 수 있어 방공레이더로 포착하기 어려운 제트기 모양의 무인無人 미사일)을 발사했다는 그 책의 말도 안 되는 주요 주장을 뒷받침할 증거가 없음에도 불구하고 말이다.

전 세계 수많은 이슬람교도들은 유대인들이 사전에 세계무역센터 공격에
관한 경고를 받았다고 여전히 믿고 있다. 하지만 우리는 이 나라에서 당
연히 이루어져야할 깊이 있는 논의 대신 다음과 같은 슬로건에 만족했다.

> "우리는 그곳에서 그들과 싸워야 한다. 그러니 이곳에서는 그들과 싸울
> 필요가 없다."
> "전 지구적 테러와의 전쟁GWOT."
> "임무 완료."
> "우리 편이 아니면 테러리스트들의 편이다."
> "악의 축."

나는 '슬로건과의 전쟁'을 슬로건으로 내세우면서 슬로건과의 전쟁
을 선포할 준비가 되어 있다. 나는 '슬로건과의 전쟁'이 사람들이 사용하
는 마지막 슬로건이 되기를 바란다. 만약 슬로건이 꼭 있어야 한다면(내
생각에는 그럴 것 같다), 그것들을 전함과 대통령 선거전에서 쓰는 것만은
그만할 수 없을까? 지금은 기억하기조차 어렵지만, 대통령이 텅 빈 배경
앞에서 우리에게 이야기를 하던, 앞뒤뿐 아니라 옆까지 꽉 들어찬 매력적
인 슬로건의 도움 없이 그냥 말 그대로 이야기를 하던, 그런 예스러운 시
절도 한때는 있었다.

슬로건은 9 · 11 사태 이후 우리가 취하고 있는 접근법 전반에 어떤

문제가 있는지를 보여준다. 대중이 어떤 한 주제에 대한 논의를 들어야 했던 때, 그것도 좋은 이야기, 나쁜 이야기, 불쾌한 이야기, 혼란스러운 이야기 등 모든 이야기를 다 들어야 했던 때는 바로 9·11 사태 이후였다. 그러나 우리는 논의를 하는 대신 피상적인 물음을 던졌고 피상적인 대답에 만족했다.

9·11 사태 당시 사람들은 텔레비전 화면의 테러 장면을 보고 충격을 받았다. 사람들은 또한 전 세계 수많은 사람이 우리를 미워한다는 것을 알고서도 충격을 받았다. 나는 9·11 사태로 받은 그 두 개의 큰 충격 중에서 미국을 향한 수많은 사람들의 증오가 아마 더 충격적이었을 것이라고 생각한다.

사람들이 우리를 미워한다는 것은 이미 알려져 있는 사실이다. 지난 30년 간 신문을 읽고 자기가 읽은 것을 기억하는 사람이라면 그 사실을 알고 있다. 이슬람 테러리스트들과의 전쟁은 9·11 사태 때 시작된 것이 아니었다. 테러리스트들은 지난 한 세대 동안 수백만 명의 응원을 받으며 우리의 건물과 비행기를 폭파시키고 인질을 잡아갔다. 1979년에는 테헤란(이란의 수도) 주재 미국 대사관에 근무하는 미국인들이 인질로 잡히자 많은 이란인들이 기쁨의 함성을 질렀다. 1981년에는 당시 국무장관 알렉산더 헤이그Alexander Haig가 상원에서 미국이 직면한 가장 큰 문제는 테러라고 발언했다. 그러나 미국인들은 이런 역사를 기억하지 않았다.

미국이 미움 받는 이유

도대체 왜 그들은 우리를 증오할까? 이 문제에 관해 우리는 논의하고 논의하고 또 논의했다. 그러나 그렇게 논의를 했음에도 별다른 진척을 보지 못했다. 당장의 설명이 필요했던 우리는 자유주의와 보수주의 양진영의 진부한 견해를 섞은 미심쩍은 이야기에 만족했다. '그들이 우리를 미워하는 것은 그들이 가난하기 때문이다', '그들이 우리를 미워하는 것은 우리를 이해하지 못하기 때문이다', '그들이 우리를 미워하는 것은 그들이 자유를 증오하기 때문이다.'

누구를 가리키는 것인지도 명확하지 않게 늘 편의적으로 '그들'이라고 불렀다. 그들은 이슬람교도 전체였을까, 중동에 있는 이슬람교도만을 지칭하는 것이었을까? 아니면 그저 이슬람교도 가운데 작은 부분집합에 해당하는 사람들이었을까? 세상 사람들을 좋은 사람과 나쁜 사람으로 나눌 수 있다는 유년의 환상(극도로 신화화된 미국 서부극에서 나타나는 공통적인 특징)을 이용한 그 명명법에는 단순하고 이분법적인 측면이 있었다.

신화는 우리의 공론을 추동했다. 제리 폴웰Jerry Falwell이나 팻 로버트슨Pat Robertson과 비슷한 유형의 종교적 보수주의자들은 '신이 내린 벌'이라는 신화를 문자 그대로 받아들였다. 우리가 공격을 당한 것은 동성애와 낙태를 용인해서 신이 우리에게 화가 났기 때문이라고 주장했다. 부시 대통령은 또 다른 종교적 신화를 들먹였다. 부시는 테러리스트들이 사악하기 때문에 우리의 건물에 비행기를 충돌시킨 것이라는 역사적 악마 이론을 말했다.

지켜보던 사람들 중에서 이의를 제기하는 이들이 나타났다. 정치학자들은 많은 이슬람교도들이 가난하지만(2001년에 아프가니스탄은 1인당 평균 연 소득이 700달러로 세계에서 가장 가난한 나라 12위에 올랐다) 가난 자체가 테러의 원인은 아니라고 지적했다. 대부분의 가난한 사람들은 테러 행위에 가담하지 않는다. 이것은 명백한 사실인데도 미국인들은 그렇게 생각하지 않았다. 가난이 사회문제의 근본 원인이라는 믿음이 미국인의 의식 속에 깊이 박혀 있기 때문이다. 9·11 사태가 터지자 우리는 우리의 첫 번째 본능대로 반응했고, 우리 자신의 경험이라는 수정체를 통해 사건을 걸러서 보았다. 우리가 삶에서 원하는 것을 테러리스트들이 그들의 삶에서 원할 리가 없는데도, 우리는 마치 그들도 그런 것처럼 우리 자신의 욕망을 그들에게 투사했다.

우리는 세계의 이슬람교도들이 우리와 똑같은 방식으로 자유를 정의한다고 가정했지만, 사실은 그렇지 않다. 우리는 이슬람교도 여성들이 억압당하고 있다고 생각하지만, 이슬람교도가 다수인 8개국을 대상으로 2005년에 실시된 갤럽 여론조사에서 이슬람교도 여성들은 스스로 억압받고 있다고 여기지 않는 것으로 나타났다. 많은 서구인들이 히잡과 부르카를 이슬람교도 여성에 대한 억압의 상징으로 여기지만, 갤럽에서 인터뷰한 8,000명 중 단 한 명도 히잡이나 부르카를 입는 것이 불쾌하거나 힘들다고 말하지 않았다. 인터뷰가 진행된 나라들 중에서 서구의 가치를 도입하는 것이 도움이 될 것이라고 대다수가 믿는 나라는 단 한 곳도 없었다.

테러 공격에 대한 초기 대응에서 제공된, 9·11 사태에 관한 널리 알려진 설명 중 그 어느 것도 면밀한 조사를 통해 검증되지 못했다. 미국인들은 그 설명들을 넘어 더 멀리 가지는 못한 것 같다. 그 후 몇 년이 지나는 동안 사회과학자와 역사학자를 비롯한 전문가들은 훨씬 더 종합적이고 예리한 접근법을 개발하느라 분주했다. 역사학자 월터 래커Walter Laqueur는 광신도들이 소수의 카리스마 있는 지도자들에 의해 힘을 얻는 경우가 많다는 증거를 내놓았다. 테러리스트들이 공통적으로 느끼는 분노는 서구에 패배해왔다는 중동의 많은 이슬람교도들이 느끼는 깊은 굴욕감에 기인할지도 모른다고, 중동학 분야의 석학 버나드 루이스Bernard Lewis는 설명했다. 칼럼니스트 토머스 프리드먼Thomas Friedman은 '중동의 문제는 민주주의의 부재'라는 부시의 단순한 분석을 확장해, 석유가 독재적인 지도자들에게 국민 전체의 진정한 요구를 충족시키지 않으면서도 반대 세력을 매수할 수 있는 기회를 줘 이것이 결국 사회적 침체와 들끓는 좌절감으로 이어지는 과정을 탐구했다. 중동의 민주주의가 실제로는 민주주의를 혐오하는 이들에게 권력을 주고 진보적 개혁가들의 희망을 꺾는 방향으로 작동되는 경우가 많다고 지적하는 이들도 있었다. 또한 민주주의가 아무리 훌륭한 제도라고 해도 그것이 테러리즘을 완전히 막아

주지는 못한다는 주장도 있었다. 미국에서도 티머시 맥베이Timothy McVeigh(*1995년 168명의 목숨을 앗아간 오클라호마 연방청사 폭탄 테러 사건의 주범) 같은 테러범이 배출되었다는 것이다.

자유지상주의자libertarian 성향의 정치학자 이반 일런드Ivan Eland는, 미국의 힘이 수십 년 동안 이슬람교도들을 지배하고 짓밟기 위해 사용된 것에 느끼는 이슬람교도들의 미국에 대한 분개에 대해 계속해서 말해왔다. 미국이 전복했던 정부들의 역사에 관한 저서를 집필한 저널리스트 스티븐 킨저Stephen Kinzer는 다음과 같이 말했다. "이 세계의 어느 누구도 미국이 가진 자유의 많고 적음에 신경 쓰지 않는다. 그들을 분노케 하는 것은 미국이 자국의 힘을 세계 다른 지역의 자유를 짓밟기 위해 사용하는 방식이다."

무관심과 피상적 이해의 폐해

테러리스트들의 프로필을 조사한 전문가들은, 유럽으로 이주한 중동의 이슬람교도들이 깊은 혼란과 소외감에 시달리면서 과격주의에 영향을 받게 된다는 증거를 제시했다. CIA 요원 마크 세이지먼Marc Sageman은 이슬람 테러리스트 400명 중 70퍼센트가 자신들이 자란 나라가 아닌 다른 나라에서 사는 동안 폭력적인 지하드(성전聖戰)에 투신하게 되었다고 보고했다. 외국에 거주하며 향수병을 앓는 많은 이슬람교도들이 모스크에서 친구를 찾았고, 그 사원들 중 일부가 테러리즘의 온상이 되었다는 것이다. 세이지먼의 연구는 테러리스트들이 어린 시절 돌봄을 받지 못하고 방치되었기 때문에 폭력에 의지하게 되었다는 믿음을 뒤집는 데 특히 유용했다. 그가 조사한 결과에 의하면 테러리스트의 90퍼센트가 보살핌이 충분한 가정에서 자랐다. 또 놀랍게도 그들 중 약 60퍼센트는 대학에 다녔고 70퍼센트 이상이 기혼자였다.

오사마 빈라덴의 이력을 조사한 역사학자들은, 많은 이들이 믿음처럼 자신이 무력하다는 생각이 점점 좌절감으로 발전했고, 그 좌절감 때문에 그가 미국에 대한 공격을 지시했을 가능성은 없다는 결론을 내렸다. 사실상 그는 힘에 취해 있었다. 그의 편향적인 역사 읽기에 따르면 사악한 소련 제국을 쓰러뜨린 것은 교황도 로널드 레이건도 아니었다. 그것은 아프가니스탄 전장에서 자신이 직접 한 일이었다. 그 사악한 제국을 무너뜨린 후 오사마 빈라덴은 이제 자신이 또 다른 것을 무너뜨릴 수 있다고 믿었다. 또한 그는 미국(멀리 있는 적)을 무너뜨림으로써 자신이 증오하는, 미국에 의지하는 중동의 정권들(가까이 있는 적)도 무너뜨릴 수 있었다. 그는 계획이 있는 사람이었다. 어느 지도자의 계획도 자포자기의 행위가 아니듯 그의 테러 감행 역시 자포자기에서 한 행동이 아니었다. 오히려 그는 세계를 자신의 기호에 맞게 바꾸기 위해 돈과 권력을 사용하면서 억만 장자의 아들이나 할 법한 행동을 하고 있었다.

학계 일부에서는 9·11 사태 직후 등장한 설명(9·11 사태는 불가피한

문명의 충돌을 대표한다는)을 계속해서 지지했다. 그러나 그 충돌의 불가피

성에 의심의 여지가 있다고 지적한 이들도 있었다. 동양과 서양은 각각

획일적인 단일체가 아니다. 유럽 열강들이 중동을 분할하고 있던 19세기

와 20세기 중반까지, 이슬람교도들은 대체로 미국을 영감의 원천으로 보

았다. 아랍인들은 프랑스인과 영국인은 증오했지만 미국인은 미워하지

않았다. 심지어 1958년에 이집트 민족주의자 가말 압델 나세르Gamal

Abdel Nasser는 미국에 대한 자신의 친근감을 보여주기 위해 7월 4일에 미

국 독립기념일을 축하하기도 했다. 수에즈 운하의 소유권을 차지하기 위

한 영국·프랑스·이스라엘 3국의 계획을 미국이 규탄했고, 그로 인해

그들의 계획이 실패로 끝날 수 있었던 것에 대한 감사였다.

　　미국이 이라크전을 위한 준비를 하던 당시 부시 행정부는 이슬람 세

계와 역사에 대한 대중의 지식이 빈약하다는 점을 이용했다. 나는 이라크

전쟁에 관한 토론에 참여하고 싶지는 않다. 그러나 대다수가 기독교도인

군대를 이슬람 중동의 한가운데에, 그 지역 나라들의 반대를 무릅쓰고 배

치하겠다는 발상은 (이렇게 놓고 본다면) 어리석게 들린다. 왜 이런 사실이

2003년과 그 이후에, 특히 우리 군이 오랜 시간 주둔할 것이고 빠른 시일

내에 승리할 가능성이 없다는 것이 분명해진 이후에도, 미국인들에게 경

종을 울리지 않았던 것일까? 경종을 울리지 못했던 이유는 대중들이 상

황을 다른 프레임을 통해 보도록 행정부가 손을 썼기 때문이다. 우리는

군대를 배치한 것이 아니다. 우리는 미국 선교사의 도움이 절실한 무지몽

매한 사람들에게 자유라는 신의 기적적인 선물을 전파하고 있는 것이다. 또다시 신화가 논리를 압도했다.

9·11 사태 직후에는 솔직한 발언이 드물었고, 그래서 그런 발언은 더욱 눈에 잘 띄었다. 테러 당시 책임자였던 정부 관리 중 오직 리처드 클라크Richard Clarke만이 용기 있게 실수를 인정했고, 많은 사람이 참석한 9·11위원회에서 자신이 미국이 무너지게 내버려두었다고 고백했다. 만약 다른 관리들도 솔직했다면, 다음과 같은 방향에서 연구를 해보자는 이야기가 공론화되었을 것이다. 왜 국민들은 조지 W. 부시에 국한하지 않고 그 이전에도 외교정책 경험이 전혀 없는 양당의 인물들을 대통령으로 뽑았을까? 왜 국민들은, 오랜 세월 내내 미디어와 지도자 모두 외교정책에 관한 공적 논의를 제한해야 한다고 느낄 정도로 국제 문제에 그처럼 무관심했던 것일까? 왜 국민들은 아프가니스탄과 중동에서 전개되는 상황에 주의를 기울이지 않았을까? 그리고 왜 그들은 중동의 역사를(또한 미국이 이란의 샤Shah[*과거 이란의 왕] 같은 폭군이 권력을 잡게 해주고 사담 같은 독재자들이 권력을 유지하는 것을 방조하는 등 그 지역 국가들의 사태를 배후 조종하는 역할을 해왔다는 것을) 기억하지 않았을까?

스티븐 킨저가 자신의 명저 『샤의 사람들All the Shah's Men: An American Coup and the Roots of Middle East Terror』에서 주장한 대로, 1953년에 CIA가 민주적으로 선출된 이란 지도자 모하마드 모사데크Mohammad Mossadegh 총리를 실각시키고 그 자리에 샤를 앉혔고, 그 후 26년쯤 지나 1979년 샤를 타도하는 혁명이 이어졌으며, 그 결과 결국 급진적인 이슬람원리주의 정권이 세워져서 이것이 2001년 9월 11일의 테러 공격을 낳은 원리주의 정치의 전세계적 급증을 부추겼다는 것(나는 이것이 지나친 확대 해석은 아니라고 단언한다)을 알고 있는 미국인이 얼마나 되는가? 우리는 우리의 역사를 잊을지도 모른다. 그러나 이란 사람들은 결코 잊지 못할 것이다. ▪

우리는 지금 대중의 무관심과 피상적인 이해에 대한 끔찍한 대가를 치르는 중이다. 내가 던지는 물음은 이것이다. 우리는 이 엄청난 실패에서 교훈을 얻을 것인가, 아니면 그것을 외면할 것인가?

▪─────────── 지나치게 이런 식의 논리로 몰아가는 것은 바람직하지 않을 것이다. 어쨌거나 미국에 대한 오사마 빈라덴의 테러 공격을 지원했던 수니파와 샤에 항거한 이들은 시아파였다.─────

9장

책임지지
않는
국민

마을에 있는 바보들이 전부 우리 편이잖아?

어떤 마을이든 바보들이 절대다수를 차지하고 있잖아!

● 마크 트웨인, 「허클베리 핀Huckleberry Finn」 중에서

지난 30~40년 사이에 벌어진 또 하나의 신기한 일은, 우리 정치가 갈수록 더 멍청해지고 있는 바로 이 시기에 표면적으로 우리 정치를 책임지고 있는 국민들에 대한 비판이 공론에서 사라졌다는 것이다. 우리 국민은 어리석은가? 이런 말조차 해서는 안 된다.

이라크전 전날, 미국인 7명 중 한 명만이 지도에서 이라크를 찾을 수 있었다는 설문조사 같은 것을 들으면 이런 생각을 하지 않을 수가 없다. 그러나 터스컬루사에 살든 털사에 살든, 메인주 포틀랜드에 살든 오리건주 포틀랜드에 살건, 뉴욕주에 살든 네바다주에 살든, 개인소득 상위 1퍼센트에 속하든 하위 20퍼센트에 속하는 일용직이든, 공직에 있는 이름 없는 노동자든, 민주당 지지자든 공화당 지지자든, 우리는 공개적으로 나서서 국민이 때때로 지독하게 멍청한 것 같다고 말하는 것에 불편함을 느낀다.

내가 이전 장들에서 보여주려고 했던 대로 이 주제는 겁이 날 만큼 복잡하긴 하지만, 사람들이 이 주제에 대해 생각하지 못하게 막는 것은 그 복잡성이 아니다. 우리가 이 주제를 언급하기를 꺼리는 이유는 신화에 정면으로 맞서는 것을 우리가 꺼리기 때문이다. 국민 신화만큼 우리가 함부로 다루기를 꺼리는 신화는 많지 않다. 국민의 어리석음에 대해서만 감히 공개적으로 말하지 못하는 것이 아니다. 우리는 사회 전체가 그 주제에 관해 말하지 않기로 한 결정에 대해서도 말하지 않는다. 그저 그 주제를 입에 올리는 것만으로도 반反미국적이라 느낀다.

위선적이었다는 비난을 받는 빅토리아 시대 사람들처럼 우리에게도 마음속에 있는 생각을 공개적으로 말하는 우리 나름의 위선적인 방식이 있다. 국민의 어리석음에 대한 우리의 믿음을 표명하는 하나의 방식은 레드 스테이트red state(*공화당이 우세한 주) 사람들이나 블루 스테이트blue stater(*민주당이 우세한 주) 사람들에 대해 말하는 것이다. 우리는 이런 말을 할지도 모른다. '아, 조지 W. 부시가 2004년에 승리한 건 그가 레드 스테이트 사람들을 모두 속일 수 있었기 때문이지.' 이 말은 또다시 있을지 모를 테러 공격에 대한 두려움이나 동성 결혼, 낙태, 종교 문제를 이용한 부시에게 대중이(국민이) 조종당해서 그를 찍었다는 뜻이다. 레드 스테이트 사람들이나 블루 스테이트 사람들이 잘못했다고는 말할지도 모른다. 그렇다면 국민은? 국민이 잘못했다고 하는 사람은 거의 없다.

용감하게도, 그런 사실을 암시하는 발언을 하는 우리 시대의 칼럼니스트가 딱 한 사람 있다. 『뉴욕타임스』의 토머스 프리드먼이다. 그는 실제로 '멍청하다stupid'라는 단어를 사용한다. 2006년 3월, 그는 허심탄회하게 다음과 같이 말했다.

두바이포츠월드의 미국 항만 운영권 인수 논란에서, 사실이 무엇인지는 거의 중요하지 않았다. 이런 정치 철에는 특히 더 그랬다. 그렇다 하더라도, 아랍인이 소유한 회사가 미국의 일부 항만에서 하역 작업을 감독하게 할 수 있느냐는 문제를 두고 공화당과 민주당 양당이 전개한 토론보다 더 무지하고, 더 엉터리고, 더 외국인 혐오증을 드러내고, 더 무모한 토론은 상상하기 어렵다. 이전에는 정말 그럴까 의심했다면, 이제는 한 치의 의심도 하지 마라. 9·11 사태가 우리를 멍청하게 만든 것이 분명하다.

프리드먼이 말한 '우리'는 그가 국무부나 『뉴욕타임스』에서 어울리는 박사 학위 소유자들이 아니었다. 우리는 바로 국민을 가리키는 말이었다.

국민에 대해 정직하게 말하는 것을 꺼리는 것은 여러 가지 면에서 이상하다. 첫째로, 우리는 대통령 음경의 모양과 각도에서부터 할리우드 유명 영화배우들의 성적 정체성에 이르기까지 다른 많은 것들에 관해서는 거리낌 없이 공개적으로 이야기한다. 둘째, 우리 중 수많은 사람이 국민이 실제로 멍청하다고 생각한다고 볼 이유는 너무도 많다. 사석에서 우리는 그렇게 말한다. 친구들에게 1 대 1로 말하고, 버스에서 잠깐 스치는 낯선 사람들에게도 그렇게 말한다. 익명이 보장되는 청취자 참여 라디오 프로그램에서도 그렇게 말하고, 개인적 생각을 표명하기 위한 공공 전달 수단으로 여기는 블로그에서도 그렇게 말한다. 그러나 우리는 그 이야기를 폭스뉴스나 NBC 방송의 〈투데이 쇼The Today Show〉, 또는 전국 네트워크 방송의 저녁 뉴스에서는 말하지 않는다. 존 스튜어트도 자신이 진행하는 코미디 센트럴 프로그램에서는 그런 말을 하지 않을 것이다. 영화감독 마이클 무어Michael Moore도 자신의 책이나 영화에서 그런 말을 하지는 않을 것이다(그는 자신의 저서 『멍청한 백인들Stupid White Men』에서 미국 국민들이 사실 멍청하지 않다고 주장한다).

국민은 성역인가

국민의 한계에 관한 논의가 불편하게 느껴지고, 심지어 그런 논의를 하는 것이 비민주적이라고 생각하는 사람들도 있을 것이다. 그러나 국민에 대해 문제를 제기하는 것은 비민주적인 것이 아니다. 문제를 제기하지 않는 것이 비민주적인 것이다. 질문을 하는 것이야말로 민주주의의 본질이다. 또한 21세기에(너무도 철저하게 민주주의라는 대의에 전념하는 나머지 미국 대통령에서부터 가장 악랄한 중동 총독에 이르기까지 너도나도 자기가 민주주의의 진정한 친구라는 것을 우리에게 설득하려고 애쓰는 시대에) 우리는 반민주적 이단으로 의심받는 일 없이, 특정한 민주국가의 일원들이 자신들의 책임을 완수하고 있는지에 대해 분명한 의구심을 표명할 수 있어야 마땅하다. 우리 스스로 민주주의에 대한 점검을 논의 금지 사항으로 정하는 것은 부당하고 역효과를 낳는다. 국민들은 현명한가? 우리는 이 질문을 공적 논의를 위한 주제로 던질 수 있어야 한다. 민주주의는 최악의 정부 형태지만, 지금껏 등장했던 정부 형태 중에서는 가장 낫다고 한 윈스턴 처칠의 말에 동의하더라도, 여전히 민주주의에 대한 어려운 물음을 제기할 수는 있는 것이다.

국민을 찬미하는 정치인들의 말을 들은 미국인들은 보통 칭찬을 들었다고 느끼지 모욕을 당했다고 느끼지 않는다. 또한 미국인들은 스스로 정말로 현명하고 놀라운 존재라고 어느 정도 믿고 있다.

미국인들은 영화 〈스미스 씨 워싱턴 가다Mr. Smith Goes To Washington〉(*뜻하지 않게 상원의원으로 지명된 순박한 시골 청년이 부패한 정치 세력과 싸우는 이야기를 담은 정치코미디)에서 할리우드 배우 지미 스튜어트Jimmy Stewart가 상원 회의에서 일어나 발언하는 장면을 무척이나 좋아한다. 그들은 시골뜨기가 대통령이 되었다는 링컨의 이야기에 진정한 자부심을 느낀다.

미국인들이 진지하게 '국민'에 대해 생각한다면, 분명 국민이 많은 것을 잘못 알고 있다는 생각이 들 것이다. 그러나 미국인들은 그런 종류의 문제에 대해 생각할 시간이나 의향이 없다. 하루 24시간 일주일 내내 극심한 생존경쟁에 시달리는 자본주의 문화에서 각자의 삶을 영위하느라(상점으로 달려가고, 생계비를 벌고, 아이들을 돌보느라) 분주한 그들은 성찰이라는 호사를 누리지 못한다. 그들은 무신경하기로 유명하다.

여론조사 요원들이 '국민의 지혜'에 관해 물으면, 미국인들은 그 문제에 대해 생각해보기 시작할지도 모른다. 그러나 유권자들은 대개 자신이 아니라 다른 사람들을 어떻게 생각하느냐는 질문을 받는다. 자기 자신의 점수를 매겨보라는, 자신이 민주 시민의 책무를 얼마나 잘 수행하고 있다고 생각하는지 말해달라는 요청을 받는 일은 매우 드물다. 다음과 같은 질문은 어느 정당에도, 심지어 미디어에도 이득이 되지 않는다.

> 당신은 다음 내용에 동의합니까, 동의하지 않습니까?
>
> 1. 국민은 세계 문제에 관심을 기울이고 있다.
> 2. 국민은 어리석을 만큼 각자의 생활에 지나치게 몰두하고 있어서, 외국에 무슨 일이 일어나고 있는지 진혀 알지 못한다.
> 3. 국민은 자국이 직면한 국내 문제에 대해 교육을 잘 받았다.

평범한 미국인이라면(황급히 자리를 뜨는 여론조사 요원에게) 이렇게 답할지도 모른다. '저기, 이봐요. 저는 국민을 믿어요. 저는 국기, 신, 국가도 믿어요. 그게 뭐가 문제라는 거죠?' ■

■────────────────── 우리는 사람들에게 다양한 주제에 대한 의견을 묻는다. 그러나 그것은 그들 자신을 평가해보라고 하는 것과는 다르다. 1988년에 자신을 평가하라고 요구한 여론조사에 따르면 응답자의 35퍼센트가 유권자들이 후보자에 대해 알려는 노력을 많이 하지 않는다고 생각하는 것으로 나타났다. 다음을 참고하라. Gil Troy, 『See How They Ran: The Changing Role of the Presidential Candidate』(Harvard University Press, 1996), p.274.────

만약 당신이 베이비붐 세대라면 국민을 공개적으로 비판하기를 꺼리는 마음에는 전혀 이상할 것이 없다고 생각할지도 모른다. 그건 그냥 당연한 것이다. 베이비붐 세대가 어른이 된 뒤로 대체로 그랬던 것은 맞다. 그러나 항상 그래왔던 것은 아니다. 우리가 제대로 분석하지는 않았지만, 지난 한 세대나 두 세대 사이에 우리 사회에는 주목할 만한 변화가 일어났다. 우리는 이제 그 변화를 분석해야 한다.

미국 헌법 속의 '국민'

미국 역사를 살피다보면 최근까지 존재한, 국민에 대한 신뢰와 멸시 사이의 끊임없는 긴장을 감지할 수 있다. 이 긴장은 건국의 아버지들의 시대에 가장 뚜렷하게 나타났다. 그들은 국민의 미덕에 대해, 미덕이 필요한지에 대해, 민주주의의 열정을 막거나 통하게 할 수 있는 방법에 대해 끝없이 고민했다. 기초된 헌법에는 이러한 긴장이 반영되어 있다. 그것은 "우리들 국민"이라는 폭넓고 넉넉한 진술로 시작된다. 그러나 두 번째 단락으로 들어가면 국민이 자치 정부의 업무를 해낼 역량이 없을 것이라는 암시가 나온다. 하원만 주민이 선출하고, 상원은 주의회에서 선출하는 것으로 되어 있다. 대통령은 선거인단이 선출한다. 또한 연방법원 판사와 대법관은 대통령이 지명하고 상원이 인준하기로 되어 있다. 다시 말해 연방 정부 삼부 중 한 부서의 절반만이 국민의 직접선거로 선출되는 것이다.

흔히들 헌법을 기초한 이들이 가장 신경을 썼던 부분은 강력한 중앙정부를 만드는 것이었다고 말한다. 그러나 역사학자 포레스트 맥도널드Forrest McDonald가 『시대의 신질서: 헌법의 지적 기원Novus Ordo Seclorum: The Intellectual Origins of the Constitution』에서 지적한 대로, 약한 연방 규약Articles of Confederation을 헌법으로 대체한 동기 중 하나가 주정부의 힘을 제한하기 위해서였다고는 좀처럼 말하지 않는다. 몇몇 주정부는 강력한 선동 정치가들이 장악하고 있었다. 버지니아주의 패트릭 헨리Patrick Henry, 매사추세츠주의 존 핸콕John Hancock, 메릴랜드주의 새뮤얼 체이스Samuel Chase가 그들이었다. 역사 속 그 어떤 공화국도 오랫동안 지속되지 못했다. 미국 독립 혁명 이후 겨우 몇 년 사이에 우리 국민들은 자신들의 감정을 이용하는 통치자에게 종속되고 있었다.

미국의 건국자들은 일반 국민들이 자신들의 투표권을 이용해서 소수의 부를 몰수해 그것을 다수에게 주지 않을까 하는 두려움이 매우 컸다. 채권자들이 수세에 몰려 있던 몇몇 주에서 이미 그런 일들이 벌어지고 있었다. 이런 가능성을 미연에 방지하기 위해 건국자들은 선거를 인품을 겨루는 장으로 바꾸려고 했다. 선거에서 후보자들의 인품을 가장 중시한다면 교양 있는 사람이 선택될 가능성이 클 것이라고 여겼다. 놀랍게도 건국자들은 선거전에서 쟁점이 부각되는 것을 결코 원치 않았던 것 같다. 그들은 쟁점이 부각되는 선거 때마다 매번, 다수가 소수의 부를 어떻게 하면 훔칠 수 있을까 하는 것이 주요 쟁점이 될까 두려워했다.

오늘날 건국자들이 남긴 기록을 읽어보면, 그들은 국민을 신뢰할 이유를 너무도 간절히 찾고 싶어 했고, 그 결과 이를 뒷받침할 어떤 논거라도 보이면 기꺼이 붙잡으려 했다는 사실을 감지할 수 있다. 그들이 망설임 없이 채택한 가장 이상한 논거 중 하나는 데이비드 흄David Hume의 관성에 대한 믿음이었다. 변화를 받아들여야 하는 특수한 상황에 처해 있지 않은 한 국민은 현 상태에 만족하는 경향이 있기 때문에, 권력을 가진 국민을 신뢰할 수 있다고 흄은 믿었다. 흄의 분석은 날카로웠다. 미국인들은 대체로 보수적이다(변화에 반대한다는 뜻이다). 그러나 이것이 대중정치를 뒷받침할 만한 강력한 논거가 되지는 못했다. 결국 그 말은 국민이 신뢰할 만하기 때문에 신뢰할 수 있다는 뜻이 아니라, 기본적으로 국민이 수동적이기 때문에 신뢰할 수 있다는 이야기였다.

건국자들이 참여한 과거의 공공 토론에서 자주 들리던 발언을, 오늘날 정치인들이 할 수 없다는 것은, 미국 독립 혁명 이후로 우리가 얼마나 멀리 떠나왔는지를 보여준다. "적합한 치안판사를 선택하는 일을 국민에게 맡기는 것은 맹인에게 색깔 선택을 맡기는 것만큼이나 이상할 일이다"라던 조지 메이슨George Mason의 발언을 오늘날 어느 누가 할 수 있겠는가? 분명 오늘날 어떤 정치인도 알렉산더 해밀턴Alexander Hamilton이 제헌회의에서 했던 주장을 반복할 수는 없을 것이다. 술을 마셨다는 핑계를 대면서 그 직후 자신이 한 주장을 부인한다면 또 모를까. 국민에 대한 건제가 필요하다는 것은 일반적으로 받아들여지는 사실이다. 가령 어느 누구도 상원을 폐지하자는 주장에 찬성하지 않는다. 그러나 이러한 견제가 필요한 이유를 자세히 언급하는 일은 좀처럼 없다. 그 필요성을 이야기하는 것은 현대 미국 정치에서 언급하기 어려운 내용을 건드리는 것이기 때문이다. 아래가 해밀턴의 말이다.

우리는 견제가 없던 시절의 국민은 무소불위의 권력을 휘두르는 왕이나 원로원 못지않게 부당하고 압제적이며 야만적이고 악랄하고 잔인했다는, 논박할 수 없는 증거를 지금까지 넘겨본 모든 역사의 페이지에서 찾게 될지도 모른다. 나수는 끊임없이 또 예외 없이 늘 소수의 권리를 빼앗아왔다.

국민이 최고 권력을 행사할 수 있는 상황에서, 그들이 부단한 경계와 현명함, 미덕과 견실함을 발휘할 것이라는 가정에 바탕을 두고 계획된 정부의 모든 프로젝트는 속임수고 망상이다.

우리가 듣기에 해밀턴의 말은(특히 이 맥락에 어울릴 것 같은 단어를 종교에서 가져다 쓰자면) 신성모독처럼 느껴진다. 우리의 시민 종교civil religion는 그런 말을 금한다. 국민이 우리의 바람과는 반대의 방식으로 행동할 때, 우리는 자기 집에서 이런 생각을 할지도 모른다. 우리 편이 선거에서 지면, 국민이 아무개를 뽑을 만큼 어리석은 나라에서 태어난 자신의 운명을 한탄하면서 텔레비전에다 신발을 집어던지고 싶어질지도 모른다. 하지만 우리 안에는 그런 생각을 공개적으로 인정하지 못하게 막는 소심함이 있다.

제임스 매디슨과 토머스 제퍼슨은 다소 위로가 될 만한 말을 했다. 이 두 대통령은 보통의 (백인) 남성들은 기회만 주어지면 도덕적으로 올바른 선택을 할 수 있는 능력이 있다는, 전형적인 18세기 공화주의자들의 확신을 표현했다. 그러나 제임스 매디슨이 초기에 말한 내용 중에는 해밀턴의 태도와 유사하게 들리는 발언을 찾을 수 있다. 토머스 제퍼슨도 주 의회의 폭정을 매도한 주목할 만한 편지에서 한 명의 폭군이 다스릴 위험만큼 173명의 폭군이 다스릴 위험도 크다는 자신의 신념을 표명하기도 했다. 이러한 의구심이 있었는데도 어째서 그들은 상황이 결국 올바른 방향으로 갈 것이라는 확신을 가졌던 것일까? 부분적으로 그것은 헌법에 대한 그들의 신념과 더불어, 헌법이 '저절로 움직이는 기계'가 될 것이라는 믿음 때문이었다. 이 구절은 19세기 말의 비평가 제임스 러셀 로웰James Russell Lowell이 한 말이지만, 건국자들의 관점을 잘 표현하고 있다. 지독하게 어리석은 유권자들이 누구를 선출하든, 그들은 헌법이 공화국을 순조롭게 유지해줄 기계가 될 것이라고 여겼다. 1826년 제퍼슨이 사망했을 즈음에는 헌법이 공화국의 근본 원리가 되어 있었다. 그러나 제퍼슨은 그 이전부터 일반 유권자들의 지혜에 대해 초반보다 더 많이 걱정을 했다. 그는 한 세대 안에 모든 미국인들이 유니테리언Unitarian(*삼위일체설

을 부정하는 기독교의 자유주의 분파로 교회와 교리보다는 윤리를 중요시함) 교
도가 될 것이라고 예측했다. 하지만 그의 예측과는 반대로 종파주의가 자
라났다. 종교를 미신과 연관시켜 생각한 제퍼슨 같은 사람에게는 놀라운
전개였다. 그뿐만 아니라 제퍼슨이 대통령이 되기에는 부적합하다고 여
긴 앤드루 잭슨이 백악관을 향해 순항하고 있었다. 이것은 진보였을까?
일종의 역전된 진화가 일어났던 것이다.

자유주의자들의 자기모순

　자유주의자들은 언제나 국민 신화에 도전하는 것을 꺼렸다. 그들이
보기에 우리가 가진 다양한 문제의 책임은 늘 맨 위에 있는 일부 도깨비
들에게 있었다. 비밀스럽고 해로운 방식으로 우리에게 권력을 휘두르는
월스트리트의 거물들, 거대한 대기업들, 미국 의회의 로비스트들 말이다.

　자유주의자들의 접근법은 정치로서는 매우 훌륭하다. 이 접근법은
나쁜 일이 생길 때마다 국민에게 면죄부를 준다. 그러나 하나의 철학적
기반으로 본다면 그들의 접근법에는 결함이 있다. 미국의 실패에 대한 책
임이 국민에게 있는 경우가 많기 때문이다. 자유주의의 약점은, 자유주의
자들이 믿는 그 이데올로기 때문에 그들이 실제 세계에서 맞닥뜨리는 냉
엄한 현실을 설명할 수 없다는 것이다. 월터 리프먼은 국민이 선전술에
쉽게 조종당할 수 있다는 사실을 깨달았을 때 이념적인 혼란을 겪었다.

자유주의의 그 어떤 것도 국민의 잘못된 행동을 설명하지 못했고, 자유주의의 그 어떤 것도 해결책을 제시하지 못했다. 민주주의의 모든 해악은 더 많은 민주주의로 치유할 수 있다는 뉴욕주 주지사 앨프리드 스미스의 진부한 이야기는 그럴싸하게 들리기는 하지만 길잡이가 되지는 못했다. 자유주의 지식인들은 모순을 붙들고 씨름했다. 진보적 역사학자 리처드 호프스태터Richard Hofstadter는 포퓰리스트(대중영합주의자)들이 반유대주의자라는 증거를 찾던 중에 진보적 의제에 전념하는 개혁가들에게도 심각한 결함이 있을 수 있다는 불편한 결론에 도달했다. 호프스태터는 1960년대에 배리 골드워터Barry M. Goldwater가 주창한 보수주의 운동의 뚜렷한 특징이었던 반지성주의의 역사를 추적한 끝에, 그것의 뿌리가 현대 자유주의의 초석인 그 좋았던 잭슨주의Jacksonianism(*제7대 대통령 앤드루 잭슨과 그의 지지자들이 실천한 정치사상)에 있다는 심란한 결론을 내릴 수밖에 없었다. 전문 지식을 불신한 것은 결국 잭슨주의자들이었던 것이다.

현대의 자유주의자들은 여전히 자신들이 국민에 대해 낙관적이라고 주장해왔다. 그러나 지난 반세기 동안 세 가지 상황이 겹쳐서 전개되면서 그들의 신념을 약화시켰다. 첫 번째는 흑인 민권운동에 대한 대중의 반응으로, 이는 남부 백인들 대다수의 인종차별주의적인 신념을 여실히 드러냈다. 둘째는 위대한 사회Great Society(*린든 존슨 대통령이 1960년대에 추구한 빈곤 추방정책 · 경제번영정책)의 인기 하락으로, 이는 자유주의자들에게 큰 충격이었다. 세 번째 상황은 선거 패배였다. 보수 진영이 선거에서 거듭 승리를 거두자 자유주의자들은 유권자들의 분별력을 의심하기 시작했다. 프랭클린 루스벨트와 해리 트루먼을 뽑고 배리 골드워터를 거부했던 나라가 어떻게 로널드 레이건과 두 명의 부시를 대통령으로 뽑는 나라가 될 수 있단 말인가?

이에 대한 답을 찾기 위해, 민주당원들은 내부로 시선을 돌려서 민주당이 실책을 범한 것은 아닌지 물었다. 게리 하트Gary Hart, 마이클 듀카키스, 빌 브래들리Bill Bradley 등 소위 아타리Atari 자유주의자(*1980년대와 1990년대에 첨단기술산업 육성을 강조한 젊은 중도파 민주당 의원들을 부르던 말로, 비디오 게임 제작업체 이름에서 따온 명칭이다)들은 경제가 탈脫공업화하고 세계적으로 변해가는 시점에도 여전히 뉴딜식 큰 정부 해법을 고집하는 경직성 때문에 민주당이 벌을 받은 것이라고 주장했다. 민주당 지도자회의Democratic Leadership Council 설립자인 앨 프롬Al From 같은 중도주의자들은 민주당이 지나치게 왼쪽으로 가서 자신들의 지지층이던 노동자들, 그중에서도 특히 가톨릭교도들을 멀어지게 만들었다고 주장했다. 그러나 랠프 네이더Ralph Nader 같이 민주당이 기업에 굴복하면서 민주당과 공화당의 의미 있는 차이가 완전히 없어졌다고 주장하는 이들도 있었다.

자유주의 진영의 쇠퇴를 가져온 한 가지 분명한 요인은 그들이 흑인 민권운동과 여성 해방운동을 받아들인 것이었다. 이를 노골적으로 설명하자면, 유권자들이 투표장에서 자유주의자들을 벌준 이유가 반드시 그들이 잘못한 일 때문만은 아니며, 오히려 잘한 일 때문이었을 수도 있다는 것이다. 이 사실은 자유주의자들의 가슴에 맺혔다. 시대에 뒤떨어진 정책을 지지해서 벌을 받는 것은 이해할 수 있었다. 그러나 도의적 문제에 대해 자유주의자들이 취하는 솔직한 입장을 유권자들이 용인하지 않는다는 사실은 받아들이기 어려웠다. 왜냐하면 그렇게 되면 자유주의자들은 국민에 대한 자신들의 신념과 불화하게 되기 때문이다. 그들 자신의 이데올로기적 모순(국민에 대한 그들의 사랑과, 상황을 잘 모르는 국민들이 투표에서 자신들을 거부하는 현실)에 갇힌 그들은 화가 났다. 그들은 지금도 화가 나 있다.

'탓하고 싶어도 할 수 없다'

패디 차예프스키Paddy Chayefsky가 각본을 쓴 영화 〈네트워크Network〉에 나오는 하워드 빌Howard Beale처럼 민주당원들은 더 이상은 참을 수 없다고 생각한다. 그들은 미칠 듯이 화가 나 있다. 그들은 창문을 열고 소리를 지르고 싶어 한다! 2004년 참패 이후 그들의 하워드(하워드 '나에게는 비명 연설이 있습니다' 딘[*아이오와주 당원 대회 패배 후 고함을 지르며 연설을 했고, 이날이 '나에게는 꿈이 있습니다'라는 명언을 남긴 킹 목사를 추모하는 공휴일이었다])를 당의장으로 선출한 것은 놀랄 일이 아니다. 이러니저러니 해도 하워드 딘은 온 나라를 들썩이게 하는 법을 알고 있었다.

민주당원들이 화가 난 데는 여러 이유가 있다. 그들은 빌 클린턴이 더 많은 일을 해놓지 않은 것 같아서 화가 났다. 그들은 클린턴이 정치적 난관에 봉착했을 때 어려움을 타개하기 위해 데이비드 거겐David Gergen이나 딕 모리스Dick Morris 같은 공화당원에게 의지한 것 때문에 화가 났다. 그들은 클린턴이 백악관 인턴과 성관계를 가졌고 그 일에 대해 거짓말을 해서 화가 났다. 그들은 케네스 스타가 클린턴에게 끈질기게 따라붙어서 그에게 굴욕감을 준 것 때문에 화가 났다. 그들은 자유주의 진영을 비난하는 것이 국민적 취미가 되어서 자유주의자들을 악마로 묘사하는 책이 『뉴욕타임스』 베스트셀러가 된 것에 화가 났다. 민주당원들은 너무 화가 나서 실제로 자신들이 미워하는 미국 정치인이 있다고 기꺼이 인정할 정도다. 그들은 뉴트 깅리치Newt Gingrich(*클린턴 행정부 시절의 하원의장으로 클린턴 대통령의 탄핵에 앞장섰다)를 미워한다. 변절한 조지아주 민주당원 젤 '스핏볼' 밀러Zell 'Spitball' Miller(*조지 W. 부시 대통령을 대선 후보로 지명하는 2004년 공화당 전당대회에서 한 기조연설에서, 민주당 후보 존 케리가 지휘하는 미군은 스핏볼(종이를 씹어 뭉친 것)로 무장하게 될 것이라는 발언을 했다)를 미워한다. 그리고 물론 조지 W. 부시를 미워한다.

그들은 화가 나 있기 때문에 무엇이 정말로 자신들을 괴롭히는지 모른다. 그것은 그저 단순히 전형적인 '패자의 비탄(역사학자 길 트로이Gil Troy의 멋진 구절을 빌리자면)'이 아니다. 그들의 불만의 원인은 더 깊은 곳에 있다. 그 원인은 근래 수십 년간 미국의 상태와 그 이전 미국의 상태에 현격한 차이가 있는 것과 관련이 있다. 한때 미국은 진보적인 사상에 열려 있는 진보적인 나라였다. 그러다 어느 순간 진보적 자유주의에 노골적으로 적대적인 보수적인 나라가 되었고, 이런 상황은 2006년 선거 전까지 지속되었다.

민주당원들이 불만의 진정한 근원이 무엇인지 정직한 대화를 시도했다면 도움이 되었을 것이다. 그러나 그 일은 국민 신화를 솔직하게 직시하지 않고서는 할 수 없었다. 그래서 그들은 정직한 대화를 하는 대신 선거 패배에 대한 일련의 변명을 생각해냈다. 그것들 중 고작 일부만이 진실에 근접했다.

많은 자유주의자들은 사악한 세력이 거듭 반복해서 국민을 현혹했다는 생각으로 위안을 삼았다. 닉슨은 새로운 기회를 얻게 된 미국 흑인들에 위협을 느낀 백인들의 극심한 불만을 자극했다. 레이건은 자신의 밝은 성격과 대중의 심리를 조종하는 미디어 캠페인을 결합했다. 조지 W. 부시는 9·11 사태에 대한 사람들의 두려움을 이용했다.

자유주의자들은 여러 저서를 통해 자신들이 공화당에게 어떤 방식으로 희생되었는지를 설명하면서 공화당을 비난했다. 조지 레이코프George Lakoff는 『코끼리는 생각하지 마Don't Think of An Elephant』에서 공화당원들이 상속세estate tax를 사망세death tax로 바꿔 부르는 등 언어를 이용해 유권자들을 기만했다고 비난했다. 앨 고어는 공화당원들이 공적 토론에서 이성을 감정으로 대체했고, 그로 인해 민주당이 불리한 입장에 놓이게 된 것이 문제였다고 주장했다. 사회학자 드루 웨스틴Drew Westen은 민주당이 충분히 감성에 호소하지 못한 것이 문제였다고 주장하면서, 민주당도 대성공을 거둔 공화당의 조종 전술과 동일한 전술을 채택할 것을 권했다. 그밖에 우익 성향의 라디오 토크쇼 진행자들이 선동적인 말로 여론을 악화시켰다고 비판하는 의견도 있었다.

　자유주의자들의 이러한 분석에 깔린 암묵적인 가정 중 하나는 국민이 쉽게 속는다는 것이다. 그러나 대개 전문가들은 비도덕적인 조종자를 다시 한 번 강조하면서 그 사실을 인정하지 않는다. 진보적 저널리스트 토마스 프랭크Thomas Frank는 베스트셀러 『왜 가난한 사람들은 부자를 위해 투표하는가?What's The Matter With Kansas』에서 공화당이 낙태나 동성애 같은 사회적 이슈를 교묘하게 이용했기 때문에 캔자스 주 사람들이 선거에서 계속해서 자멸적인 투표를 했다고 말한다. 그러면서 그도 결국에는 유권자들이 잘못 알고 공화당을 지지한 것은 여러 중동 아랍 국가에서 대중 위에 군림하고 있는 자들과 다르지 않은 '대중을 조종하는 지배계급' 때문이라고 보았다. 훌륭한 자유주의자인 그로서는 유권자들에게 궁극적인 책임이 있다고 간주할 수 없었던 것이다. ■

　국민 신화에 완전히 사로잡혀 있는 일부 자유주의자들은, 미국인들은 사실 진보적이기 때문에 악랄한 공화당의 조종과 강력한 특수 이익단체가 없었더라면 대부분 민주당을 지지할 것이라고 주장한다. 역사학자이자 저널리스트인 에릭 앨터먼Eric Alterman은 미국인들의 65퍼센트가 국가에서 보장해주는 건강보험을 선호하고, 77퍼센트가 환경을 보호하기 위해 꼭 필요한 일이면 무엇이든 할 의사가 있다는 것을 보여주는 여론조사를 인용한다. 자유주의자들은 미국인들이 강력한 보수적 충동을 가지고 있을지도 모른다는 생각은 결코 받아들이지 않는다. 자유주의는 국민을 찬양하기 때문에 국민은 언제나 내심으로는 진보적이라고 가정해야만 한다. 그런 다음 그들은 이 논리를 이용해 자기기만의 순환을 끝없이 계속한다.

적어도 앨터먼은 국민이 오랫동안 민주당을 지지하지 않았다는 사실은 인정한다. 여론조사 전문가 스탠리 그린버그는 국민이 민주당을 지지했다고 여전히 확신한다. 민주당의 연패? 무슨 연패? "플로리다주의 나비 모양 투표용지(*2000년 대선에서 앨 고어 지지자들은 나비 모양의 투표용지가 혼동을 유발했다며 재투표를 요구하는 청원을 제기했다), 랠프 네이더(*2000년 대선에 녹색당 후보로 출마해 286만여 표득표율 2.7퍼센트를 얻으며 민주당 표를 잠식해 민주당 지지자들에게 부시 당선의 일등 공신이라는 비난을 들었다), 클

■────────────── 캔자스주 사람들이 공화당에 투표한 것이 정말 그들이 조종당했기 때문이었을까? 나는 그 주장에 상당한 의구심이 있다. 내 생각에는 그들이 공화당에 투표한 것은 그들이 본질적으로 보수적이고, 민주당보다 공화당이 그런 성향을 더 잘 이용했기 때문이 아닐까 싶다. 토머스 프랭크는 정신이 온전한 사람이라면 사회적 이슈에 근거해 계속해서 공화당을 찍지는 않을 것이라는 견해를 자명한 사실로 받아들이지만, 왜 그런지는 분명히 밝히지 않았다. 왜 사회적 이슈가 경제 문제보다 우선순위에서 밀려나 있어야 하는 것인가? 동성애자들에게 권리를 주는 것이 민주당 지지자들에게 중요하다면 당연히 공화당 지지자들에게는 낙태를 막는 것이 중요하다고 생각할 수 있다. 공화당은 로우 대 웨이드 사건에서 판결을 뒤집는 데는 실패했지만, 수년에 걸쳐 낙태에 규제를 가함으로써 유권자들의 바람을 일부 성사시켰다.────────────

린턴의 도덕적 과실, 앨 고어의 자만심이 없었다면 민주당이 대선에서 세 번 연속 승리했을 것이라는 사실을 의심하는 이들은 별로 없다. 최근 반 세기 사이에 한 정당이 세 번 연속 대선에서 승리한 사례는 레이건의 재 선에 이은 조지 H. W. 부시의 당선이 유일했다."

자유주의자들 중에는, 미국인들이 말은 보수주의자인 듯하지만 실 제로는 진보적이라고 주장하는 이들도 있다. 즉 작은 정부와 낮은 세금을 선호한다고 믿고 싶어 하지만, 실제로는 사회보장제도나 메디케어 같은 큰 정부 프로그램을 선호한다는 것이다. 나는 이런 주장에도 일리가 있다 고 생각한다. 그러나 그렇기 때문에 유권자들이 사실 내심 진보적이라는 그릇된 결론을 이끌어내는 것은 자유주의자들의 착각이다. 유권자들은 보수적이기도 하고 진보적이기도 하다. 공화당이 미국인들이 좋아하는 프로그램에 함부로 손대지 않는다면 미국인들이 민주당에 투표할 이유 는 없다(사회보장제도를 개편하겠다는 조지 W. 부시의 계획은 전통적으로 미국 인들이 좋아하는 큰 정부 프로그램을 공화당이 지지하는가 하는 의문을 불러왔다. 이 계획은 아무런 성과를 얻지 못했다).

부시의 2004년 대선 승리는 정신이 번쩍 드는 사건이었고, 많은 자 유주의자들을 견디기 힘든 절망감으로 또 한차례 손을 부들부들 떨게 했 다. 부시의 재선이 너무도 충격적이었던 나머지 일부 민주당원들은 마침 내 유권자들의 지성에 의구심을 갖기 시작했다. 억만장자 조지 소로스 George Soros는 당당히 나서서 "자신은 국민이 멍청하다고 생각한다"라고 말했다. 역사학자 아서 슐레진저 주니어Arthur Schlesinger, Jr.도 이따금 이에 동의한다는 뜻을 내비쳤다. 이라크전 5년째가 되자 『뉴욕타임스』의 칼럼니스트 프랭크 리치Frank Rich는 "이라크전 준비 기간 중에는 미국 대중이 관련자 중 가장 과실이 적다고 늘 주장했지만" 이제는 "미국인들 모두에게 집단적으로 면죄부를 주기는 어렵다. 이의 제기는 말할 것도 없고 처음의 잘못으로 발생한 재앙을 알아차리는 것조차 우리는 너무 느리다"라고 시인했다. 그러나 이런 식의 토로는 많지 않았다. 2006년 중간선거에서 승리하자 민주당은 국민이 다시 자신들과 함께 한다는 희망을 가졌다. 만약 누군가가 소로스가 드러낸 식의 사고방식을 계속해서 밀고 나가려고 한다면, 그 사람은 자유주의자가 아닐 것이다.

국민을 두려워하다

이제 보수 진영이 도전을 맞이할 차례가 되었다. 그들은 국민에 의문을 제기하기 시작할까? 그들은 현대 이전까지 국민이 신뢰할 수 없고 무지하다는 것을 쉽게 인정했다.

자유시장에 대한 보수주의자들의 믿음은 부분적으로는 민주주의에 대한 그들의 두려움에 바탕을 둔다. (결코 민주주의를 받아들이지 않았던) 건국의 아버지들이 염려했던 것과 마찬가지로, 자유주의자들은 유권자들이 '투표함에 실린 힘'을 이용해 부자들에게서 돈을 빼앗아 사회주의적 정책을 위한 자금으로 쓰지 않을까 걱정했다. 따라서 대중이 투표권을 갖게 되자, 그들은 국가의 자원 분배를 유권자들의 변덕스러운 생각에 맡기기보다 시장에 맡기는 게 더 낫다는 믿음으로 자유시장 자본주의와 단단히 결속했다. 자본주의는 변화의 엔진이고 보수주의자들은 변화를 경계한다는 점을 생각할 때, 그들이 자본주의를 받아들인 것은 때로 어색했다. 또한 기업이 이윤을 추구하는 과정에서 보수주의자들이 지키려고 노력하는 전통적 가치들을 약화시키는 것처럼 보일 때도 많았다. 그럼에도 보수주의자들과 자본주의자들의 연합은 번성했다. 국민에 대한 두려움이 그 둘을 강하게 결합시켰다.

1950년대에 클린턴 로시터Clinton Rossiter는 보수주의의 역사를 다룬 선구자적인 저서에서 "민주정치에 대해 회의적이다"라는 진술로 우파를 정의했다. 오늘날 이러한 회의주의가 한때 보수주의의 두드러진 특징이었다고 언급하는 책은 거의 없다. 현대 보수주의를 다룬 가장 훌륭한 역사서 중 하나는 존 미클스웨이트John Micklethwait와 에이드리언 울드리지 Adrian Wooldridge의 『우익 국가The Right Nation』다. 이 책에는 "민중을 업신여긴" 세계대전 전에 활동한 저명한 보수주의 사상가 앨버트 제이 노크 Albert Jay Nock에 대한 간략한 언급이 있다. 그러나 그 이후에는 몇몇 스트라우시언Straussian(레오 스트라우스Leo Strauss[*네오콘(미국 신보수주의)의 형성에 중요한 영향을 끼친 정치철학자]의 제자들)을 제외하고는 앨버트 제이 노크나 그와 비슷한 사상가들에 대한 이야기는 나오지 않는다. 이 책의 나머지 부분에 줄줄이 등장하는 주요 보수주의자들(실패한 소기업 경영자의 아들 리처드 닉슨에서 시작해서)은 보통 사람들을 찬양한다. 요컨대 이런 식이다. "닉슨의 천재성은 조지 월리스의 민주당 내 반란을 알아차린 것과, 문화 엘리트에 반대하는, 즉 그가 하버드나 『워싱턴포스트』 같은 기관을 통제하는 나약한 속물들이라고 여기는 자들에 반대하는 포퓰리즘을 이끈 것이다."

민주정치에 대한 회의적인 태도는 인간이 근본적으로 타락했고, 죄악은 보편적이며, 구원은 드물다는 기본 신념에서 자연스럽게 생겨났다. 이런 모든 믿음들은 보수주의에서 너무도 본질적인 것이어서 이 믿음을 뺀다면 현재의 보수주의에 무엇이 남을지 상상하기도 어렵다. 로시터의 글을 읽으면 우리가 현재 유서 깊은 우파의 정의에서 얼마나 멀리 떠나와 있는지 깨달을 것이다.

인간의 본성과 능력에 관한 어떤 진실도 이보다 중요한 것은 없다고 보수주의자들은 말한다. 인간은 자기 자신을 다스릴 수 있지만, 반드시 그렇게 할 것이라고 확신할 수는 없다. 자유로운 정부는 가능하지만 결코 당연한 것은 아니다. 자치정부 실험에서 제한적인 성공이나마 누리고자 한다면, 교육, 종교, 전통, 제도에서 얻을 수 있는 모든 도움이 인간에게 필요할 것이다. 인간은 전문적인 조언을 듣고, 격려를 받고, 정보를 얻고, 견제를 받아야만 한다. 무엇보다 인간은 공동체의 집단적 지혜, 즉 셀 수

없이 많은 부분적이고 불완전한 지혜의 연합만이 가장 큰 사회적 과업을
감당할 수 있다는 사실을 깨달아야 한다. 자신과 타인을 다스릴 수 있는
인간의 조건부 역량을 명확히 인지하는 것이 헌법 제정의 첫 번째 필요
조건이다.

보수주의자들이 정말로 그렇게 많이 변했을까? 대답은 '그렇다'. 하
지만 우리 대부분은 그 사실을 깨닫지 못하고 있고, 보수주의자들도 우리
가 그 사실을 알기를 바라지 않는다.

보수주의자들의 국민에 대한 의심

예전에는 보수주의 사상 어디에나 민주주의에 대한 냉철한 비평이
있었다. 보수주의자들의 문제는 그 주제에 대한 견해를 잘 밝히지 않는다
는 것이 아니라, 열변을 토한다는 것이었다. 누구도 그들의 입을 막을 수
없었다. 보수주의자들의 비평을 꼼꼼히 검토할 만한 여유 공간이 이 장에
는 없지만, 꼭 그럴 필요도 없다. 그저 19세기 후반과 20세기 전반의 위대
한 보수주의자들의 발언을 떠올려보라(비겁한 정치인이 선거 연설 중에 한
발언은 신중하게 제외하고). 국민을 찬양한 보수주의자의 이름을 댈 수 있는
가? 평범한 미국인들의 미덕에 대한 큰 믿음을 공언한 오클라호마주의
윌무어 켄들Willmoore Kendall을 빼고는 생각나는 사람이 없다. 또한 켄들조

차도, "국민의 미덕을 유지하는 유일한 방법은 그들이 도덕 교사와 문화의 관리인이 되어줄 '엄선된 소수'를 따르게 하는 것"이라고 주장했다. 전체적으로 보수주의자들은 미국 민주주의의 실패를 걱정하느라 너무 바쁜 나머지 국민에 대한 긍정적인 이야기를 하지 않았다. 그들은 현대 정치의 집산주의集産主義(*주요 생산수단을 국유화하는 것을 이상적이라고 보는 사상) 경향에 대한 두려움 때문에 비관주의에 빠져서, 제2차 세계대전에서 연합국이 승리했음에도 찬양할 것을 그리 많이 찾지 못했다. 지난 세기의 보수주의 사상가 세 명이 남긴 다음 말들은 좋은 설명이 될 것이다.

★ 헨리 루이 멩켄H. L. Mencken: "민주주의란 보통 사람들도 자신이 무엇을 원하는지 잘 알고 있고, 원하는 것을 아주 실컷 가져봐야 마땅하다고 보는 이론이다."

★ 윌리엄 버클리William F. Buckley, Jr.: "민주주의에 대한 자유주의자들의 전념은 강박적이고 심지어 맹목적 숭배에 가까운 것으로 드러났다. 그것은 체계에 대한 그들의 더 큰 몰두의 일부이며, 그 체계란 형이상학적 불모지에 사는 이들의 환락이다.……보통 선거권이 보장된 민주주의가 나쁜 정부 형태는 아니다. 그러나 분명히 또는 필연적으로 좋은 정부 형태인 것도 아니다."

★앨버트 제이 노크: "이 나라에는 침례교도만큼이나 많은 종류의 민주

주의가 있는 것이 틀림없다. 우리의 일류 홍보 담당자가 입을 열 때면

매번 '민주주의' 하나가 떨어져 나온다. 그리고 입을 다물 때면 언제나

그는 나가려고 하는 하나를 깨물어 둘로 쪼갠다."

보수주의자들은 현대에 들어와서도 국민에 대한 의심을 완전히 떨

치지 못했다. 보수주의 운동의 노병들은 그들이 예전에 걸었던 반민주주

의적 길 위에 여전히 남아 있었다. 1970년대 초, 고등학생이었던 나는 브

린모우어Bryn Mawr에서 열린 일주일 동안의 하계 세미나에 참가했다. 우

익 성향인 미국 대학 간 연구회의 후원을 받는 세미나였고, 그곳에서 나

는 러셀 커크Russell Kirk, 레오 스트라우스를 비롯해 미국 민주주의의 방향

에 대해 노골적으로 적대적인 보수주의 지식인들의 가르침을 교육받았

다. 나는 관습적인 사고의 금기에 겁 없이 도전하는 집단의 일원이라는,

그 십대 시절의 전율을 생생하게 기억한다. 내가 보수주의에 매력을 느낀

주된 이유는 그 당시에는 보수주의가 자유주의보다 훨씬 더 급진적이고

흥미롭게 느껴졌기 때문이다. 비관주의가 나의 마음을 사로잡았다. 그것

은 뉴저지주 교외에서 자란 아이였던 나의 경험 바깥에 있는 것이었다.

나는 『모던 에이지Modern Age』와 『인터칼리지어트 리뷰Intercollegiate

Review』(보수주의 운동의 주요 지식 매개체)의 새로운 호가 발행되기를 손꼽

아 기다렸고, 그것들은 나에게 인습 타파를 위한 저항의 기록으로 느껴

졌다.*

그러나 나는 소수에 속해 있었다. 미국인들은 대개 낙관주의를 더 좋아했다. 그대로 간다면 정치적으로 성공할 가망이 전혀 없었기 때문에 보수 진영은 오랫동안 전념해온 비관주의를 버려야 했다. 전향은 예상보다 훨씬 더 쉬운 것으로 드러났다. 진보적 체제가 무너지기 시작하면서 (보수주의자들이 이미 예측했던 것이었다) 보수주의자들은 대중적 지지를 얻었다. 상황이 더 나빠질수록(더 많은 도시들이 불길 속에 타오르고, 더 많은 아이들이 베트남에서 죽고, 범죄율이 더 치솟을수록)국민이 오른쪽으로 이동할 가능성은 더 커졌다. 곧 승리에 승리가 뒤따랐다.

보수 진영이 수십 년을 지배한 뒤인 지금에 와서는 이것이 얼마나 예상치 못한 전개였는지 깨닫기 어렵다. 오랫동안 보수주의 승리는 몽상가들의 꿈처럼 여겨졌다. "우리는 계속해서 과세하고, 계속해서 지출하고, 계속해서 선출할 것이다." 프랭클린 루스벨트의 보좌관 해리 홉킨스는 이렇게 떠벌렸다고 한다. 또한 오랫동안 민주당은 바로 그 공식을 따랐고, 엄청난 성공을 거두었다. 윌리엄 버클리가 1955년에 창간한 보수주의 주간지 『내셔널리뷰National Review』는 창간호에서 보수주의의 고립

■─────────────── 나는 워터게이트 사건 이전까지 계속 보수주의의 주문에 사로잡혀 있었다. 워터게이트 사건이 터졌을 때 나는 넌더리가 나서 쇠스랑을 내던지고 부모님의 자유주의 신념을 받아들였다.─

을 시인했다. "유엔과 여성 유권자 동맹LWV, 『뉴욕타임스』와 헨리 스틸 코머저Henry Steele Commager(*미국 현대 자유주의 사상을 정의하는 데 공헌한 미국의 역사가)가 현 시대에 어울린다는 점에서 본다면, 『내셔널리뷰』는 현 시대에 어울리지 않는다. 그것이 어울리지 않는 이유는, 학식을 갖춘 성숙한 미국이 급진적인 사회 실험을 선호하고 보수주의를 거부했기 때문이다."

대중에 영합한 보수주의

1960년대 중반이 되자, 보수 진영은 자유주의자들의 약속이 많은 문제를 초래하고 있다고 설득력 있게 주장할 수 있게 되었다. 컬럼비아대학교의 마틴 앤더슨Martin Anderson은 자신의 저서 『연방 불도저The Federal Bulldozer』에서 도시 재개발이 사실상 실패했고 도덕적으로도 문제가 많다는 것을 실례를 통해 보여주었다. 정부가(1949년에서 1962년 사이에) 2만 8,000여 채의 새 주택을 지을 공간을 만들기 위해 12만 6,000여 채의 기존 주택을 허물었다는 것이다. 트러스트trust(*시장독점을 위해 결성된 기업 합동) 해체, 복지 제도, 인종차별 폐지 등의 실패에 주목한 보주주의자들도 있었다. 자유주의자들조차도 그들이 시행한 정책들이 자신들이 약속한 새로운 세계를 실현하는 데 실패하고 있다는 것을 인식했다. 하버드대학교의 진보적 사회학자 대니얼 패트릭 모이니핸Daniel Patrick Moynihan은 당분간 '친절한 방치'의 시기를 갖는 것이 흑인들에게 도움이 될 것이라는 유명한 권고의 말을 했다.

실패에 직면한 자유주의자들은 크게 동요했고 보수주의자들은 기쁨에 겨워 야유를 보냈다. 배리 골드워터의 선거운동이 실패한 지 겨우 4년 후 리처드 닉슨이 미국 대통령으로 선출되었다. 보수 진영은 워터게이트 사건도 무사히 넘기고 살아남았다. 그런 상황에서 여간 성깔 있는 보수주의자가 아니고서야, 계속해서 서구의 쇠퇴라든가 국민 지혜의 부재, 민주주의의 추락에 관한 글을 쓰는 것은 어려웠다. 이번만은 국민들이 보수주의의 비전을 잘 받아들이는 것 같았다. 민주주의는 잘 작동하는 듯했다.

만약 뉴딜 시대 사람들이 1969년의 미국을 방문했더라면 세상이 뒤집힌 것은 아닌지 어리둥절해 했을지도 모른다. 이제 엘리트들을 악마로 묘사하고 침묵하는 다수를 찬양하는 이들은 자유주의자들이 아니라 리처드 닉슨 같은 보수주의자들이었다. 닉슨 다음에 등장한 로널드 레이건은 국민을 향한 감정을 과하게 쏟아냈고, 이 때문에 한때 그의 정치 영웅이었던 프랭클린 루스벨트 같은 느낌을 주었다. 레이건의 전기 작가 존 패트릭 디긴스는 건국의 아버지들은 국민이 문제고 정부가 해법이라고 믿었지만, 레이건은 국민은 덕이 있고 정부가 문제임을 우리에게 확신시켰다는 날카로운 지적을 했다. 디긴스는 이렇게 말했다. "그것은 효과가 있었다. 레이건은 선거에서 단 한 번도 지지 않았다."

21세기 들어 보수주의자들은 자유주의자들과 더불어 여론vox populi

에 대한 아첨 경쟁에 뛰어들었다. 국민이 믿는 것은 무엇이든 옳다. 폭스
뉴스의 어떤 해설자에게도 국민에 대한 회의적 견해를 피력할 시간은 주
어지지 않는다. 시청자들의 비위를 맞추기에 급급한 폭스뉴스 보수주의
자들은 유권자에게 잘못이 있다는 식의 말은 하지 않으려고 한다. 실수를
하는 것은 자유주의자들이지 결코 유권자가 아니다. 이제 우리는 모두 대
중영합주의자다.

　　요즘 같은 시대에 상황이 이런 식으로 전개되는 것은 이상하기 짝이
없다. 우리는 지금 제2의 도금시대(*마크 트웨인의 동명 풍자소설에서 유래
한 말로, 19세기 후반 미국의 자본주의가 급속하게 발전하면서 부정부패와 부의
불균형, 노동 문제 등이 심각했던 시기를 지칭함)를 살고 있다. 『포브스Forbes』
가 선정하는 미국 400대 부자 명단에 있는 이들은 모두가 억만장자고, 기
업의 최고경영자는 자기 직원들이 1년에 버는 돈보다 하루 동안 더 많은
돈을 벌며, 자유주의자들은 엘리트주의자로 몰려 조롱을 받는 반면 부와
특권의 옹호자인 보수주의자들은 자신들이 국민과 함께하는 이들이라고
주장하고 있다. 격언에도 있듯 '미국에서만 가능한 이야기다Only in
America'!

　　국민에 대한 보수주의자들의 믿음을 지탱하는 것은 무엇보다도 낙
태, 동성애, 페미니즘 등과 관련해, 현대 미국인의 삶에서 일어난 사회 변
화에 대한 수많은 일반 유권자들의 저항이다. 그 유권자들이 저항을 단념
하지 않는 한, 보수주의는 계속해서 강력한 세력으로 남아 있을 것이다.

만약 기존 사회질서에 대한 새로운 도전이 시작된다면 보수주의는 틀림없이 부활할 수 있을 것이다.

도덕적 다수의 죽음

현재로서는 보수주의가 시들해지는 추세인 듯하다. 1965년 이후 찬란한 시절을 보내지 못했던 자유주의자들은, 2008년에는 연방 정부의 삼부 모두를 장악할 만반의 태세를 갖추고 있는 것 같다. 경제학자이자 진보적 칼럼니스트 폴 크루그먼Paul Krugman은 새로운 진보 시대의 도래가 멀지 않았다고 확신한다. 만약 그게 사실이라면 자유주의자들은 분명 국민에 대한 불평을 멈출 것이다.

그렇다면 보수주의자들은 국민에 대해 불평하기 시작할까? 나는 그럴 것이라고 예상한다. 레이건 같은 지도자들이 미국 국민에 대해 표명한 신뢰를 미국인들이 받을 만한지, 보수주의자들이 의심하기 시작했다는 신호도 이미 있다. 빌 클린턴 대통령의 탄핵안이 상원에서 부결된 후, 보수주의자로 장기간 활동하면서 헤리티지 재단The Heritage Foundation 설립에 참여한 폴 웨이리치Paul Weyrich는 「보수주의자들에게 보내는 공개서한」에서 자신의 의심을 드러냈다.

문화 마르크스주의가 우리의 문화를 상대로 한 전쟁에서 성공하고 있습

니다. 문제는 만약 우리가 우리 사회를 사로잡고 있는 문화적 분열에서

벗어날 수 없다면, 과연 우리에게 어떤 희망이 있는가 하는 것입니다. 이

문제에 대해 정말로 터놓고 말해보겠습니다. 정말로 도덕적인 다수가 저

쪽에 있었다면 빌 클린턴은 몇 달 전에 대통령직에서 쫓겨났을 것입니

다. 이는 단순히 공화당원들의 정치적 의지 부족으로 일어난 일이 아닙

니다. 그것이 문제의 일부이기는 하지만, 더 큰 문제는 미국인들이 몇 해

전만 해도 절대적으로 받아들일 수 없다고 생각한 것들을, 이제는 다수

가 용인하는 것을 넘어서서 찬양하기까지 한다는 것입니다. 미국 국민은

우리가 불과 몇 해 전에 용감하게 반대했던 MTV 문화를 대량으로 수용

했고, 그것은 동시대 문화에서 스스로를 분리시킨 이들을 제외한 모든

이들의 사고 속으로 침투했습니다.……저는 더 이상 도덕적 다수가 있다

고 믿지 않습니다. 미국인들 다수가 진정으로 우리와 같은 가치를 공유

한다고 믿지 않습니다.

현재 대개의 보수주의 지도자들은 대중을 비판하고 싶은 욕구를 억

누르고 있다. 문화적 긴축의 가능성이 있는 한 그들은 희망을 놓지 않을

것이다. 그리고 계속해서 국민에 관해 좋은 이야기를 할 것이다.

오늘날 우리는 이런 상태에 놓여 있다. 자유주의자와 보수주의자 그

어느 쪽도 국민에게 '멈춰서 집중하라'고 말할 준비가 되어 있지 않은 한

심한 상태에 말이다. 자유주의자들은 스스로의 이데올로기로 인해 국민

의 잘못을 찾을 생각도 하지 못하기 때문에 그런 말을 할 수가 없다. 보수주의자들은 국민이 자신들에게 계속해서 권력을 주었기 때문에 그런 말을 하지 않았다. 다시 말하자면, 자유주의자와 보수주의자 모두 지난 몇 년 동안 국민이 복잡한 상황과 잘못된 정보, 두려움과의 싸움에서 실패했다는 사실에 대해 할 수 있는 의미 있는 이야기가 없었다.

우리 정부가 어떻게 작동하고, 누가 세금을 내고, 세금이 어떻게 쓰이는지 이해하는 이들이 거의 없다는 것이 민주주의에서 무엇을 뜻하는지, 우리는 깊이 조사해볼 생각도 하지 않는다. 만약 우리가 이를 조사한다면 얼마나 골치 아픈 논의를 해야 할까. 여론조사 대상자들이 확실한 근거 없이 선택을 하는 일이 많기 때문에 여론조사가 의미가 없을 가능성도 고려해야 할 것이다. 주민 투표와 주민 발안에 대해서 문제를 제기해야 할지도 모른다. 기본적인 공민학 시험을 통과한 유권자들만 투표를 할 수 있게 하는 방안도 고려해보아야 할 것이다. 수정헌법 제17조(*상원의원의 직접선거를 규정한 조항)를 폐지하고 예전 방식대로 주의회가 미국 상원의원을 선출하도록 하는 것에 대해서도 논의해보아야 할지 모른다. 알렉산더 해밀턴이 원했던 대로, 선거인단에게 대통령 선출에 실질적인 권한을 주는 것도 고려해야 할지 모른다. 또한 우리는 국민은 현명하고 거짓이 없다고 계속해서 말하는 정치인들에게, 공허한 민주적 제스처로 우리의 지성을 모욕하는 행위를 당장 멈추라고 말해야 할 것이다.

10장

현명한
유권자의 나라를
위하여

국민의 잘못을 너무 엄격하게 비판하지는 마라.

그러나 깨우쳐줌으로써 국민을 교화하라.

● 토머스 제퍼슨

존경받는 역사학자 아서 슐레진저 주니어는 죽기 2년 전에 참석한 한 공공 집회에서 현대의 정치를 생각하면 기분이 우울해진다고 털어놓았다. 부시 대통령이 저지른 통탄할 실수와 그 실수에 대한 대중의 묵인에 대한 긴 이야기를 다 하고 난 뒤, 그는 우리의 민주주의는 탄생한 지 겨우 200년 정도밖에 되지 않았다고 지적하면서 이렇게 물었다. "무엇 때문에 우리는 우리의 민주주의가 영속할 것이라고 생각하는가?" 좋은 질문이다.

우리가 알고 있는 모든 것을 고려할 때, 과연 민주주의가 영원할 거라는 희망을 가질 수 있을까? 이성은 가는 곳마다 공격을 받는다. 선거운동은 갈수록 점점 더 나빠지는 것 같다. 신화는 어디에나 널려 있다. 유권자들의 거의 절반이 투표를 하지 않고, 투표하는 유권자들 중 많은 이들이 자신이 무엇을 위해 투표하는지조차 모르고 있는 것 같다. 신화의 정체를 폭로하는 저술가였던 버겐 에번스Bergen Evans가 반세기 전에 말했듯이 "석기시대의 생각과 가장 최신의 과학적 사고가 나란히 존재한다". 어리석음은 흔하고 지성과 상식, 용기는 드물다.

그렇지만 모든 것이 다 암울한 상황은 아니다. 미국처럼 부유한 강

대국에서는 그저 가끔씩 있는 우리의 어리석은 결정도 가공할 만한 결과를 가져올 수 있다. 2,000명이 넘는 사람들의 목숨을 앗아간 허리케인 카트리나나 수만 명이 죽어간 이라크전이 그 예다. 그러나 그럼에도 어리석음이 우리 공화국의 생존을 심각한 위기에 빠뜨릴 가능성은 없을 것 같다. 그래서 우리는 그럭저럭 살아가고 있다.

희망을 가지고 사는 사람들이 보기에는(우리 모두 그렇지 않은가) 지난 10여 년 동안 전개된 상황 가운데 긍정적으로 보이는 것들이 여럿 있다. 나는 인터넷이 희망적이라고 생각한다. 또한 블로깅blogging이 희망적이라고 생각한다. 인터넷과 블로깅이 어떤 결과를 낳을지는 아직 누구도 확실히 모르는 일이다. 그러나 그것들이(가끔 실제로 그런 것처럼) 그저 멍청한 인간이나 극단주의자, 역겨운 사람들이 힘을 갖는 데 쓰이는 아니라, 정치 캠페인을 더 높은 수준으로 끌어올리는 데 필요한 도구를 지성인들에게 제공해줄 것이라는 기대를 가져볼 수도 있을 것이다.

텔레비전을 발명한 이들의 소망을 마침내 실현하는 것도 어쩌면 가능할지 모른다. 1990년대 이전까지는 재정적자 감축에 신경을 쓰는 미국인이 거의 없었다. 신경 써야 할 보수 진영조차 그들의 영웅 로널드 레이건이 국가 부채를 세 배로 늘려놓은 뒤부터는 더 이상 신경을 쓰지 않았다. 그러나 1992년 봄 억만장자 로스 페로는 국가 부채가 국가적 수치고, 누군가 이 문제를 해결하기 위해 뭔가를 해야 하며, 그 누군가는 자신이될 것이라고 결론을 내렸다. 그는 CNN의 토크쇼 〈래리 킹 라이브Larry

King Live〉에 출연해서 대통령에 출마하겠다고 발표했다. 워싱턴 정가의 전문가들은 그의 선거운동을 도저히 이해할 수 없었다. 선거본부장으로 합류한 에드 롤린스Ed Rollins는 페로에게 이렇다 할 참모진도, 정책 방침서도, 현장 사무소도 없다는 것을 알고 경악을 금치 못했다. 선거운동은 주로 로스 페로의 미디어 출연으로 이루어졌고, 그 외의 다른 것은 거의 없었다. 페로는 6,000만 달러쯤 되는 자비를 들여 황금시간대에 30분짜리 방송 시간을 여러 개 사서 다양한 쟁점에 관해 이야기했다. 한 방송에서는 방송 시간 전부를 적자 문제를 이야기하는 데 할애했다. 자신의 주장을 더 잘 전달하기 위해 이용한 것이라곤 우스꽝스러울 정도로 원시적인 수준의 원그래프와 도표뿐이었다.

미디어 비평가들은 그가 출연한 방송들이 처참한 시청률을 기록한 실패작이 될 것이라고 예측했다. 그러나 실제로 그 방송들은 엄청난 시청자를 끌어모았고, 그중 한 방송은 프로야구 플레이오프 경기보다 더 높은 시청률을 올리기도 했다. 페로는 전 국민의 관심을 적자 문제로 모으는 데 성공했다(그와 경쟁하는 후보인 빌 클린턴과 조지 H. W. 부시도 재정적자 문제에 관심을 가지지 않을 수 없게 되었다). 루 해리스Lou Harris 여론조사에 따르면 시청자들의 73퍼센트가 페로가 출연한 인포머셜infomercial(＊정보성이 강한 광고)에 깊은 인상을 받았고, 34퍼센트는 그 광고가 "대단히 효과적이었다"고 말한 것으로 나타났다. 페로는 방송의 인기를 타고 백악관에 입성하는 데는 실패했지만 재정적자 감축을 지지하는 유권자 집단을 만들어내는 데 일조했고, 클린턴은 선거에 도움이 될 것이라고 생각해서 그 문제를 해결하는 데 힘을 쏟아야겠다는 결론을 내렸다. 세금이 올랐고, 적자는 줄어들었고, 경제는 살아났다(정치에서 얻은 어떤 교훈도 영구적이지는 않다. 우리는 현재 다시 적자로 돌아왔다).

페로 이후 아직까지는 그의 단순한 텔레비전 활용을 그대로 따라해야겠다고 생각한 후보는 없었다. 그렇지만 아마도 그렇게 할 사람이 나타날 것이다. 어쩌면 앨 고어가 어떤 억만장자에게 부탁해서, 좀 더 많은 미국인들이 우리에게 닥친 환경적 위협을 알 수 있도록, 자신이 제작한 지구 온난화에 관한 슬라이드 쇼를 황금시간대 방송에서 방영할지도 모르겠다(나는 그의 강연을 듣기 전까지 우리가 처한 심각한 상황을 완전히 확신하지는 못하고 있었다). 그러나 만약 우리가 진정한 변화를 원한다면 이 책에서 간략하게 설명한 국민의 실패라는 주제를 정면으로 마주해야 할 것이다.

우리의 무지를 직시하기

지금까지 내가 한 이야기를, "브루투스여, 잘못은 전적으로 우리 자신에게 있다네"라는 식으로 받아들이지 않기를 바란다. 우리의 정치기구는 우리를 실망시켰고, 우리의 엘리트들도 마찬가지였다. 지난 한 세기 동안 우리가 대중매체를 통해 대중정치를 접하면서 알게 된 것은 힘을 가진 어느 누구도 신뢰할 수 없다는 것이다. 선전에 쉽게 휘둘리는 유권자도, 월터 리프먼이 여론을 이끌 거라고 기대했던 엘리트도, 물론 미디어와 정치기구도. 제임스 매디슨이 옳았다. 모든 것은 서로 견제하고 균형을 이루어야 한다. 그렇다면 우리는 앞으로 어떤 방향으로 나아가야 할까?

첫 단계는 여론의 한계에 대해 정직한 대화를 시작하는 것이다. 진정한 비평에는 무엇이 포함되어야 할까? 나는 무엇보다도 이런 질문이 포함되어야 한다고 생각한다. 만약 대중들의 의견이 버지니아 울프가 불평한 것처럼 "분필로 크게 쓰여 있고 여러 번 반복해서 보이는 것들"에서 나온다면, 힘을 가진 대중을 신뢰하는 게 이치에 맞을까? 선전이 일반인들의 의견 형성에 지대한 영향을 끼친다면, 보통 사람들이 올바른 결정을 내린다고 볼 수 있을까? 현대의 미디어가 지나치게 많은 정보를 생산해 내는 탓에, 평범한 유권자들이 불안감과 소외감을 느끼고 단순한 호소에도 쉽게 흔들리는 것은 아닐까?

의미론 학자 새뮤얼 I. 하야카와S. I. Hayakawa는 우리 시대에 적합한 지속적인 비평의 토대를 마련해줄 만한 두 가지 문제를 제기했다. 그는 『삶을 위한 생활 의미론Language in Action』에서 선전의 힘에 대해 탐구하면서 그것이 왜, 어떻게 작동하는지 묻는다. 그는 선동 정치가들은 자유나 권리 같이 의미 없는 추상적 개념을 이용함으로써 특정한 어떤 것을 지지하게끔 사람들을 설득하는 데 성공한다고 주장한다. 그런 단어의 정서적인 힘에 맞서 스스로를 지키기 위해서 시민들은 구체적인 언어를 요구하도록 교육을 받아야 한다. 만약 의미 있는 지시 대상이 없는 추상적인 단어가 연설에서 사용된다면 청자는 그것을 무시해야 한다. 만약 '자유' 같은 단어가 정확하게 정의되지 않을 때는 그것 역시 무시해야 한다.

그의 두 번째 주장은 특히 울림이 큰 주제를 다룬다. 그것은 그가 '2값 지향two-valued orientation'이라고 부르는 것을 이용하는 선동 정치가들에 관한 내용이다. 2값 지향이라는 용어는 세계를 선과 악이라는 두 개의 범주로 잘못 나누는 것을 뜻한다. 선동 정치가의 목표에 방해가 되는 모든 것은 악으로 간주하고 그 목표 달성에 도움이 되는 것은 무엇이든 선으로 간주한다. 중간 입장은 있을 수 없다. 정치에 대한 이런 이원론적 접근법은 폭력을 쓰는 것이 더 바람직하다는 결론으로 이어질 수 있다. 절충하는 것은 악마의 요구에 굴복하는 것으로 간주된다. 그는 이렇게 썼다. "독일에서 그랬던 것처럼 여기서도 그것은 도취와 광신, 야만성이라는 결과를 낳는다.……여러 주 동안 그러한 웅변술에 무비판적으로, 아무 저항 없이 휩쓸린 청중들은 거의 예외 없이 맥박이 빨라지고, 주먹을 꽉 쥐게 되며, 폭력적으로 행동하고 싶은 욕구가 마음속에서 서서히 커져가는 것을 느낀다."

하야카와가 살아 있었다면 이라크전에 반대했을지 어땠을지 모르겠다. 다만 부시 행정부가 이라크전을 미국 국민에게 성공적으로 납득시킨 과정을 그가 지켜보았다면 틀림없이 오싹한 기분을 느꼈을 것이다. 그는 만약 우리가 "미개인처럼 생각하고 바보같이 횡설수설한다면, 인간 사회가 엉망인 상태에 놓인 것에 대한 책임은 우리 모두에게 있는 것이다"라고 썼다. "이러한 악을 치유하기 위해서 우리는 먼저 우리 자신부터 돌아보아야 한다."

우리는 더 이상, 정치인들과 전문가들이 하는 유일한 계산이 어떤 정책이 옳은지 그른지며 우리의 공적 논의가 엄격하게 사실에 입각해 행해진다고 주장할 수 없다. 우리는 대중의 무지와 감정이 정치 토론을 형성하는 하나의 요인이라는 사실에 매순간 주목해야 한다. 만약 정치인이 잘못된 정보에 근거한 여론에 영합하려는 명백한 의도를 가지고 쟁점에 대한 입장을 취한다면 언론은 이를 지적해야 한다.

국민들로 하여금 자신의 무지를 직시하게 하는 일도 반드시 필요하다. 국민의 의견을 묻는 여론조사를 실시할 때는, 응답자가 사안에 대해 알고 대답하는 것인지 확인할 수 있도록 논의 중인 주제에 대해 실제로 무엇을 알고 있는지 물어보아야 한다. 2007년 가을 한 매체의 여론조사에 따르면 미국인들의 14퍼센트만이 의회에 대한 믿음이 있는 것으로 나타났다. 과연 응답자들은 의회가 하고 있는 일에 관해 무엇을 알고 있었을까? 여론조사에 그런 내용은 나오지 않았다. 대부분의 미국인이 어느 정당이 의회를 장악하고 있는지조차 모르고 있었다는 여러 여론조사 결과를 고려할 때, 응답자들이 의회 활동에 대해 얼마나 알고 있는지 조사하지 않은 것은 심각한 결함이었다.

만약 미디어가 의뢰한 여론조사가 대중의 무지를 제대로 규명하지 못한다면, 재단들이 자금을 대서 그런 여론조사를 실시하게 해야 한다.

미국이 여론조사에 의해 운영되는 나라가 될 것이라면, 우리에게는 국민이 사안을 어떻게 생각하는지뿐 아니라 사안의 무엇을 모르고 있는지를 알려주는 여론조사가 필요하다. 만약 미디어가 대중의 무지를 밝히는 여론조사를 공개하지 못한다면, 재단들은 그 과실에 주의를 집중시키기 위해 『뉴욕타임스』 등 여론 주도자들이 읽는 신문에 전면 광고를 실어서 난처해진 미디어들이 행동을 취하게끔 유도해야 한다.

공민학 교육이 중요하다

매디슨은 인간이 천사라면 우리에게는 정부가 필요 없었을 것이라는 유명한 말을 했다. 마찬가지로 정치인이 천사라면 유권자들의 무지에 대해 걱정할 필요가 없었을 것이라는 말도 할 수 있을 것이다. 정치인들이 천사라면 그들은 옳은 일을 했을 것이다. 그들은 유권자들의 두려움을 이용하지도 않았을 것이고, 비합리적인 편견에 영합하지도 않았을 것이다. 불행히도 천사 같은 정치인은 드물다. 따라서 우리는 일반 유권자들의 수준을 높이고 그들의 무지를 줄이는 일에 많은 에너지를 쏟아야 한다.

학교교육 자체가 해법은 아니다. 오늘날 전체 미국인들의 절반 이상이 대학 교육을 받는다. 그런데도 그들은 고등학교를 졸업한 시민이 전체 시민의 절반이 되지 않았던(1940년에는 10명중 6명이 8학년[*한국의 중학교 2학년에 해당] 이상 올라가지 못했다) 반세기 전의 미국인들보다 공민학에 대한 지식이 더 부족하다. 공민학을 특별히 강조해야 한다. 한 연구에 따르면 공민학을 아는 국민들이 정치인의 선전에 조종당하는 일이 더 적다고 한다.

미국인들은 경험을 통해 서서히 공민학을 터득하지 못하고 있다. 그들은 공민학 교육을 받아야 한다. 학교 교육과정에서 공민학을 다시 강조해야 할 때다. 공민학을 간과하게 된 것은 낙오학생방지No Child Left Behind라는 부시 행정부의 주목할 만한 교육개혁의 커다란 결함이다. 법으로 정해진 시험(학교가 연방 자금 지원을 받을 수 있는지를 결정하는 시험)은 오로지 수학과 읽기 능력만 측정한다. 그 결과 교육자들이 이 두 교과를 강조하다 보니 공민학 같은 다른 교과들은 뒷전으로 밀려났다. 참으로 불합리한 상황이다. 그러나 이는 교사들의 잘못이 아니다. 그들은 그저 시험에 대비해 수업을 하고 있는 것 뿐이다. 의회가 시험을 바꾸어야 한다. 공급중시 경제학파supply-sider의 오래된 슬로건을 바꿔 표현하자면, 만약 학생들이 공민학에 대해 더 많이 알게 되기를 원한다면 공민학 시험을 실시하라. 공민학 시험을 실시한다면, 우리 사회가 공민학에 신경을 쓴다는 강력한 메시지를 전달하게 될 것이다. 오늘날 우리가 보내는 메시지는 우리 사회가 공민학에 신경 쓰지 않는다는 것이다.

고등학교에서 공민학 수업을 들어도 대개 몇 년이 지나면 배운 것을 잊어버린다고 한다. 이것은 공민학 수업을 더 많이 해야 한다는 것을 보여주는 논거다. 고등학교뿐 아니라 대학에서도 공민학을 필수과목으로 이수하게 해야 한다.

대부분의 대학들은 공민학에 신경을 쓰지 않았다(일부 몇몇 대학은 신경을 썼고, 최근 몇 년 사이에 신경을 쓰기 시작한 대학도 있지만). 이 문제에 대한 매력적이긴 하지만 증명되지 않은 가정은, 학생들이 대학에 갈 때쯤이면 미국 정부에 관한 기본적인 사실을 이해하고 있다는 가정이다. 한때는 이것이 사실이었을지 모른다. 대학이 엘리트 집단에게만 열려 있던 시절에는 말이다. 그러나 오늘날 대학은 모든 이들에게 열려 있기 때문에, 많은 학생들이 공민학 관련 지식을 충분히 갖추지 못한 채 대학에 진학하고 있다는 것을 우리는 인정해야 한다. 공민학에 대한 그들의 무지를 더 이상 다른 누군가의 문제로 치부해서는 안 된다.

대학생들은 당연히 공민학 강의를 듣는 것에 반대할 것이다. 그 과목을 가르치고 싶어 하는 대학 강사도 별로 없을 것이다. 그러나 지루하거나 따분하지 않게 공민학을 가르칠 방법이 있다. 학생들에게 신문을 비롯한 언론 매체를 읽히는 것이다. 물론 학생들에게 억지로 시키기는 어렵다. 그러나 시사에 관한 시험을 치른다면 학생들은 답을 찾기 위해 필요한 것들은 읽을 것이다. 나는 미국 대학의 모든 신입생들에게 매주 시사 시험을 치르게 하는 것을 권한다. 우수한 성적으로 합격한 학생들에게 특별 기금에서 지급되는 연방 학비 지원금을 받을 자격을 주는 것이다. 반드시 합격 점수를 받은 학생들만 졸업을 시켜줘야 할 것이다.

기금 마련을 위한 연방법의 이름은 '너무 많은 멍청한 유권자들 법

Too Many Stupid Voters Act'이라고 지어도 좋겠다. 이게 너무 노골적인 이름이라면, 틀림없이 정치인들이 더 근사한 이름을 생각해낼 것이라고 믿는다. 그들은 그런 것을 잘 하니까. 그 법에 대한 광범위한 지지를 모으기 위해서 의회가 신문이나 시사 잡지 구독료를 보조해도 좋을 것이다. 이런 조치는 거대 언론사나 비영리 언론사의 지지를 끌어낼 것이다. 신문 구독은 지난 50년 동안 감소하는 추세에 있다. 이 법은 그 추세를 뒤집는 데 큰 역할을 할지도 모른다. 보수주의자들은 이 법이 의도치 않게 소위 진보언론에 이득을 줄 수도 있다는 이유로 반대할지도 모른다. 그들의 우려를 달래기 위해서 시험 출제를 위한 초당적 위원회를 설립할 수도 있을 것이다. 그 위원회에서 주요 신문과 케이블 뉴스뿐 아니라 『위클리스탠더드 The Weekly Standard』나 『내셔널리뷰』 같은 보수 성향의 간행물에 실린 기사를 바탕으로 문항을 만들면 된다.

학생들이 대학을 졸업한 이후에는 소위 민주주의 단체를 구성하는 것을 장려해야 한다. 민주주의 단체란 여러 쟁점에 대해 심도 있는 토론을 하는 사교 모임이다. 연구에 따르면 그런 모임에 자주 참석하는 유권자들은 일단 정보에 흠뻑 빠지고 나면 복잡한 주제에 대한 의견을 바꾸는 경우가 많다고 한다.

현명한 유권자의 나라

벤저민 프랭클린은 미국에서는 모든 이들이 정치인이라고 말했다. 18세기에는 실제로 그랬을지도 모르지만, 21세기에는 그렇지 않다. 존 듀이가 예측했듯이, 소비자들은 정치에 그다지 신경을 쓰지 않으며 현재 우리는 모두 소비자다. 오늘날의 평균적인 미국인들은 어떻게 투표해야 하는지보다 무엇을 살지를 고민하는 데 훨씬 더 많은 시간을 쓴다. 우리 대부분은 쿠폰을 오려 모은다. 그러나 나중에 투표를 해야 할 때 기억하면 좋을 만한 새로운 이야기를 신문에서 찾아 오려 모으는 사람은 별로 없다. 우리는 우유 한 통이 얼마인지는 알고 있지만, 공민학에 대한 기본적인 지식조차 모르고 있다. 소비자로서의 정체성이 커질수록 유권자로서의 정체성은 줄어드는 것일까? 어쩌면 그럴지도 모른다.

소비자 문화의 한 측면은 연예 · 오락이 높은 우선순위를 갖는다는 것이다. 린제이 로한이 음주운전으로 적발된 다음 감옥에 가느냐 마느냐는 평범한 미국인들의 관심을 사로잡았다. 정치는 그만한 관심을 끌지 못한다. 유권자들이 오락과 소비에 중점을 두는 문화에 그저 인간적으로 반응하고 있다는 점을 생각한다면, 무신경함을(또한 비생산성을) 문제 삼아 그들을 질책하는 것은 어리석은 짓일 것이다. 그러나 정치 시스템을 설계할 때, 이제 뚜렷한 현상으로 자리 잡은 시민들의 자연스러운 정치적 무관심을 고려하는 것은 반드시 필요한 일이다.

우리가 유권자들에 대해 알고 있는 것은 그들이 정치적 동물이라기보다는 사회적 동물이라는 점이다. 1830년대에 알렉시 드 토크빌Alexis de Tocqueville이 미국 여행 중에 관찰한 대로, 미국인들은 개인주의 성향이 강하긴 하지만 사람들과 어울리는 것을 유난히 즐기는 사람들이다. 우리는 은둔자의 문명이 아니다. 우리는 집단으로 모이는 것을 좋아한다. 최근 들어 일부 사회학자들은 많은 미국인이 지금은 '나 홀로 볼링Bowling Alone(집단에 참여하는 것을 거부하는 사람들을 묘사하기 위해서 로버트 퍼트넘Robert Putnam이 사용한 은유)'을 선호한다고 확신하게 되었지만, 대부분의 사회학자들은 자발적으로 형성된 단체와 교회가 "시민 역량 함양을 위한 최고의 기회를 제공한다"고 한 퍼트넘의 견해에 동의한다.

예전에 미국인들은 좋은 시민이 되는 것과 정치단체에 소속되는 것이 서로 연관이 있다는 것을 이해했다. 참정권이 많은 사람들에게 확대되었던 1820년대와 1830년대에 대중정당들이 설립된 것도 바로 그 이유 때문이었다. 그 정당들은 정치의 오락적 측면을 무시하지 않았다. 정당들은 유권자들의 주목을 끌고 그들의 마음을 흔들어 자신들의 편으로 만들기 위해 선거를 사회적 행사로 바꾸어놓았다. 그러나 정당들의 가장 중요한 기능은 유권자들에게 그들이 정치적 동질감을 느낄 수 있는 집단을 제공하는 것이었다. 한 세기 반 동안 비록 완벽하지는 않았지만 그 체계는 잘 작동했다. 유권자들의 투표율은 높았다. 그들은 정치에 적극적인 관심을 가졌다. 또 가장 중요한 점은, 유권자들은 정치적 논의의 상세한 내용을 면밀히 주시하지 않았을 때조차도 누가 자신들의 이익을 증진시켜줄 가능성이 있는지 이해했다는 것이다. 요컨대 그들은 누가 자신들의 빵에 버터를 발라주는지 알고 있었다.

앞서 살펴보았듯 지난 반세기 사이에 정당 시스템은 무너졌다. 유권자들이 정당 시스템을 떠나자 많은 이들은 유권자들이 정당 지도부에서 정치적 독립을 했다며 반겼다. 그러나 만약 우리의 경험에서 배운 한 가지 분명한 교훈이 있다면, 그것은 홀로 서게 된 유권자들은 아는 것도 더 적고 투표도 더 적게 한다는 것이다.

이 새로운 상황은 공화당보다 민주당에게 불리하게 작용했고, 공화당의 세력이 커지게 된 여러 이유 중 하나였다. 그 이유는 무엇이었을까? 특히 두드러지는 원인이 있었는데, 바로 노동조합의 쇠퇴였다. 민주당은 유권자들을 조직화하고 쟁점에 관해 그들을 교육시키기 위해 노동조합에 크게 의존해야 했기 때문에, 1970년대와 1980년대 노동조합 운동이 급속하게 몰락하자 자연히 빈껍데기만 남게 되었다. 선거철이 될 때마다 지지를 호소할 수 있는 노동조합원의 수가 점점 더 줄고 있다는 것을 알게 되었다. 30년 전에는 노동인구의 24퍼센트가 노조에 가입되어 있었지만 오늘날은 12퍼센트에 불과하다.

정당은 개조될 수 있을까? 공화당은 그 길을 보여주었다. 민주당이 노동조합에서 받았던 지지를 잃고 있는 사이 공화당은 복음주의 교회의 지지를 얻고 있었다. 1980년대부터 그 교회들은 신도 수와 권력 면에서 성장했고, 그럴수록 공화당은 엄청난 이익을 얻었다(일부 교회는 지나치게 정치화되어 미국 국세청IRS이 그들의 면세 자격을 조사하기 시작했다). 지금의 민주당은 노동조합에 새로운 활기를 불어넣어야 한다. 민주당은 노동조합 조직자의 해고를 불법화하고 노동자들이 더 쉽게 노조에 가입할 수 있는 여건을 만들어야 한다.

우리는 더 현명한 유권자의 나라를 만들 수 있다. 나는 우리가 그런 나라를 만들기 위해 필요한 변화를 시도하게 되기를 바란다. 그곳은 살기 좋은 곳일 것이다.

참고 자료

이 책은 일반 대중을 대상으로 한 책이기 때문에 상세한 학술적 주석은 넣지 않았다. 그러나 내가 참고한 주요 자료에 독자들이 관심을 가져주었으면 한다. 대부분의 경우 내가 이 책에서 인용한 통계자료는 구글 검색을 하면 몇 초 안에 쉽게 찾을 수 있다.

1장 국민 신화와 마주하기

사담 후세인과 9·11 사태에 대한 대중의 무지를 보여주는 조사는 메릴랜드대학교 국제안보연구소(CISSM, Center for International and Security Studies at Maryland)와 정책태도센터(COPA, Center on Policy Attitudes)의 합동 프로그램인 국제정책태도프로그램(PIPA)의 후원으로 실시되었다. 여론조사를 실시한 기관은 캘리포니아주 멘로 파크 Menlo Park에 본사를 둔 시장조사업체인 날리지 네트웍스(Knowledge Networks)다. 월터 리프먼과 존 듀이에 대한 내용은 브렛 게리(Brett Gary)의 『초조한 자유주의자들: 제1차 세계대전부터 냉전까지의 프로파간다 불안(The Nervous Liberals: Propaganda Anxieties from World War I to the Cold War)』(Columbia University Press, 1999), pp.243~250, 월터 리프먼의 『여론(Public Opinion)』(까치, 2012년)과 『공공철학(The Public Philosophy)』(1955; rpt. Mentor, 1972)을 참고했다. 리프먼이 대중에 대해 가졌던 의심은, 한 교활한 의사가 극장 관객 전체에게 최면을 거는 장면이 나오는 프리츠 랑 Fritz Lang 감독의 영화 〈마부제 박사(Dr. Mabuse, Der Spieler)〉(1922)에서도 동일하게 나타난다(이 영화는 1998년에 제작된 페터 부흐카(Peter Buchka)의 다큐멘터리 〈귀신 들린 스크린: 제1차 세계대전 이후의 독일 영화(The Haunted Screen: German Film After World War I)〉에서 역사적 맥락 속에서 다뤄진다). 현대사회에서 프로파간다가 차지하는 역할에 대한 훌륭한 일반 입문서로는 마크 울래거(Mark Wollaeger)의 『모더니즘, 미디어, 프로파간다(Modernism, Media and Propaganda)』(Princeton University Press, 2006)

를 들 수 있다. 특히 프랑스 철학자 자크 엘륄(Jacques Ellul)의 다음 주장을 살펴보기 바란다. "(현대 세계의) 발전은 인간의 지력이 미치는 범위를 벗어나 있을 뿐 아니라 양이나 강도 면에서 인간이 다룰 수 있는 한계를 넘어선다. 인간은 도저히 세계의 경제나 정치 문제를 완전히 이해할 수 없다. 이런 문제에 직면한 인간은 자신의 약점과 모순, 비효율성을 절감한다. 인간은 자신이 통제할 수 없는 결정들이 자신의 삶을 좌우한다는 사실을 깨닫게 되고, 이 깨달음은 인간을 절망에 빠뜨린다. 인간은 이런 상황에서 아주 오랫동안 머물 수 없다. 인간에게는 가혹한 현실을 가려줄 이념적 베일, 어떤 위안, 존재 이유(raison d'etre), 가치관이 필요하다. 오로지 프로파간다만이 원래는 견딜 수 없었을 상황을 참아낼 수 있게 하는 구제책을 제공한다." (p.12)

산타클로스에 대한 언급은 내 책 『나는 폴 리비어가 말을 달렸든 아니었든 그를 사랑한다(I Love Paul Revere, Whether He Rode or Not)』(HarperCollins, 1991) 199쪽에 나온다. 미국 역사 속 신화 연구에 대한 괜찮은 입문서로는 올리버 로버트슨(Oliver Robertson)의 『미국의 신화, 미국의 실체(American Myth, American Reality)』(Hill and Wang, 1980)가 있다. 토머스 베일리(Thomas Bailey)의 『보통 사람(The Man in the Street)』(Macmillan, 1948)은 신화가 어떤 식으로 우리의 외교 정책에 오랫동안 영향을 끼쳤는지를 보여준다. 베일리의 견해는 『미국 역사 저널(Journal of American History)』(1968년 6월) 5~21쪽에 실린 미국역사가협회(Organization of American Historians) 회장단 연설문 「미국 역사의 신화창조자(The Mythmakers of American History)」에 요약되어 있다. 진실을 향한 대중의 욕구와 관련된 문제에 대해서는 헨리크 입센(Henrik Ibsen)의 원작을 아서 밀러(Arthur Miller)가 각색한 『민중의 적(An Enemy of the People)』(Penguin Books, 1950)을 참고하라.

2장 대중의 지독한 무지

바버라 터치먼은 『바보들의 행진(The March of Folly: From Troy to Vietnam)』(추수밭, 2006년)에서 우둔함에 대해 설명한다. 대중의 무지를 측정한 여러 조사를 소개하는 최고의 안내서는 마이클 델리 카피니와 스콧 키터의 『미국인들은 정치에 대해 무엇을 알고 있으며, 그것이 왜 중요한가(What Americans Know About Politics and Why It Matters)』(Yale University Press, 1996)다. 의원 임기에 대한 대중의 무지는 71쪽에 언급되어 있다. 고르바초프가 누군지 모르는 미국인이 많았다는 내용은 62쪽에, 여성 대법관 샌드라 데이 오코너에 관한 내용은 78쪽에, 윌리엄 렌퀴스트 연방대법원장에 관한 내용은 93쪽에, 콜린 파월과 딕 체니에 관한 내용은 79쪽에 나온다. 저자들의 조사 결과(예를 들어 5퍼센트만이 경제 관련 문제 중 4분의 3의 정답을 맞혔다는 사실)는 71쪽과 79쪽, 82쪽,

85쪽에 정리되어 있다. 미국인들이 매긴 대통령 순위는 www.pollingreport.com/wh-hstry.htm에서 볼 수 있다. 미국인들의 읽기 수준이 저조하다는 것은 미국국립예술기금 (NEA)이 실시한 연구 「위기에 처한 읽기: 미국 내 문학 읽기 실태 조사(Reading At Risk: A Survey of Literary Reading in America)」(2004년 6월)에서 보고된 내용이다. 데이비드 T. Z. 민디치는 『시청 거부: 40세 미만 미국인들은 왜 뉴스를 챙겨보지 않을까 (Tuned Out: Why Americans Under 40 Don't Follow the News)』(Oxford University Press, 2005)의 곳곳에서 젊은이들에 대한 걱정스러운 통계자료를 인용한다. 대다수 미국인들의 신문에 대한 무관심은 「2004년 뉴스 미디어 현황(The State of the News Media, 2004)」에 드러나 있다. 젊은이들의 낮은 투표율은 시민 학습 및 참여 정보연구센터 웹사이트에 올라온 보고서 「2004년 청년 투표(The Youth Vote 2004)」에서 보고되었다. 매케인-파인골드법(McCain-Feingold Act)에 대한 무지는 민디치의 저서 『시청 거부』 18쪽에서 언급된다. 토머스 패터슨의 조사 결과는 『사라지는 투표자(The Vanishing Voter)』 (Knopf, 2002) 24~25쪽에 요약되어 있다. 사회보장제도의 실태를 파악하는 데 꼭 필요한 책으로는 맥스 스키드모어(Max Skidmore)의 『사회보장제도와 그 적들: 미국의 가장 효율적인 보험제도 옹호론(Social Security and Its Enemies: The Case for America's Most Efficient Insurance Program)』(Westview Press, 1999)과 딘 베이커 (Dean Baker)와 마크 웨이스브롯(Mark Weisbrot)의 『사회보장제도: 날조된 위기(Social Security: The Phony Crisis)』(University of Chicago Press, 2001)를 들 수 있다. 베이커와 웨이스브롯은 나와는 다르게 사회보장 신탁기금이 사실상 허구가 아니라고 주장한다. 미 재무부가 사회보장 신탁기금에서 빌린 돈은 차용증(IOU)로 보호받는다는 것이 그 이유이다. 그들은 그 차용증이 미국 재무부채권(Treasury Bond)과 동일하다고 보고 있다.

3장 유권자들은 진실을 원하지 않는다

볼디머 올랜도 키 주니어는 『책임감 있는 유권자(The Responsible Electorate)』(Belknap, 1966)에서, 새뮤얼 팝킨은 『논리적으로 사고하는 투표자(The Reasoning Voter)』 (University of Chicago Press, 1994)에서 유권자들이 합리적이라고 주장한다. 팝킨은 저서의 168쪽에서 마이크에 대해 언급한 레이건의 일화를 들려준다. 키는 저서의 45쪽에서 1940년에 농부들의 표심이 바뀐 상황을 언급한다. 팝킨은 4장에서 휴리스틱을 설명하고, 91~94쪽에서 유권자들이 저지르는 실수를 나열한다. 투표자의 합리성에 관한 초기 연구 중 하나는 앵거스 캠벨, 필립 E. 컨버스(Philip E. Converse), 워런 E. 밀러 (Warren E. Miller), 도널드 E. 스토크스(Donald E. Stokes)의 『미국의 투표자(The American Voter)』(John Wiley & Sons, 1964)다. 이 책에는 미시간대학교 조사연구센터의 연구 결과를 요약한 내용이 들어 있다. 저자들은 252~253쪽에서 대중의 이해에 한계가 있다는 점을 논하고, 288쪽에서는 왜 선거가 대개 집권당에 대한 국민투표인지 그 이유를 밝힌다. 가공의 법인 공무법에 관한 1975년 여론조사에 대한 내용은 앨런 울프의 『미국의 민주주의는 여전히 작동하는가(Does American Democracy Still Work?)』(Yale University Press, 2006)에 나온다. 브라이언 캐플런은 『합리적 투표자에 대한 미신(The Myth of the Rational Voter: Why Democracies Choose Bad Policies)』(북코리아, 2008)에서 경제에 관한 투표자들의 무지에 대해 논한다.

4장 우리를 지배하는 신화

앞서 언급한 신화 관련 서적 외에도 딕슨 웩터(Dixon Wecter)의 『미국의 영웅: 영웅 숭배 연대기(The Hero in America: A Chronicle of Hero-Worship)』(Charles Scribner's and Sons, 1972)를 참고하라. 이 책은 스토리와 과장된 이야기, 신화가 미국 문화에서 차지하는 중요성을 보여준다. 대중이 힘을 얻게 되면서 미국 정치에서 일어난 변화를 알 수 있는 괜찮은 입문서로는 존 윌리엄 워드(John William Ward)의 『앤드루 잭슨: 한 시대의 상징(Andrew Jackson: Symbol for an Age)』(Oxford University Press, 1953)이 있다. 테드 위드머(Ted Widmer)는 『마틴 밴 뷰런(Martin Van Buren)』(Times Books, 2005) 131~140쪽에서 1840년 통나무집 선거운동에 관한 생생한 이야기를 들려준다. 아이오와 주지사 토머스 빌색의 프로필은 『뉴욕타임스』 2004년 6월 24일자에 실렸다. 하워드 딘이 자신을 시골 사람으로 불렀다는 것은 『뉴욕타임스』 2003년 12월 9일자에서 데이비드 브룩스가 언급한 내용이다. 에드워드 페슨은 『통나무집 신화: 대통령들의 사회적 배경(The Log Cabin Myth: The Social Backgrounds of the Presidents)』(Yale University Press, 1986)에서 대통령들의 부에 대해 논한다. 저술가 존 키츠(John Keats)는 『오만한 전차(The Insolent Chariots)』(Lippincott, 1958)에서 미국의 계층을 신랄하게 묘사한다. 폴 크루그먼은 자신의 저서 『폴 크루그먼, 새로운 미래를 말하다(The Conscience of a Liberal)』(엘도라도,2012) 37~53쪽에서 대압착에 대해 논한다. 미 연방준비은행의 2006년 소비자금융조사(Survey of Consumer Finance)에 따르면 715 가구가 채권의 70퍼센트와 주식의 51퍼센트를 보유한 것으로 나타났다(『월스트리트 저널』 2006년 4월 5일자). 조지프 엘리스는 『미국의 창조: 공화국 건국의 성공와 비극(American Creation: Triumphs and Tragedies at the Founding of the Republic)』(Knopf, 2007) 곳곳에서 매디슨의 이론을 설명한다. 유진 매카시의 연설은 news.minnesota.publicradio.org/features/2005/06/15_ olsond_genemccarthy에 인용되어 있다. 린든 존슨의 연설은 www.lbjlib.utexas. edu/johnson/archives.hom/

speeches.hom/680331.asp에 인용되어 있다

5장 국민에게 지배권을 주다

여론조사가 미국 정치에 미친 영향에 관해서는 리자베스 코헨(Lizabeth Cohen)의 『소비자 공화국 (A Consumers' Republic)』(Knopf, 2003) 341~344쪽을 참고하라. 『월스트리트 저널』·〈NBC 나이틀리 뉴스〉 여론조사는 NBC 뉴스에서 2006년 4월 26일에 발표되었다. 같은 방송에서 석유 시장 분석가 필 플린의 인터뷰도 나왔다(www.msnbc.msn.com/id/12502356/). 로이터 통신이 전한 내용은 2006년 4월 27일에 보도되었다. 토머스 프리드먼의 칼럼은 『뉴욕타임스』 2006년 5월 3일자에 실렸다. 러시 림보가 한 말은 2006년 5월 5일자 『뉴욕타임스』 1면 기사에서 인용되었다. 미국 국민이 의사를 표명했다는 체니의 주장은 『뉴욕타임스』 2006년 3월 14일자에 실렸다. 정치인들이 하는 말과 행동의 차이는 앨런 울프의 『미국의 민주주의는 여전히 작동하는가』 65쪽에서 언급된다. 조 클라인(Joe Klein)은 『잃어버린 정치(Politics Lost)』(Doubleday, 2006) 31쪽에서 예비선거가 정치에 미친 영향을 논한다. 예비선거의 확산은 린 랙스데일(Lyn Ragsdale)의 『대통령직에 관한 중요 통계자료(Vital Statistics on the Presidency)』(Congressional Quarterly, 1998) 40쪽에 기록되어 있다. 아이오와주 유권자를 대상으로 한 『뉴욕타임스』 여론조사는 2007년 11월 14일자 1면에 게재되었다.

6장 텔레비전의 힘

이번 장에서 논의되는 이야기의 배경을 알고 싶다면 『제2차 세계대전 이후 미국사(The Columbia History of Post-World War II America)』, ed. Mark Carnes(Columbia University Press, 2007)에 실린 리처드 셍크먼의 「텔레비전과 민주주의, 그리고 대통령 정치(Television, Democracy and Presidential Politics)」를 참고하라. 거기에는 이번 장에서 인용된 1차 자료와 2차 자료의 출처가 나와 있다. 커트와 글래디스의 연구는 그들의 저서 『텔레비전과 정치(Television and Politics)』(Transaction Publishers, 2002)에 실려 있다. 메리 앤 왓슨(Mary Ann Watson)은 『확장되는 풍경: 케네디 시절의 미국 텔레비전(The Expanding Vista: American Television in the Kennedy Years)』(Oxford University Press, 1990)에서 케네디와 닉슨의 토론과 관련한 이야기를 들려준다. 에드윈 다이아몬드(Edwin Diamond)와 스티븐 베이츠(Stephen Bates)는 『스폿: 텔레비전 정치 광고의 부상(The Spot: The Rise of Political Advertising on Television)』 (MIT Press,

1984)에서 텔레비전 스폿광고의 역사를 다뤘다. 캐슬린 홀 제이미슨의 획기적 연구 『대통령 만들기(Packaging the Presidency: A History and Criticism of Presidential Campaign Advertising)』(백산서당, 2002)는 듀카키스를 공격하기 위해 제작된 광고에 대한 상세한 설명을 제공한다. 텔레비전이 미국 정치와 사회에 미친 영향에 대한 비판은 닐 포스트먼(Neil Postman)의 『죽도록 즐기기(Amusing Ourselves to Death: Public Discourse in the Age of Show Business)』(굿인포메이션, 2009)에서 찾아볼 수 있다.

7장 우리의 어리석은 정치

빌 클린턴의 연례 코미디는 『워싱턴포스트』 1998년 3월 23일자에서 다뤄졌다(www. washingtonpost. com/wp-srv/politics/special/clinton/stories/gridiron032398.htm). 레이건의 연기 관련 발언은 리처드 리브스(Richard Reeves)가 『대통령 레이건: 상상력의 승리(President Reagan: The Triumph of Imagination)』(Simon and Schuster, 2005) 218쪽에서 인용한 것이다. 앨런 슈로더(Alan Schroeder)는 『대통령 토론(Presidential Debates)』(Columbia University Press, 2000)에서 레이건의 대통령 토론을 시간순으로 정리했다. 러시 림보의 청취자들을 분석한 내용은 「시청자 전화 참가 정치 토크 라디오: 주류 미디어 속 배경, 내용, 청취자, 묘사(Call-In Political Talk Radio: Background, Content, Audiences, Portrayal in Mainstream Media)」에 나온다. 차를 포기할 수 없다고 한 운전자와의 CBS 인터뷰는 2006년 5월 4일에 방송되었다(www. cbsnews.com/stories/2006/05/04/eveningnews/ main 1589618.shtml).

8장 9·11 사태와 대중의 무관심

스크립스 하워드의 여론조사는 2006년 9월 3일에 『타임(Time)』의 기사 「9·11 음모론은 왜 사라지지 않는가(Why the 9/11 Conspiracy Theories Won't Go Away)」에서 인용되었다(www.time.com/time/ magazine/article/0,9171,1531304,00.html). 9·11과 관련된 독일의 여론은 2003년 7월 23일 로이터 통신에서 보도했다. 이슬람교도의 태도에 대한 2005년 갤럽 여론조사는 『뉴욕타임스』 2006년 6월 8일자에 실렸다. 월터 래커는 『끝이 없는 전쟁: 21세기 테러리즘(No End to War: Terrorism in the Twenty-First Century)』(Continuum, 2003) 25~28쪽에서 자신의 주장을 펼친다. 버나드 루이스의 견해는 『무엇이 잘못되었나(What Went Wrong? Western Impact and Middle Eastern Response)』(나무와숲, 2002)에서 살펴볼 수 있다. 토머스 프리드먼의 『뉴욕타임스』 칼럼

을 읽은 독자들은 잘 알고 있는 테러리즘에 대한 그의 견해는 『경도와 태도(Longitudes and Attitudes: Exploring the World After September 11)』(21세기북스, 2010)에서 살펴볼 수 있다. 이반 일런드의 주장은 『벌거벗은 제국: 노출된 미국 외교 정책(The Empire Has No Clothes: U.S. Foreign Policy Exposed)』(Independent Institute, 2004)에 담겨 있다. 스티븐 킨저가 한 말은 2005년 9월 26일에 가진 '히스토리 뉴스 네트워크(History News Network)'와의 인터뷰에서 한 말이다(hnn.us/ articles/15825.html). 그는 두 권의 계몽적인 저서, 『샤의 사람들(All the Shah's Men)』(John Wiley & Sons, 2003)과 『전복: 하와이에서 이라크까지 미국의 체제 전복의 세기(Overthrow: America's Century of Regime Change from Hawaii to Iraq)』(Times Books, 2007)에서 자신의 견해를 상세히 밝힌다. 마크 세이지먼은 자신의 조사 결과를 요약한 내용을 2003년 7월 9일 미국에 대한 테러 공격 국가진상조사위원회에 제출한 보고서에 담았다(www.globalsecurity. org/security/library/ congress/9-11_commission/030709-sageman.htm).

9장 책임지지 않는 국민

토머스 프리드먼의 칼럼 「두바이와 얼간이들(Dubai and Dunces)」은 『뉴욕타임스』 2006년 3월 15일자에 실렸다. 민주주의에 대한 찬양은 파리드 자카리아(Fareed Zakaria)의 『자유의 미래(The Future of Freedom)』(민음사, 2004) 전반에 걸쳐 발견할 수 있다. 길 트로이는 『그들이 어떻게 달렸는지 보라: 대통령 후보의 변화하는 역할(See How They Ran: The Changing Role of the Presidential Candidate)』(Harvard University Press, 1996) 8~20쪽에서 미덕에 대한 건국의 아버지들의 시각이 어떠했는지를 논한다. 또한 내 책 『나는 폴 리비어가 말을 달렸든 아니었든 그를 사랑한다』 100~101쪽, 110~111쪽, 212쪽도 참고하라. 포레스트 맥도날드는 『시대의 신질서: 헌법의 지적 기원(Novus Ordo Seclorum: The Intellectual Origins of the Constitution)』 (University Press of Kansas, 1985) 164~165쪽에서 1780년대의 선동 정치에 대해 논한다. 그는 161쪽에서 관성에 대한 흄의 견해를 설명한다. 리처드 호프스태터의 분석은 『미국인의 삶을 파고든 반지성주의(Anti-Intellectualism in American Life)』(Vintage Books, 1963) 155~157쪽에서 찾을 수 있을 것이다. 앨 고어는 『이성의 위기(The Assault on Reason)』(중앙북스, 2008)에서 이성을 옹호한다. 조지 소로스의 믿음은 맷 바이(Matt Bai)의 『논쟁: 억만장자와 블로거, 그리고 민주정치를 다시 만들기 위한 투쟁 (The Argument: Billionaires, Bloggers, and the Battle to Remake Democratic Politics)』(Penguin Press, 2007) 52쪽에 언급되어 있다. 프랭크 리치의 발언은 2007년 10월 14일자 『뉴욕타임스』 칼럼 「우리 중 '선한 독일인'」(The 'Good Germans' Among

Us)」에서 한 말이다(www.nytimes.com/2007/10/14/opinion/14rich2.html?_r=2&oref=slogin&ref=opinion&pagewanted=print&oref=slogin). 에릭 알터먼의 주장은 2006년 11월 9일 『허핑턴포스트(Huffington Post)』 블로그에서 한 것이다(www.huffingtonpost.com/eric-alterman/31591495-strong_b_33770.html). 스탠리 그린버그의 분석은 『두 개의 미국(The Two Americas)』(Thomas Dunne Books, 2005) 3~5쪽과 20쪽에 나온다. 클린턴 로시터가 보수주의를 정의한 내용은 『미국의 보수주의(Conservatism in America)』(Knopf, 1962) 15쪽에 있다. 헨리 루이 멩켄이 한 말은 브라이언 캐플런의 『합리적 투표자에 대한 미신』 18쪽에 나온다. 윌리엄 버클리의 말은 『자유주의에서 깨어나다(Up from Liberalism)』(Banton, 1968) 104쪽에서 인용했다. 이 책 101쪽에서는 앨버트 제이 노크가 한 말이 인용되어 있다. 『내셔널리뷰』에 대한 버클리의 논평은 『1930년 이후 미국의 보수주의(Conservatism in America Since 1930: A Reader)』, ed. Gregory L. Schneider(New York University Press, 2003) 201쪽에 발췌되어 실렸다. 레이건에 대한 존 패트릭 디긴스의 견해는 레이건의 전기 50쪽에 있다. 폴 웨이리치의 글은 슈나이더의 『1930년 이후 미국의 보수주의』 429쪽에 인용되어 있다.

10장 현명한 유권자의 나라를 위하여

존 듀이는 『공공성과 그 문제들(The Public and Its Problems)』(한국문화사, 2014)에서 소비자가 되면 나쁜 투표자가 될 가능성이 있다고 예측한다.

찾아보기

우리는 왜
어리석은 투표를 하는가

ⓒ 리처드 솅크먼, 2015

초판 1쇄 2015년 3월 27일 찍음
초판 1쇄 2015년 3월 31일 펴냄

지은이 | 리처드 솅크먼

옮긴이 | 강순이

펴낸이 | 강준우

기획 · 편집 | 박상문, 안재영, 박지석, 김환표

디자인 | 이은혜, 최진영

마케팅 | 이태준, 박상철

인쇄 · 제본 | 제일프린테크

펴낸곳 | 인물과사상사

출판등록 | 제17-204호 1998년 3월 11일

주소 | (121-839) 서울시 마포구 서교동 392-4 삼양E&R빌딩 2층

전화 | 02-325-6364

팩스 | 02-474-1413

www.inmul.co.kr | insa@inmul.co.kr

ISBN 978-89-5906-327-7 03340

값 14,000원

이 도서의 국립중앙도서관 출판시도서목록(CIP)은 서지정보유통지원시스템 홈페이지(http://seoji.nl.go.kr)와
국가자료공동목록시스템(http://www.nl.go.kr/kolisnet)에서 이용하실 수 있습니다.
(CIP제어번호 : CIP2015008833)